Grupos: teorias e práticas

Acessando a era da grupalidade

Luiz Carlos Osorio

Grupos:
teorias e práticas

Acessando a era
da grupalidade

Artesã

Grupos: teorias e práticas – Acessando a era da grupalidade

DIRETOR
Alcebino Santana

COORDENAÇÃO EDITORIAL
Karol Oliveira

DIREÇÃO DE ARTE
Tiago Rabello

REVISÃO
Giovanna Marques Hailer Felipe

CAPA
Karol Oliveira

PROJETO GRÁFICO E DIAGRAMAÇÃO
Conrado Esteves

O83 Osorio, Luiz Carlos, 1939-.

Grupos : teorias e práticas : acessando a era da grupalidade / Luiz Carlos Osorio. – Belo Horizonte : Artesã, 2021.

244 p. ; 23 cm.

ISBN: 978-65-86140-64-4

1. Psicologia. 2. Grupos. 3. Trabalho em grupo. 4. Relações humanas. I. Título.

CDU 159.9

Catalogação: Aline M. Sima CRB-6/2645

IMPRESSO NO BRASIL
Printed in Brazil

(31)2511-2040 (31)99403-2227
www.artesaeditora.com.br
Rua Rio Pomba 455, Carlos Prates - Cep: 30720-290 | Belo Horizonte - MG
/artesaeditora

À memória de David Epelbaum Zimerman.

Mais do que colega, amigo; mais do que amigo, irmão. Modelo de identificação para toda uma geração de grupoterapeutas.

Sumário

Introdução

Trabalhar com Grupos é Preciso

Estamos saindo da era da individualidade para ingressarmos na era da grupalidade, na qual, para atingir suas metas, já não bastará ao ser humano o esforço individual sem sua inserção no coletivo.

Se a busca pelos espaços individuais monitorou o século que se findou, a procura pela dimensão grupal irá balizar o que se inicia. Aprender a conviver é o desafio do novo milênio, quer no plano das comunidades onde habitamos quer no das nações a que pertencemos. O prazer da convivência e a prática da solidariedade são o passaporte para a melhor qualidade de vida à qual todos aspiramos.

Acabaram-se os tempos do "*self made man*" e o que conta agora para o sucesso profissional é a disponibilidade para o trabalho em equipe. A interdisciplinaridade e as parcerias substituem gradualmente as lideranças carismáticas e egocêntricas no marca-passo do processo civilizatório.

Essa tendência repercute na clínica "psi" pelo incremento das formas grupais de terapia e no trabalho institucional por meio do crescente interesse no desenvolvimento dos potenciais interativos dos que nele operam.

Mais do que nunca compreender e aprender a trabalhar em e com grupos é preciso. E aqui o "preciso" está tanto no sentido de "necessário" quanto no do verso de Fernando Pessoa – "navegar é preciso" –, ou seja, de algo que cada vez se faz com mais precisão e menos empiricamente, na medida em que se sucedem os estudos e os aportes ao entendimento dos fenômenos grupais e, consequentemente, do seu manejo mais adequado.

Os Grupos e as Instituições na Experiência Humana

Diz-se que o homem é um ser gregário e, com isso, alude-se à sua inata tendência a agrupar-se para assegurar sua sobrevivência como indivíduo e espécie.

Tudo indica que a família tenha sido o grupo primordial. Pela condição neotênica (ou larvária) do ser humano nos primeiros meses de vida extrauterina, não poderia ele sobreviver sem os cuidados dos adultos da espécie; igualmente, mesmo sabendo que não tinha o homem em seus primórdios conhecimento do papel do pai na geração da prole, pela simples observação do que se encontra nos demais mamíferos superiores, podemos inferir que esta noção não é indispensável, e o agrupamento familiar, para providenciar proteção, agasalho e alimento aos descendentes, obedece a mecanismos meramente instintivos.

Desde suas mais remotas origens, o homem agrupou-se não só para se defender dos perigos naturais, mas também para instrumentalizar seu domínio e poder sobre os grupos rivais. O elemento de cimentação das primeiras experiências grupais foi, sem dúvida, a *solidariedade.* Para enfrentar ameaças externas, sejam elas provindas da natureza ou de outros seres humanos, na disputa pela sobrevivência, o grupo primordial – representado pela família nuclear e por suas extensões subsequentes – desenvolveu sentimentos de lealdade e mecanismos de mútua proteção. Se a *rivalidade* balizava a relação entre famílias e tribos distintas, no seio de um mesmo agrupamento humano predominava o elemento *solidariedade,* enquanto persistisse a ameaça externa. Na ausência ou no cessar desta, a competição e a luta pelo poder manifestavam-se entre os membros de um mesmo grupo.

À medida que os primitivos agrupamentos humanos se consolidaram, ou seja, institucionalizaram-se, deixaram de servir às necessidades de seus componentes para se tornar instrumentos de dominação e tirania sobre os mesmos. Isso ocorreu não só no seio da família, na unidade grupal nuclear da sociedade, como em todos os demais grupos que surgiram ao longo do processo evolutivo social. Assim, os grupos de depositários dos desígnios humanos como eram em suas origens tornaram-se gradativamente agentes modeladores dos desejos, pensamentos e conduta de seus membros.

Mas o que é afinal um Grupo?

O termo "grupo", conforme assinala a *Enciclopédia britânica,* tem sido usado para referir-se a tão diferentes tipos de agregação de pessoas que esta amplitude compromete sua utilização eficaz como conceito focal. No entanto, como parece que não podemos fugir ao imperativo de tentar definir operativamente o objeto deste estudo, vamos tentar formular o que chamaríamos de um "conceito contemporâneo de grupo", levando em conta o foco relacional imanente à sua constituição. Já Toynbee, em seu consagrado *Um estudo da história,* observava que a "sociedade é o conjunto das relações entre os seres humanos" e, consequentemente, o que a caracteriza é o aspecto relacional entre os seres humanos.

Grupo seria, pois, "um conjunto de pessoas em uma ação interativa com objetivos compartilhados". Desta forma, uma fila de pessoas esperando um ônibus ou um elevador não constitui um grupo, pois, nesse conjunto de pessoas, falta a ação interativa, ou seja, o aspecto relacional para caracterizá-lo como grupo.

Outra dificuldade considerável na caracterização e na tipificação dos grupos humanos está nas suas dimensões. Embora seja possível falar de uma empresa, da torcida organizada de um time de futebol ou de uma escola de samba como um grupo, segundo o critério contido na conceituação apresentada, certamente o número de participantes e o caráter massificado de suas interações dão-lhes um caráter inteiramente distinto dos *face-to-face groups* das experiências dos laboratórios sociais aos quais será feita referência ao se tratar da dinâmica de grupo.

Podemos, então, dividir os grupos em "macrogrupos" – objeto de estudos da Psicologia Social – e em "microgrupos", que seriam os objetos de estudos que denominamos "psicologia grupal".

Do Grupo às Instituições

No processo de transformação dos grupos em instituições observa-se um paradoxo: o progressivo afastamento dos objetivos originais do grupo à medida que ocorre seu processo institucionalizante. Assim, se a família em suas origens trazia como objetivo imanente oferecer um espaço continente para os cuidados com a prole e a consequente sobrevivência da espécie, ao longo do tempo, com sua institucionalização, foi se tornando uma agência corporativa a serviço da manutenção do poder de uma geração sobre a que lhe é subsequente, bem como da preservação de hierarquias de gênero.

Não é diferente, em sua essência, do que ocorre com outras instituições contemporâneas, tais como hospitais, escolas ou o próprio estado. Se um nosocômio surge com o propósito manifesto de dar assistência e reconduzir ao estado de saúde os enfermos, vemos, ao longo de sua evolução, passar gradativamente a priorizar as necessidades de seus dirigentes e funcionários em detrimento do bem-estar de seus pacientes. Uma escola, criada com a intenção de veicular conhecimentos e educar para a cidadania, vê-se na contingência, por pressões da realidade circunstancial e por razões de sobrevivência, a se transformar em mero campo de treinamento para a superação da barreira para o ingresso no mercado de trabalho. E o Estado, cujo objetivo precípuo seria servir aos cidadãos e às suas comunidades, coloca-nos a serviço de seu estamento burocrático e insaciável apetite fiscal.

Todo grupo se institucionaliza para a obtenção ou manutenção do poder para seus membros e, sobretudo, seus dirigentes. Este é um axioma que define o caráter intrínseco das instituições, sejam elas quais forem. Portanto, não há como entendê-las senão pelo escrutínio da questão do poder à luz das contribuições das várias instâncias epistemológicas que procuram compreendê-lo em sua essência.

Quando um grupo institucionaliza-se, privilegiando a manutenção de estados de poder a serviço do culto ao narcisismo de seus componentes, além de desviar-se de seus objetivos originais, esclerosa-se, perde vitalidade e, mesmo que não venha a desaparecer por inteiro, sofre um lento, insidioso e gradativo processo de degradação.

Então, alguém poderá indagar, fazendo uma leitura equivocada ou parcial do que está sendo dito, se todo processo de institucionalização é nocivo. Obviamente que não. A instituição – seja ela a família, um clube esportivo, uma sociedade científica ou uma associação empresarial – é o arcabouço, o esqueleto do corpo comunitário. É o que sustenta e possibilita o exercício das funções sociais que dão sentido ao périplo existencial de todos nós. No entanto, as instituições, como os seres humanos, adoecem. E a doença institucional instala-se a partir do momento em que ela passa a operar como mero instrumento para o exercício do poder e para servir aos interesses narcísicos de seus membros. Mais adiante será tratado o modo de abordar as enfermidades institucionais.

Os Grupos na Trajetória de um Psicoterapeuta

Minha trajetória profissional foi balizada pelo trabalho com grupos. Enquanto a imensa maioria dos colegas, meus contemporâneos, iniciou sua formação profissional trabalhando com pacientes individuais e só posteriormente com grupos, circunstâncias muito particulares fizeram com que minha experiência com grupos caminhasse *pari-passu* com minha especialização em psiquiatria clínica e a formação psicanalítica que a ela se seguiu. As circunstâncias referidas foram: 1) o fato de, apenas concluído o curso de Medicina, ter ingressado como paciente em um grupo terapêutico conduzido por um dos pioneiros da grupoterapia analítica em nosso país; 2) durante meu treinamento como psiquiatra, ter entrado em contato com as técnicas ambientoterápicas recentemente introduzidas em nosso meio e logo em seguida ter participado da criação da primeira comunidade terapêutica para crianças e adolescentes da América Latina; 3) ter a oportunidade de ser aluno da única turma de analistas em formação da Sociedade local que contou com a disciplina de "Psicoterapia Analítica de Grupo" em seu programa; 4) ter muito precocemente iniciado meu trabalho com grupos analiticamente orientados por ter "herdado" de dois colegas, que tiveram de se ausentar de Porto Alegre, grupos de adolescentes que vinham atendendo.

Egressado há pouco do curso de Medicina e iniciando minha especialização em clínica psiquiátrica, participei de uma experiência pioneira no atendimento a um grupo de pacientes psicóticos agudos, bem como realizei atividades de cunho psicoprofilático com seus familiares. Em razão de meu interesse precoce no trabalho com grupos, foi-me delegada ainda a tarefa de coordenar cursos e reuniões com funcionários do setor onde estagiava.

A continuar a década de 60, condicionado ao inevitável autodidatismo que permeia a prática pioneira em qualquer atividade profissional, eu passei a trabalhar com grupos de pacientes adolescentes na prática privada e na referida comunidade terapêutica. À época, entrei em contato com a teoria dos vínculos de *Pichon-Rivière* e com seus grupos operativos, os quais poderíamos considerar uma expressão híbrida na teoria e na prática da Psicanálise e da dinâmica de grupo. O enfoque dos grupos operativos passou a ser o alicerce de minha práxis com grupos tanto terapêuticos quanto não terapêuticos, como aqueles que realizavam em atividades educacionais, levando sempre em conta o que dizia *Pichon-Rivière* sobre serem os grupos operativos algo que se situava na fronteira entre a terapia e a aprendizagem.

Ao final dos anos 60, eu tive meu primeiro contato teórico-vivencial com as técnicas de dinâmica de grupo de *Kurt Lewin* na coordenação de grupos F nos laboratórios de relações humanas na área de saúde, patrocinados pela faculdade de Medicina em que me formei.

Já com certa experiência na condução de grupos analiticamente orientados, tanto com pacientes adultos quanto adolescentes, em meados da década de 70, busquei uma formação psicodramática, com vistas a ampliar as vias de acesso a meus grupos de púberes, dificilmente abordáveis apenas pela comunicação verbal ensejada pelo referencial psicanalítico.

Mais adiante, o trabalho com casais levou-me a procurar treinamento em terapia familiar sistêmica, o que fiz com *Maurizio Andolfi*, em Roma, no ano de 1983, e, solicitado a intervir sob a forma de consultoria em entidades públicas e privadas, consolidei na práxis institucional meus conhecimentos sobre o pensamento sistêmico que embasava a terapia familiar, a que me dediquei cada vez mais a partir do final do século passado.

Na década de 90, meu trabalho com grupos se intensificou pela atividade de capacitação de novos grupoterapeutas e terapeutas de casais e famílias, assim como do atendimento a empresas familiares.

Paralelamente ao trabalho clínico e institucional com grupos e à atividade docente no treinamento de novos profissionais, minha produção científica tem se centrado cada vez mais na elaboração de textos sobre o trabalho grupal, terapêutico ou não. O presente livro é testemunho dessa crescente motivação para estudar e trabalhar com grupos.

Da Teoria à Prática... ou da Prática à Teoria?

Teorias nascem sob a forma de hipóteses, com base na observação dos fatos, ou seja da prática. E depois de elaboradas, as teorias fornecem subsídios ou ferramentas para uma melhor e mais acurada observação dos fatos. Portanto, teoria e prática são indissociáveis no campo epistemológico. Há diferenças importantes, contudo, na forma como essa interação se faz, nas ilações que suscita e nos resultados que venha a apresentar.

Mentes criativas observam a prática e elaboram teorias. Mentes imitativas utilizam teorias para instrumentar sua práxis. E o conhecimento não pode prescindir da criação que abre fronteiras nem da imitação que as consolida. Tanto o pensamento criativo quanto o imitativo são indispensáveis para dinamizar a espiral ascendente do conhecimento humano. E pode-se afirmar que desde o advento do pensamento humano não há criação pura: toda ela, de certa forma, está alicerçada em um conhecimento prévio. Assim, por extensão, pode-se dizer que toda prática está influenciada por teorias prévias. No entanto, temos que libertar a práxis das teorias que a sufocam se nós quisermos deixar emergir o conhecimento novo e criativo. Isto não é como, pode parecer a uma observação menos atenta, uma afirmação paradoxal: os mesmos cuidados indispensáveis ao desenvolvimento de uma criança nos primeiros anos de vida podem obstaculizar sua evolução em anos posteriores; há que deixá-la com suficiente liberdade para aprender de sua própria experiência a fim de que realize seu potencial como indivíduo.

Freud, uma das mentes mais criativas da nossa época, descobriu o inconsciente dinâmico e, a partir dessa descoberta, criou todo um sistema referencial para a abordagem psicoterápica dos conflitos humanos. A teoria compreensiva dos processos mentais por ele criada sustentou a práxis da técnica psicanalítica no âmbito da relação dual paciente-analista.

Da observação dos processos mentais em seus pacientes e em si mesmo (autoanálise), Freud estabeleceu hipóteses e, valendo-se delas, elaborou uma teoria da técnica psicanalítica que, enriquecida com as contribuições de seus discípulos, foi compondo o corpo estrutural de um método psicoterápico específico ao contexto do campo bipessoal da situação analítica.

Pelo processo imitativo, certos psicanalistas procuraram extrapolar esse método para o contexto grupal ou multipessoal, dando origem à denominada "Psicoterapia Analítica de Grupo" ou "Grupanálise". Tinha uma teoria e dela foi extraída uma derivação prática em outro contexto que não o original.

Ainda que o uso do grupo como veículo de práticas psicoterápicas remonte à Antiguidade, foi a partir do surgimento da psicanálise que tal prática institucionalizou-se com um substrato teórico que a fundamentasse e uma técnica que a instrumentalizasse.

Em 1910, ao elaborar sua teoria dos tipos lógicos, Bertrand Russell postula não ser possível uma classe (grupo) ser membro de si mesma, assim como um de seus membros não pode ser a classe (grupo), abrindo caminho para a formulação do princípio da não somatividade, uma das pedras angulares da teoria dos sistemas (Von Bertalanffy), a qual diz que um sistema (grupo) não pode ser entendido como a mera soma de suas partes e que os resultados da análise de segmentos isolados não pode se aplicar ao conjunto como um todo. Assim, tanto quanto um grupanalista interpreta o material do grupo de forma total como quando interpreta o material de um membro do grupo (ainda que conectando por referências associativas ao que hipoteticamente estaria se passando na mente dos demais membros do grupo), está desconsiderando, na primeira hipótese, o fato de que "grupo" e "os indivíduos componentes" são dois tipos lógicos distintos e, na segunda, a circunstância de que aquilo que se passa na mente do indivíduo isolado não pode se aplicar por extrapolação ao grupo todo.

Portanto, a tentativa dos primeiros analistas de aplicar aos grupos a metodologia do processo analítico os levou a desconsiderar aquisições epistemológicas já então assimiladas por outras áreas da ciência; daí, quiçá, a razão dos impasses dentro do próprio âmbito dos grupoterapeutas com referência aos modelos técnicos a serem seguidos. E, da mesma forma, talvez resida nos equívocos cometidos pelos pioneiros ao tentar transpor de maneira simplista para o campo das interações grupais (muito mais amplas e complexas) um método originalmente criado para instrumentar uma relação bipessoal, o relativo declínio do interesse pela grupanálise (em comparação com as demais modalidades psicoterápicas) nas décadas que se seguiram ao seu *boom* nos anos 60.

Outras teorias igualmente se propuseram a tentar entender e instrumentar o trabalho com grupos, ainda que não necessariamente no âmbito terapêutico, como a teoria gestáltica. A noção de *gestalt* também se originou de outro campo de observação de fenômenos que não os atinentes aos grupos humanos. Foi a partir da ilusão ótica criada por objetos estáticos, os quais, mostrados em rápida sucessão, parecem estar em movimento, que Wertheimer elaborou sua teoria gestáltica, depois aplicada à Psicologia em geral e aos grupos em particular, influenciando a gênese dos estudos sobre dinâmica dos grupos por Kurt Lewin. De maneira similar, a *terapia com famílias,* outra modalidade de grupoterapia, inspirou-se em teorias que nasceram pela observação de outra classe de fenômenos, como sejam a *teoria sistêmica* e a *teoria da comunicação humana.* E, igualmente, o *psicodrama,* cuja aplicação clínica é responsável por seu *status* epistemológico, nasceu de outro vértice e intenção investigatória.

As grupoterapias ainda hoje se ressentem da falta de uma teoria que explique satisfatoriamente o funcionamento grupal e se aproxime do grau de profundidade e amplitude alcançado pela psicanálise na investigação do psiquismo humano, talvez pela razão aqui assinalada, ou seja, o fato de a aproximação aos fenômenos grupais sempre haver sido feita a partir de referenciais epistemológicos de outras fontes.

Ao longo dos capítulos seguintes iremos gradativamente nos familiarizar com as vicissitudes decorrentes dessa "falha básica" e dos esforços de outras correntes de pensamento para preencher as lacunas na fundamentação teórica da prática grupal, assim como poderemos constatar como esta prática tem alimentado um novo caudal epistemológico, capaz não só de enriquecer a matriz teórica das grupoterapias como fornecer subsídios para uma visão integradora da experiência humana ao longo de nosso périplo civilizatório.

Referências

BERTALANFFY, V. L. (1956) *Teoria geral dos sistemas.* Petrópolis: Vozes.

WHITEHEAD, A. N., & Russell, B. *Principia mathematica.* Cambridge: Cambridge University Press, 1910-13.

▪ PARTE I ▪

Teorias Grupais

CAPÍTULO 1

A Teoria da Gestalt e a Dinâmica de Grupos

A teoria da gestalt surge em princípios deste século como uma reação ao "atomismo" então vigente nas ciências em geral. A palavra "gestalt", de origem germânica e intraduzível para outros idiomas, significa o modo como os elementos (partes) estão agrupados. Suas origens residem nos estudos sobre o fenômeno da percepção, particularmente na descrição do fenômeno chamado "phi", uma ilusão de movimento aparente descrito e nomeado por Wertheimer em 1912. O chamado "fenômeno phi" consiste na ilusão visual em que objetos estáticos mostrados em rápida sucessão parecem estar em movimento por ultrapassarem o limiar da visão humana de poder percebê-los isoladamente.

A noção de que o todo é maior do que suas partes constituintes e que seus atributos (do todo) não podem ser deduzíveis a partir do exame isolado das partes constituintes é um dos pilares da teoria gestáltica, cuja aplicação na área psicológica foi desenvolvida posteriormente, sobretudo por Kurt Lewin em seus estudos sobre os grupos e sua dinâmica.

A teoria da gestalt, apoiada na observação fenomenológica, sustentava a possibilidade de convalidar experimentos psicológicos até então desconsiderados como via de acesso ao estudo científico da vida mental. Foram, portanto, seus adeptos os precursores da tendência contemporânea a incluir o observador na descrição do fenômeno observado, dentro do princípio, hoje universalmente aceito e sustentado pela teoria da relatividade, que não há objetividade pura na aproximação científica de qualquer fato natural.

Vejamos, agora, partindo do referencial gestáltico, como Lewin elaborou sua teoria do funcionamento grupal, mas não sem antes referir brevemente sua trajetória profissional para conectá-la com suas descobertas.

Lewin foi um dos tantos judeus obrigados pelo nazismo a deixar a Alemanha, o que ocorreu em 1933. De início, ele se dedicou às ciências físicas, tendo posteriormente voltado seu interesse para o campo da filosofia, área em que se doutorou com uma tese sobre "a Psicologia do comportamento e das emoções". Já como professor titular de Psicologia na Universidade de Berlim (desde 1926), desenvolvia as pesquisas referenciadas pela teoria da gestalt, que mais tarde viriam a sustentar sua aproximação ao estudo dos grupos humanos. De suas origens germânicas, ele trouxe o rigor metodológico que sempre pautou seu trabalho. Migrado inicialmente para a Inglaterra, após alguns meses, mudou-se para os Estados Unidos, e ali seu espírito pragmático encontrou o ambiente cultural propício para desenvolver seu talento de investigador.

A expressão "dinâmica de grupo" aparece pela primeira vez em um artigo de 1944, no qual Lewin estuda as relações entre a teoria e a prática em Psicologia social. No ano seguinte, a convite do prestigiado MIT (*Massachussets Institute of Techology*), ele funda um centro de pesquisas em dinâmica de grupos (*Research Center for Group Dynamics*).

Nesse local, Lewin realizou a maior parte de suas investigações e experiências com grupos. Influenciado por esse ambiente constituído em sua maior parte por engenheiros, Lewin formulou a noção de dinâmica de grupo como uma "engenharia social", o que o levou posteriormente a muito se arrepender dessa analogia, a qual serviu para que interpretassem a dinâmica de grupo como uma técnica de manipulação dos grupos.

Para Lewin, os fenômenos grupais só se tornam inteligíveis ao observador que consente em participar da vivência grupal. Em sua opinião, tais fenômenos não podem ser observados "do exterior", assim como também não podem ser estudados como fragmentos a serem examinados *a posteriori*, como preconizavam os atomistas. Isto o levou a formular a aproximação metodológica denominada "pesquisa-ação", em que não só o observador era incluído no grupo como não se escotomizava o fato de que tal inclusão o modificava, o que, no entanto, não invalidava a proposta investigatória.

Para validar tal experimentação, Lewin entendia, porém, que ela deveria se realizar no contexto dos pequenos grupos (os *face-to-face groups*), cuja configuração deveria ser tal que permitisse aos seus participantes existirem psicologicamente uns para os outros e se encontrarem em uma situação de interdependência e interação possível no decurso da experiência.

Os pequenos grupos, além de permitirem a observação "ao vivo" dos processos de interação social, constituem-se em uma unidade experimental de referência para a formulação de hipóteses que possam ulteriormente ser confrontadas e comparadas com o encontrado em outros agrupamentos humanos.

Uma das mais significativas constatações de tais experimentos com os pequenos grupos foi que as ações e percepções dos membros são elementos de uma estrutura mais complexa, não sendo compreensíveis fora dessa estrutura grupal, ou seja, o indivíduo na gestalt grupal comporta-se de uma forma *sui generis* diretamente relacionada com essa gestalt.

Lewin observou que a integração no interior de um grupo só se dará quando as relações interpessoais estiverem baseadas na autenticidade de suas comunicações e que essa autenticidade é uma atitude passível de aprendizado no e pelo próprio grupo.

Ele se dedicou particularmente ao estudo da questão da autoridade e dos tipos de liderança nos pequenos grupos, descrevendo os três estilos básicos de liderar: o *autocrático,* o *laissez-faire* e o *democrático,* cujas denominações, por si só, já os caracterizam. Pondera-se, no entanto, que tais estudos foram empreendidos com grupos isolados em situações artificiais, com um objetivo mais ou menos explícito de demonstrar as "vantagens" da liderança democrática em relação às outras duas. Lewin descreveu ainda as várias etapas do processo de solução de problemas em grupo, iniciando-se pela definição dos problemas, seguindo a promoção e a verificação das ideias, a tomada de decisão e, finalmente, a execução.

Talvez a maior contribuição do codificador das leis e princípios da dinâmica grupal tenha sido a criação de um modelo para verificar sua validade e, ademais, treinar profissionais para a coordenação de grupos. A seguir serão destacados os passos que, nos dois últimos anos de sua vida, *Lewin* percorreu com o propósito de delinear este esquema de treinamento, de acordo com o relato de um de seus mais destacados discípulos, o canadense *Gerald Mailhiot*:

"Kurt Lewin conseguira, desde há algum tempo, agrupar em torno de si uma equipe de pesquisadores e organizar com eles o seu Centro de Pesquisas em Dinâmica de Grupos, no MIT. Todos pareciam altamente motivados e adeptos sem restrições das hipóteses de Lewin, que, em conjunto, tentavam então verificar experimentalmente. Todavia, nos momentos de autoavaliação do seu trabalho, realizada periodicamente, havia deplorado por diversas vezes a falta de integração real da equipe, o ritmo lento e artificial do encaminhamento de seus trabalhos, os parcos recursos inventivos e a fraca engenhosidade manifestados na exploração dos problemas estudados. Lewin, que participava fielmente desses encontros de autocrítica, havia falado pouco até aquela data e, segundo seu hábito, escutara com atenção constante a expressão de descontentamento dos colaboradores. Um dia, entretanto, no momento em que a autoavaliação parecia uma vez mais encaminhar-se para uma constatação negativa, Lewin, em tom modesto, quase se desculpando, a título de sugestão, enunciou a seguinte hipótese: 'Se a integração entre nós não se realiza e se, paralelamente, nossas pesquisas progridem tão pouco, tal fato pode ocorrer em razão de bloqueios que existiriam entre nós ao nível de nossas comunicações'."

Dessa hipótese inicial, partiu-se para a configuração de encontros fora do ambiente de trabalho, sem outro propósito que não o de aprenderem a se comunicar de modo autêntico. Estava plantada a semente das experiências de sensibilização para as relações humanas. A fonte de aprendizagem passa gradativamente a ser não só o que acontece no "aqui-e-agora" das interações pessoais dentro do grupo, mas da avaliação conjunta desta experiência. Nas sessões de autoavaliação, passou-se a admitir a presença de observadores de outros grupos e, reciprocamente, esses tinham a possibilidade de também serem avaliados, nos grupos em que participavam, por observadores de grupos distintos, criando, assim, uma maior objetivação sobre os comportamentos grupais de todos. Cada grupo de discussão, com seu respectivo observador (que também era um animador, pois ia comunicando ao grupo suas observações), foi denominado *"basic skill training group"* (BSTG) ou "grupo de treinamento das técnicas de base", que, ao lado dos grupos de discussão, nos quais eram debatidos os problemas concretos dos grupos em que trabalhavam habitualmente, vieram a se constituir nos dois pilares do processo de aprendizagem da dinâmica de grupos nos seus primórdios.

Tal configuração da formação em dinâmica de grupos manteve-se mais ou menos estável nos anos que se seguiram à morte de *Lewin*, mas, a partir de 1956, o grupo de discussão na sua proposta original foi abandonado e o BSTG foi repensado. Decidiu-se discriminar a iniciação às técnicas de grupo dos grupos de sensibilização para relações humanas, passando o primeiro a denominar-se *"skill group"* (SG) e o segundo *"traning group"* (TG), que se torna o instrumento primordial para a aprendizagem em dinâmica de grupos.

O *"T-group"*, mais tarde renomeado de grupo F ou "de formação" (para muitos F de *"free"*, *livre* em inglês), é um grupo centrado em si mesmo, onde, no aqui-e-agora das interações dos membros do grupo sem o ônus de uma tarefa ou propósito extrínseco ao grupo, tem-se a experiência de um grupo em *status nascendi,* com toda a riqueza vivencial e de abertura para um acontecer não programado em que, no entanto, vemos ocorrer os fenômenos que se repetem sempre que nos encontramos em um grupo: busca de afirmação pessoal, rivalidades e alianças, disputas pela liderança, alternância de momentos de coesão e desagregação, reativação de preconceitos ao lado de sua superação, resistência ou disposição à mudança, surgimento de mal-entendidos a par de esforços para se fazerem entendidos, etc.

Embora Lewin não tenha chegado a teorizar sobre os *T-groups,* que apenas se esboçavam nos BSTG antecedentes, sua intuição, somada às descobertas feitas anteriormente, permitiram que ele pudesse formular por antecipação as principais contribuições de tal atividade ao treinamento em dinâmica de grupo, quais sejam, possibilitar a cada membro uma experiência única de interagir a partir somente de sua vivência com os outros enquanto membros daquele grupo, experimentar-se em papéis de líder e liderado e educar-se para a autenticidade.

Os grupos de formação não possuem estruturas internas, nem tarefas a realizar ou lideranças pré-designadas. Seus coordenadores devem recusar representar o papel de "condutores" e tão somente funcionar como "catalisadores" do processo grupal, o que exclui a função de conselheiros ou agentes de informação para o grupo, necessitando se abster de estimular a dependência do grupo. No entanto, são a consciência e a memória do grupo, ativadas aos momentos de revisão crítica do grupo. Sua autoridade é exercida pelo comprometimento e pela fidelidade aos objetivos da experiência devendo, além disso, constituírem-se em modelos de autenticidade interpessoal.

A dinâmica de grupo expandiu seu raio de ação e influência, sobretudo, na área das instituições em geral. Ela se tornou, para alguns efeitos, uma disseminadora de técnicas de dinamização grupal empregada tanto na avaliação quanto na compreensão e tentativa de resolução das questões organizacionais. Hoje em dia, sua sustentação como instrumento epistemológico na abordagem grupal carece do suporte de teorias suplementares, como a Psicanálise, que examinaremos no tópico a seguir.

Referências

LEWIN, K. (1948). *Resolving social conflicts.* New York: Harper & Brothers.

LEWIN, K. (1951). *Field theory insocial sciences.* New York: Harper & Brothers.

MAILHIOT, G. (1976). *Dinâmica e gênese dos grupos.* São Paulo: Livraria Duas Cidades.

MAISONNEUVE, J. (1993). *La dinamique des groupes.* 10. ed. rev. Paris: Presses Universitaires de France.

MATTA, J. E. (1975). *Dinâmica de grupo e desenvolvimento de organizações.* São Paulo: Livraria Pioneira Editora.

CAPÍTULO 2

Psicanálise Aplicada a Grupos

Ao considerar a Psicologia individual aplicável à compreensão dos fenômenos sociais, Sigmund Freud, em *Psicologia das Massas e Análise do Ego*, avalizou as tentativas que daí em diante se sucederam no sentido de transpor a técnica analítica criada no contexto da situação dual analista-paciente para a situação grupal.

Embora muitos considerem Schilder o introdutor do método analítico na Psicoterapia de grupo, quer nos parecer que o mais adequado seria considerar Foulkes como quem realmente procurou dar uma feição própria ao que viria então a denominar *grupanálise*. Isso porque Schilder privilegia o enfoque individual, embora o empregando conjuntamente com o grupal. Seu método preconizava a realização de entrevistas preparatórias ao ingresso no grupo e, além da coleta da história pessoal dos participantes, eles eram ensinados a associar livremente e pouca atenção era dada à relação dos pacientes entre si, acreditando Schilder que, mesmo no contexto grupal, a tônica recaía na relação transferencial com o terapeuta. Schilder entendia que os pacientes poderiam resolver seus conflitos individuais quando os discutiam livremente no grupo, mas não como uma ação terapêutica do próprio grupo. Assim, Schilder nunca pôde considerar o grupo como uma unidade terapêutica propriamente dita, e podemos dizer que os pacientes eram tratados coletivamente, ou seja, de forma simultânea, contudo individualmente. É o protótipo do que hoje consideramos tratar o paciente *no* grupo, e não *pelo* grupo e, menos ainda, sua técnica pode se considerar uma psicoterapia *de* ou *do* grupo. Por outro lado, parece haver escotomizado as dificuldades transferenciais e contra transferenciais provenientes de um modelo híbrido de terapia individual e grupal.

Já Foulkes preocupou-se desde os primórdios em descrever as peculiaridades da abordagem grupal, além de estabelecer suas fronteiras com a análise individual. Entre as principais contribuições de Foulkes à definição das grupoterapias como tendo um marco referencial teórico próprio está sua noção de *matriz,* que Foulkes nos apresenta como sendo a trama (rede) comum a todos os membros, dela dependendo o significado e a importância de tudo o que ocorre no grupo, a ela referindo todas as comunicações e interpretações, verbais ou não verbais, que circulam no grupo. Os pacientes seriam, pois, os pontos nodais dessa rede, a qual é dotada de características de conjunto distintas da soma de relações nele processadas.

Outros dois autores, um da escola americana, *Slavson*, e outro da escola britânica, *Ezriel*, destacaram-se por suas contribuições nesses movimentos iniciais da grupoterapia de base psicanalítica: Slavson, ao enfatizar a presença dos elementos básicos da Psicanálise (transferência, interpretação de conteúdos latentes, busca de *insight,* etc.) no contexto grupal, e Ezriel ao desenvolver sua teoria da interpretação, postulando a possibilidade de interpretar o denominado "material profundo" tanto na situação individual quanto na grupal.

Mas foi Bion, como Foulkes e Ezriel, oriundo do mesmo casulo institucional, a Clínica Tavistock, quem trouxe as contribuições mais significativas ao delineamento de uma teoria psicanalítica dos grupos, com base em seus conceitos dos *supostos básicos.*

Enquanto Foulkes, com sua noção de *matriz,* apontava para a dimensão geradora do grupo, com sua ideia do grupo ser não só a origem como o continente para a expressão de vivências relacionais peculiares, Bion centrou-se nos estados mentais que tais vivências desencadeiam.

Quando um grupo reúne-se para desenvolver um trabalho, seja de que natureza for (terapêutico, de aprendizagem, institucional), ele está sujeito ao surgimento de certos estados mentais compartilhados, que se opõem ao cumprimento da tarefa designada e que consistem nos chamados *supostos básicos.* Assim, no estado mental do suposto básico denominado de *dependência*, o grupo comporta-se como se estivesse à espera dos cuidados e da liderança de alguém (geralmente o terapeuta ou o coordenador do grupo, mas, eventualmente, algum de seus participantes) para desenvolver sua tarefa; no suposto básico de *luta-fuga,* há um movimento de confronto ou evitamento das situações ansiogênicas, bem como de enfrentamento ou afastamento das lideranças emergentes no grupo e, finalmente, no suposto básico de *acasalamento,* há uma expectativa messiânica com relação às soluções que possam vir por algo ou alguém que ainda não chegou ao grupo e que será gerado pelo apareamento entre dois elementos do grupo, incluindo ou não o terapeuta (coordenador).

Contrapondo-se aos mencionados estados mentais estaria o do *grupo de trabalho,* quando predomina o estado racional, colaborativo, de prontidão para a realização da tarefa.

Bion considera que tanto a mentalidade do grupo de trabalho quanto à mentalidade dos grupos de supostos básicos (dita primitiva) são dotações etológicas do homem, por ser ele um animal gregário, e coexistirem no acontecer grupal.

Outras contribuições teóricas à Psicanálise aplicada aos grupos foram sendo acrescentadas às anteriormente mencionadas, tais como a da chamada escola francesa (representada por *Anzieu* e *Kaës*), que focaram, sobretudo, a possibilidade de desenvolver uma abordagem de grupo coerente com as formulações originais de Freud e o *setting* analítico tradicional. Anzieu, que mais adiante veremos também referido na criação do chamado "psicodrama psicanalítico", formulou as ideias da ilusão grupal e do grupo como invólucro, e Kaës, na sua tentativa de fornecer elementos para uma teoria psicanalítica dos grupos, elaborou a noção de um aparelho psíquico grupal, desenvolvendo o conceito de cadeia associativa grupal.

A denominada escola argentina, representada por Grinberg, Rodrigué e Langer, contribuiu principalmente na elaboração de um modelo clínico de abordagem grupal, consubstanciado no que chamam "psicoterapia de grupo", na qual a ênfase é posta na atitude interpretativa que, em suas próprias palavras, caracteriza-se por: a) interpretar o grupo como um todo, assinalando o clima emocional com suas oscilações e fantasias subjacentes; b) interpretar em função dos papéis, por considerar que esses estão em função de uma situação ou de um sentimento comum ao grupo; c) interpretar a atitude e fantasias do grupo em relação à determinada pessoa – seja ela um participante do grupo ou não – e em relação ao terapeuta; d) interpretar em termos de subgrupos, como partes complementares de um todo, como índice de desintegração desse todo e como dramatização das fantasias inconscientes; e) interpretar em função do "aqui-e-agora", cujo campo está configurado pela interação e sobreposição das crenças e atitudes de cada um dos integrantes em relação ao grupo como totalidade, em relação aos outros membros e em relação ao terapeuta.

Entre os principais aportes à teoria psicanalítica aplicada a grupos pensamos que deva ser mencionado ainda o introdutor da grupanálise em Portugal, Cortesão, e, mais recentemente, o italiano Neri. Cortesão é um discípulo de Foulkes, enquanto Neri desenvolve suas contribuições a partir de Bion.

Cortesão elaborou seu conceito de *padrão grupanalítico* a partir da ideia de Foulkes sobre a matriz grupal. O *padrão* seria o conjunto de atitudes do grupanalista, constituindo um fator específico dentro de um contexto específico – a *matriz do grupo.* Segundo Cortesão, padrão aqui estaria sendo usado no sentido etimológico do sânscrito *pä,* significando semear, nutrir, fomentar, e não, conforme suas origens latinas, na acepção de *pater, patronus,* o que serve para ser seguido ou imitado. Cortesão sugere, portanto, que, com suas atitudes, o psicanalista funciona como um emissor de significados (a expressão é minha) ou transmissor de algo que se vincula à natureza terapêutica do grupo.

Cortesão trabalhou ainda intensamente na definição do que seja o *processo grupanalítico,* definindo-o como "o modo pelo qual as várias dimensões teóricas e técnicas – que contribuem para dar corpo e forma à terapia grupal – são estruturadas, organizadas e desempenham uma função". Neri, por sua vez, ao tratar do desenvolvimento dos processos do grupo, descreve o que chama "estado grupal nascente", o qual corresponde ao momento em que o grupo começa a tomar forma como unidade, e o "estágio da comunidade dos irmãos", momento em que o grupo se constitui plenamente como tal, tomando-se um agente coletivo, capaz de pensar e elaborar. Para Neri, em consonância com as ideias bionianas, o grupo seria fundamentalmente um espaço de elaboração mental, e a função do terapeuta não seria tanto interpretar conteúdos, mas oferecer condições para que se processe e possa operar de modo eficaz o pensamento grupal.

Como vemos, uma constante na evolução da *grupanálise* foi o esforço de seus praticantes em adaptar procustianamente ao processo grupal não só a técnica como a metapsicologia freudiana. Esse é o ponto mais vulnerável e polêmico desta modalidade psicoterápica, fonte de reiterados questionamentos por parte daqueles que procuraram extrair da própria natureza intrínseca dos grupos sua fundamentação epistêmica e um modelo de instrumentação e abordagem terapêutica dos mesmos.

Freud, em *Caminhos de Progresso na Terapia Psicanalítica*, ao considerar os diversos desenvolvimentos possíveis na terapia psicanalítica, prevê a possibilidade de ter que se adaptar a técnica analítica às demandas criadas pela enorme carga de sofrimento neurótico existente no mundo. Ainda que não tivesse em mente na ocasião a abordagem grupal, podemos considerá-la como incluída na observação anterior, feita por ele durante o congresso de Budapeste, em 1918, à raiz da preocupação então vigente com a restrição dos benefícios da psicanálise a uma fração mínima da sociedade.

No entanto, a nosso ver, foi justamente esse desejo de possibilitar a um número maior de pacientes tais benefícios, originando a versão grupal do método psicanalítico, o responsável por uma extrapolação inadequada do que originalmente fora concebido na relação dual para a situação grupal, tão mais complexa e distinta.

Como acentua Cortesão, a grupanálise e a Psicanálise devem ser conceitualizadas e descritas como métodos de investigação e terapia diferentes, ainda que não contraditórios, com bases teóricas comuns, mas procedimentos operatórios distintos.

A crescente conscientização por parte dos grupanalistas das limitações dessa transposição acrítica para o contexto grupal do método psicanalítico, criado para instrumentar a relação dual analista-paciente, tem-nos predisposto e mobilizado para uma maior permeabilidade aos aportes de outras correntes que estudam e interpretam os fenômenos grupais, criando as condições para o surgimento das interfaces epistemológicas a que nos referiremos ao tratar do futuro das grupoterapias e das quais, certamente, uma das de maior efetividade na prática é aquela a que se refere o tópico seguinte.

Referências

CORTESÃO, E. L. (1989). *Grupanálise: teoria e técnica.* Lisboa: Fundação C. Gulbenkian.

FOULKES, S. H. et al. (1972). *Psicoterapia de grupo.* São Paulo: !brasa.

FREUD, S. (1918). Caminhos de Progresso na Terapia Psicanalítica. *S.E.B.* Rio de Janeiro, 19.

FREUD, S. (1921). Psicologia das Massas e Análise do Ego. *S.E.B.* Rio de Janeiro: Imago, 19.

GRINBERG, L., LANGER, M., & RODRIGUÉ, E. (1957). *Psicoterapía dei grupo.* Buenos Aires: Paidós.

Kães, R. (1993). *Le groupe et le S'ujet du groupe.* Paris: Dunod.

MARTINS, R. (1986). Contribuições de Freud à psicoterapia de grupo. ln OSORIO, L. C. et al. *Grupoterapia hoje.* Porto Alegre: Artes Médicas Sul.

NERI, C. (1995). *Grupo.* Rio de Janeiro: Imago, 1999.

Osorio, L. C. et al. (1986). *Grupoterapia hoje.* Porto Alegre: Artes Médicas Sul.

SILVA, L. A. P. de M. (1986). Contribuições de Bion à Psicoterapia de Grupo. ln OSORIO, L. C. et al. *Grupoterapia hoje.* Porto Alegre: Artes Médicas Sul.

ZIMERMAN, D. E., & OSORIO, L. C. et al. (1997). *Como trabalhamos com grupos.* Porto Alegre: Artes Médicas Sul.

ZIMMERMANN, D. (1969). *Psicoterapía analítica de grupo.* Buenos Aires: Hormé.

CAPÍTULO 3

Grupos Operativos

A teoria dos *grupos operativos* foi elaborada por Pichon-Rivière (1907-77) com base nos referenciais teóricos da Psicanálise e da dinâmica de grupos.

Enrique Pichon-Rivière, embora suíço de nascimento, viveu na Argentina desde os 4 anos de idade, lá fazendo toda a sua formação profissional, notabilizando-se como um dos mais talentosos e criativos psicanalistas do hemisfério sul. Sua formulação dos grupos operativos foi, sem dúvida, a mais importante contribuição latino-americana para uma teoria unificada do funcionamento grupal, constituindo-se, além disso, em valioso suporte para a práxis com grupos, terapêuticos ou não.

Nada melhor do que deixar o próprio formulador do conceito discorrer sobre sua concepção, o que faz literalmente em uma de suas aulas, registrada por seus alunos em 1970:

> Os grupos operativos definem-se como *grupos centrados na tarefa*... Há técnicas grupais centradas no indivíduo: são alguns dos chamados *grupos psicanalíticos ou de terapia,* nos quais a tarefa está centrada sobre aquele a quem chamamos de *porta-voz*... o outro tipo de técnica é o do *grupo centrado no grupo,* na análise de sua própria dinâmica, técnica inspirada nas ideias de Kurt Lewin, na qual se considera o grupo como uma totalidade... para nós a tarefa é o essencial do processo grupal, por isso nossa insistência em chamá-los *grupos centrados na tarefa.*

Para Pichon-Rivière, pois, o que caracteriza os grupos operativos é a relação que seus integrantes mantêm com a tarefa e essa tarefa poderá ser a obtenção da "cura", se for um grupo terapêutico, ou a aquisição de conhecimentos, se for um grupo de aprendizagem. Em sua opinião, contudo, em essência não há diferenças entre propósitos terapêuticos e de aprendizagem. Como, para ele, o fundamental da tarefa grupal é a resolução de situações estereotipadas e a obtenção de mudanças, a distinção entre grupos terapêuticos ou de aprendizagem não é essencial: todo grupo terapêutico proporciona aprendizagem de novas pautas relacionais como todo grupo de aprendizagem enseja a criação de um clima propício à resolução de conflitos interpessoais e, portanto, é também terapêutico.

Como vemos, seria um contrassenso categorizarem-se grupos terapêuticos e grupos operativos como diferentes técnicas grupais, como soem fazer mesmo experientes especialistas em grupos, pois, seguindo a formulação de PichonRiviere, todo grupo operativo é terapêutico, embora nem todo grupo terapêutico seja operativo. Grupo operativo é uma *ideologia* de abordagem grupal, não uma *técnica* propriamente dita (conforme Tubert-Oklander e Portarrieu, citados em Osorio (1989)).

Quanto à denominação "grupos operativos", Pichon-Rivière diz havê-la concebido com base na circunstância de terem tais grupos nascidos em um ambiente de tarefa concreta. Em 1945, estando encarregado de dirigir o setor de pacientes adolescentes no hospital psiquiátrico na cidade de Rosário, Argentina, onde então exercia suas atividades, Pichon-Rivière viu-se premido por circunstâncias excepcionais que o privaram do concurso dos funcionários que trabalhavam no setor a "improvisar" pacientes na função de enfermeiros. Sem contar com a equipe de enfermagem e com qualquer ajuda institucional que suprisse a lacuna, ele tratou de habilitar pacientes para "operarem" funções de enfermeiros. Nasciam, assim, os *grupos operativos*. Pode-se inferir que dos benefícios terapêuticos de tal aprendizagem para a tarefa de os próprios pacientes serem enfermeiros, Pichon-Rivière extraiu seu entendimento de que não há distinção clara entre grupos terapêuticos e de aprendizagem.

Pichon-Rivière observa que, quando se está apreendendo, embora não conscientemente, estamos abandonando formas estereotipadas de ver o mundo ou a realidade, tal qual ocorre em um processo terapêutico, assim como podemos entender a dificuldade ou a resistência a curar-se como perturbações da aprendizagem.

O fulcro da tarefa grupal na concepção operativa é superar e resolver situações fixas e estereotipadas, as quais Pichon-Rivière denomina *dilemáticas,* possibilitando sua transformação em situações flexíveis, as quais permitem questionamentos, ou seja, *dialéticas.*

O objetivo transcendente do que chamamos ideologia dos grupos operativos é, pois, passar da imobilidade e da resistência à mudança para o movimento e a propensão aos câmbios.

Pichon-Rivière vai buscar na teoria psicanalítica, sobretudo nos aportes kleinianos tão em voga em sua época, a compreensão dessa inércia em relação às mudanças que, igualmente, são inerentes à condição vital, pois tudo o que está vivo está em constante movimento e se alterando continuamente. Diz-nos ele:

> Analisando o porquê da resistência à mudança e o que significa a mudança para cada um, podemos ver que existem em realidade dois medos básicos em toda a patologia e frente a toda a tarefa a iniciar. São os dois medos básicos com que trabalhamos permanentemente: o medo à perda e o medo ao ataque. O medo à perda determina o que Melanie Klein denominou ansiedades depressivas e o medo ao ataque são as ansiedades paranoides.

A perda dos instrumentos que utilizavam como enfermidade para lograr uma adaptação particular ao mundo, ou seja, a perda do conhecimento advindo com o "ofício" de doentes seria a inércia que se opõe à cura e freia a mudança; por outro lado, o medo ao ataque consiste em encontrar-se vulnerável diante de uma nova situação pela falta de condições para lidar com ela. Embora tais medos tenham sido descritos a partir das vivências dos pacientes, eles podem ser aplicados a qualquer vetor de conhecimento e, portanto, comparecerem em qualquer tarefa grupal.

Se na Psicanálise Pichon-Rivière foi buscar subsídios para compreender o que ocorria com os indivíduos no contexto grupal, na dinâmica de grupo encontrou uma forma de operacionalizar sua abordagem grupal pelos chamados "laboratórios sociais" de Kurt Lewin. Segundo Pichon-Rivière, os laboratórios sociais criariam o clima propício para a indagação ativa a que se propunham os grupos operativos.

O momento-chave das investigações que culminaram com a elaboração da teoria dos grupos operativos a partir dos dois referenciais mencionados – o psicanalítico e o da dinâmica de grupo – deu-se na denominada "Experiência Rosário", em 1958, que resumidamente consistiu na preparação de equipes de trabalho em técnicas grupais no

Instituto Argentino de Estudos Sociais (IADES) sob a coordenação de Pichon-Rivière. Partindo do pressuposto de que em Sociologia é possível efetuar experimentos tão legitimamente científicos como os que se realizam em Física ou Química, embora com distintos parâmetros investigatórios, utilizando-se do modelo proposto pelos laboratórios sociais de Kurt Lewin, PichonRivière elaborou o que denominou *esquema conceitual referencial operativo.* O referencial, em questão, refere-se ao conjunto de experiências, conhecimentos e afetos prévios com que os indivíduos pensam e agem em grupos, mas para se tomar *operativo,* ou seja, gerador das mudanças pretendidas, necessita da aplicação de uma *estratégia* (a criação de uma situação de laboratório social), de uma *tática* (a abordagem grupal) e de uma *técnica* (privilegiando a centralização na tarefa proposta). Neste esquema, a função do coordenador ou "copensor", como preferia chamá-lo Pichon-Rivière consiste basicamente em criar, manter e fomentar a comunicação entre os membros do grupo.

Essa concepção do funcionamento grupal advinda com o estudo dos grupos operativos radica-se, por outro lado, na *teoria do vínculo* elaborada por PichonRivière e que iria mais além da visão eminentemente intrapsíquica da Psicanálise para situar o homem no contexto de suas relações interpessoais. O *vínculo*, para ele, seria uma estrutura dinâmica que engloba tanto o indivíduo como aquele(s) com quem interage e se constitui em uma gestalt em constante processo de evolução. Mais uma vez aqui está presente a noção de movimento e a contingência da mudança como indissociáveis do existir, tanto individual como grupal.

Vejamos agora alguns conceitos e elementos do léxico dos grupos operativos indispensáveis para uma melhor familiarização com seu arcabouço epistêmico.

– *Porta-voz:* é aquele membro do grupo que, em determinado momento, diz ou enuncia o que até então permaneceu latente ou implícito, não tendo consciência de que esteja expressando algo de significação grupal, pois o vive como próprio. O material veiculado pelo porta-voz chama-se *emergente grupal* e é função do coordenador decodificá-lo para o grupo.

Os conceitos de porta-voz e emergente nos introduzem as noções de *verticalidade* e *horizontalidade* grupais. A verticalidade designa a história, as experiências, as circunstâncias pessoais de um membro do grupo, enquanto a horizontalidade constitui o denominador comum da situação grupal, ou seja, aquilo que em um dado momento é compartilhado por todos os membros do grupo consciente ou inconscientemente. A verticalidade articula-se com a horizontalidade, evidenciando o emergente grupal.

O vertical representa, pois, os antecedentes pessoais que se veem atualizados em um dado momento do processo grupal, enquanto o horizontal é a expressão deste presente grupal, o qual permitiu o compartilhamento pelos demais membros do grupo dos afetos suscitados por um deles (o porta-voz).

Pichon-Rivière refere-se ao porta-voz como uma espécie de alcaguete que denuncia a enfermidade grupal ou, em se tratando não de um grupo terapêutico, mas de aprendizagem, os elementos bloqueadores da tarefa grupal. Em suas palavras: "O porta-voz é o que é capaz de sentir uma situação na qual o grupo está participando e pode expressá-la porque está mais próxima de sua mente do que da dos outros".

Pichon-Rivière também nos trouxe importantes aportes à compreensão dos dinamismos e à forma de abordar operativamente um grupo particularmente significativo: o familiar. Em *Grupos familiares: um enfoque operativo* (1965-66), ele trata do papel do paciente como porta-voz das ansiedades do grupo familiar, antecipando a ênfase colocada posteriormente pela teoria sistêmica no papel do paciente identificado (p.i.) como emissor da patologia familiar. São mencionadas, então, as noções de *depositário, depositantes e depositado*. Diz-nos ele:

> ... neste processo interacional de adjudicação e assunção de papéis, o paciente assume os aspectos patológicos da situação, que compromete tanto o sujeito *depositário* como os *depositantes*. O estereótipo configura-se quando a projeção dos aspectos patológicos é maciça. O indivíduo fica paralisado, fracassando em seu intento de elaboração de uma ansiedade tão intensa e adoece... com a posterior segregação do depositário, pelo perigo representado pelos conteúdos *depositados*.

Ele descreve, então, como o paciente passa da condição de agente protetor da enfermidade familiar para a de bode expiatório.

Já em 1960, Pichon-Rivière propunha um modelo de terapia dos grupos familiares, ou psicoterapia coletiva como ele chamava, calcado no esquema referencial dos grupos operativos, reconhecendo a importância da família como unidade indispensável de toda organização social, aduzindo:

> A família adquire esta significação dinâmica para a humanidade porque mediante seu funcionamento provê o marco adequado para a definição e conservação das diferenças humanas, dando forma objetiva aos papéis distintos, mas mutualmente vinculados, de pai, mãe e filho, que constituem os papéis básicos de todas as culturas.

Para Pichon-Rivière, a enfermidade básica do grupo familiar radica-se nos *mal-entendidos,* origem e destino da ação terapêutica pelo processo operativo.

Mas não foi só ao formular a hipótese de que o paciente era o depositário da enfermidade familiar que Pichon-Rivière antecipou-se à visão sistêmica; também o fez quando, elaborando sua teoria do vínculo (1956-57), pontuou, o que depois seria retomado pela chamada segunda cibernética, ao considerar que todo observador é sempre participante e modifica seu campo de observação, enfatizando que o analista sempre participa e modifica o campo de observação da sessão analítica.

Para finalizar, queremos sublinhar um ponto que nos parece nodal na teoria dos grupos operativos elaborada por Pichon-Rivière: a noção de que todo o grupo para funcionar operativamente (ou ser um "grupo de trabalho", na terminologia de Bion) precisa estar comprometido com a mudança das estruturas estereotipadas, o que implica em movimento psíquico, em processo evolutivo. Talvez nada melhor sintetizaria este elemento nuclear de sua teoria do que as considerações que faz sobre a mutação da ideia do grupo como uma "gestalt" para o de uma "gestaltung":

> Ao começo de nossa tarefa aparecia continuamente a expressão "gestalt" em termos de estrutura ou função. Mas ao descobrir o caráter espiralado do processo (de tornar explícito o implícito no contexto grupal), que é um processo contínuo, tínhamos que lhe dar um significado particular. Já os psicólogos da teoria da gestalt, entre eles Kurt Lewin, haviam começado a empregar o termo *"gestaltung"* (estruturando), que tem um parentesco com o termo *"gestalt" (estrutura).* A definição que pudemos dar ao processo era "estruturando", não estrutura, pelo movimento permanente a que estava submetido... os psicólogos sociais que trabalham centrados no grupo o definem como uma "gestalt", com um sentido fixo,

> não dinâmico... "gestaltung" resultou ser o termo mais apropriado para significar que se tratava de um processo móvel, em circuito aberto e não um circuito fechado como pode ser a "gestalt".

Pichon-Rivière resume as finalidades e propósitos dos grupos operativos dizendo que:

> A atividade está centrada na mobilização de estruturas estereotipadas, nas dificuldades de aprendizagem e comunicação, nas devidas a acumulação de ansiedade que desperta toda mudança (ansiedade depressiva pelo abandono do vínculo anterior e ansiedade paranoide criada pelo vínculo novo e pelas inseguranças a ele relacionadas), considerando ainda que uma das leis básicas da técnica dos grupos operativos é: à maior heterogeneidade dos membros do grupo e à maior homogeneidade da tarefa correspondem maior produtividade.

Como ocorre com muitos autores na elaboração de ideias seminais, PichonRivière não nos oferece sua teoria de forma sistematizada. Ela está esparsa ao longo de seus escritos, bem como nos esforços de seus discípulos em organizar anotações de aula do "mestre". E como novas ideias ou paradigmas não são produto de uma só mente, mas o emergente de uma decantação de conhecimentos em dado momento da evolução do pensamento científico, podemos a todo instante encontrar correspondências entre a elaboração intelectiva de diferentes autores, mesmo que eles não tenham conhecimento do que estão a produzir quase simultaneamente. Assim, referimos o paralelismo entre concepções de PichonRivière e Bion sobre o funcionamento grupal, ainda que durante suas respectivas elaborações não hajam tomado conhecimento de tais coincidências, o que corrobora a observação feita anteriormente.

Um grupo operativo, como vimos, é um grupo centrado na tarefa, seja esta terapêutica, de aprendizagem ou institucional. Embora a tônica no estudo dos grupos operativos tenha sido posta nas tarefas terapêuticas ou de aprendizagem que, no entender de Pichon-Rivière se confundem a tal ponto que, na prática, não podem ser dissociadas, pensamos que seja útil discriminar uma terceira área de atuação grupal operativa, a institucional, na qual a tarefa não é explicitamente nem terapêutica nem de aprendizagem (ainda que implicitamente o seja), pois o foco está no operar interações humanas em um contexto organizacional como é o que identifica uma instituição, seja ela qual for. Entendo mesmo que o mais promissor campo de atuação dos grupos com o referencial teórico de Pichon-Rivière seja o institucional, que com o entendimento e as técnicas oriundas da dinâmica de grupo enriquecidas com o aporte psicanalítico como faz o grupo operativo, ganha outra dimensão e amplia o leque das possibilidades operacionais na abordagem dos problemas institucionais decorrentes de fatores humanos.

E como tomar um grupo operativo? Penso que esquematicamente um grupo torna-se operativo quando preenche as condições preconizadas nos 3 M:

- Motivação para a tarefa.
- Mobilidade nos papéis a serem desempenhados.
- Disponibilidade para Mudanças que se evidenciem necessárias.

Referências

DELLAROSSA, A. (1979). *Grupos de reflexión.* Buenos Aires: Paidós.

PICHON-RIVIÈRE, E. (1971). *El proceso grupal.* Buenos Aires: Nueva Vision.

PICHON-RIVIÈRE, E. (1985). *Psicología de la vida cotidiana.* Buenos Aires: Nueva Visión.

PICHON-RIVIÈRE, E. (1985). *Teoría dei vínculo.* Buenos Aires: Nueva Visión.

PICHON-RIVIÈRE, E. (1978). EI Concepto de Portavoz. ln *Temas de Psicología Social,* ano 2, vol. 2, p. 7-13, Buenos Aires.

PICHON-RIVIÈRE, E. (1980). Historia de la Técnica de los Grupos Operativos. ln *Temas de Psicología Social,* ano 4, vol. 3, p. 7-18, Buenos Aires.

TUBERT-OKLANDER, J., & PORTARRIEU, M. L. B. (1989). Grupos Operativos. ln OSORIO, L. C. *Grupoterapia hoje.* Porto Alegre: Artes Médicas Sul.

▪ CAPÍTULO 4 ▪

Psicodrama

Ao contrário do que sucedeu com os criadores das teorias até agora apresentadas, Jacob Levy Moreno legou-nos uma didática e completa exposição de suas ideias no livro cujo título leva o nome do método que criou: *Psicodrama.* Nem Lewin, nem Freud, nem Pichon-Rivière sistematizaram para nós seu pensamento no legado escrito que deixaram; isto foi tarefa para seus discípulos, ainda que de Freud se possa dizer que em seu *Esboço de Psicanálise,* publicado postumamente, tenha tentado, de certa forma, fazê-lo, mas fosse por estar já muito enfermo quando o escreveu (ainda que extremamente lúcido e produtivo, como se manteve até o final), fosse por serem as dimensões de sua obra de tal envergadura que não seria possível esquematizá-las, o fato é que não passaram, como diz a própria designação, de um "esboço" da imensa contribuição que deu à ciência humana.

Já Moreno preocupou-se de tal forma em resenhar a trajetória de seu pensamento que não titubeou em assinalar o dia e a hora do nascimento do psicodrama·: 1º de abril de 1921, entre 19 e 22 horas. Deixemo-lo descrever com suas próprias palavras como isso se processou:

"O lugar do nascimento foi um teatro dramático de Viena. Eu não tinha nem uma equipe de atores, nem uma peça. Apresentei-me esta noite sozinho, sem nenhuma preparação, ante um público de mais de mil pessoas. No palco havia somente uma poltrona de espaldar alto, como o trono de um rei; no assento, uma coroa dourada... Quando recordo o fato, assombra-me minha própria audácia. Foi um intento de tratar e curar o público de uma enfermidade, uma síndrome cultural patológica que os participantes compartiam. A Viena de pós-guerra fervia em rebelião. Não tinha governo estável, nem imperador, nem rei, nem líder... a Áustria estava inquieta em busca de uma nova alma.

Mas falando psicodramaticamente, eu tinha um elenco e tinha uma obra. O público era meu elenco. A obra, a trama em que se viam arrojados pelos acontecimentos históricos, em que cada um representava um papel real... Cada qual, segundo seu papel, políticos, ministros, escritores, soldados, médicos e advogados, foi convidado por mim a subir ao cenário, sentar-se no trono e atuar como um rei, sem preparação e diante de um público desprevenido, que funcionava como jurado. Mas nada se passou. Ninguém foi achado digno de ser rei e o mundo permaneceu sem líder."

Apesar do aparente fracasso da representação nascia aí uma nova modalidade de expressão catártica que, instrumentada pelo exercício da espontaneidade e sustentada na teoria dos papéis, viria a se constituir no método psicodramático de abordagem dos conflitos interpessoais, cujo âmbito natural era o grupo.

Método psicoterápico de grupo por excelência, desde seus primórdios, o psicodrama estabeleceu um *setting* basicamente grupal, com a presença do terapeuta (diretor de cena), seus egos auxiliares e os pacientes (tanto como protagonistas como público). Aliás, a expressão "psicoterapia de grupo" foi por primeira vez utilizada por Moreno.

Moreno vincula a criação do psicodrama a quatro pontos de origem, dois dos quais anteriores ao episódio relatado e outro posterior. O primeiro deles remete-nos à sua infância, quando tinha quatro anos e meio de idade, e a um jogo que propôs a outras crianças em que ele representava o papel de Deus e os demais de seus anjos. A brincadeira terminou com Moreno fraturando seu braço direito ao jogar-se de uma cadeira sob a provocação de um companheiro para que voasse. Esta foi, no seu entender, a primeira sessão psicodramática "privada" que dirigiu e da qual disse haver participado ao mesmo tempo como diretor e protagonista. Dessa experiência, tão precoce, ele extraiu não só a ideia dos "egos auxiliares" (os "anjos", da protodramatização mencionada) como do cenário do psicodrama, que depois reproduziria no seu teatro de Beacon, em Nova York. Diz que tal episódio também o ensinou que a outras crianças também agrada desempenhar o papel de Deus, o que nos conduz ao segundo ponto de origem mencionado. Entre 1908 e 1911, sendo já um jovem estudante de medicina, ele costumava reunir nos jardins de Viena, grupos de crianças para representações improvisadas, estimulando a espontaneidade e a criatividade dos participantes, tendo como objetivo "ideológico" o que chamava uma cruzada das crianças em prol delas mesmas, de uma sociedade de sua própria idade e com seus próprios direitos. O terceiro momento da criação do método psicodramático corresponde à aludida representação pública em 1921 e o quarto um ano depois, em 1922, quando ocorreu um episódio que, segundo Moreno, marca a passagem do "teatro da espontaneidade" para o "teatro terapêutico" e que a seguir resumimos, utilizando-nos de suas próprias palavras:

"Tínhamos uma jovem atriz, Bárbara, que se sobressaía em papéis de ingênua e se enamorou de Jorge, um espectador da primeira fila, com quem teve um romance. Eles se casaram e nada mudou, continuando ela a ser a principal atriz e ele o principal espectador, por assim dizer. Um dia Jorge procurou-me dizendo que não podia mais suportar aquele ser tão angelical e doce nas apresentações, mas que na sua convivência privada com ele comportava-se como de modo endemoniado, ofendendo-o e até mesmo agredindo-o fisicamente. Propus que viesse esta noite ao teatro, como de hábito, que iria provar um 'remédio'. E quando Bárbara chegou disposta a desempenhar um de seus papéis habituais de pura feminidade sugeri-lhe que tentasse representar uma mulher vulgar e ofereci-lhe uma cena em que faria o papel de uma prostituta que seria atacada e assassinada por um estranho. Repentinamente Bárbara passou a atuar de uma forma totalmente inesperada, golpeando o outro ator com seus punhos e dando-lhe pontapés repetidas vezes, enfurecendo-o de tal sorte que o público levantou-se pedindo que a detivessem. Depois da cena, Bárbara estava exuberante de alegria, abraçou Jorge e foram para casa. Nas noites seguintes, ela seguiu representando papéis abjetos e Jorge procurou-me para dizer que algo estava se passando com ela, pois, embora ainda tivesse acessos de mau humor, esses eram mais breves e menos intensos e, por vezes, interrompiam-se com os dois rindo ao associá-los com as cenas que agora vinha fazendo no teatro. Posteriormente, sugeri que Jorge atuasse no cenário e que eles aí repetissem as cenas que tinham em sua casa. Passaram a representar cenas de sua infância, retratando suas respectivas famílias, bem como de seus sonhos e planos para o futuro. Os espectadores vieram me perguntar por que as cenas entre Jorge e Bárbara os comoviam mais intensamente do que as outras. Meses depois, conversando com Bárbara e Jorge, analisamos o desenvolvimento de seu psicodrama, sessão por sessão, e relatei-lhes a história de sua cura."

Nascia aí não só o psicodrama como técnica terapêutica, mas a abordagem do casal como modalidade psicoterápica.

Recordando que tanto a Psicanálise quanto o psicodrama nasceram no contexto sociocultural da Viena da passagem do século e que de certa forma Moreno e Freud foram contemporâneos fica-nos sempre a indagação de quais as relações entre ambos e suas criações. Deixemos ainda uma vez mais Moreno nos expor sua versão, desde já sinalizando estar ela evidentemente contaminada pela sombra narcísica que lhe fazia a figura do gênio criador da Psicanálise, já consagrado à época dos experimentos de Moreno que redundaram na criação do "teatro terapêutico". Conta-nos ele:

"Vi Dr. *Freud* somente uma vez. Foi em 1912, quando, enquanto estava na Clínica Psiquiátrica de Viena, assisti a uma de suas conferências. O Dr. Freud acabava de analisar um sonho telepático. Quando saíram os estudantes perguntou-me o que eu estava fazendo. 'Bem, Dr. Freud, eu começo onde o senhor deixa as coisas. O senhor vê as pessoas no ambiente artificial de seu consultório, eu os vejo na rua e em sua casa, em seu ambiente natural. O senhor analisa seus sonhos. Eu trato de dar-lhes o valor de sonhar novamente. Ensino as pessoas a brincar de Deus. Dr. Freud olhou-me perplexo."

Mais adiante, Moreno oferece sua visão crítica e depreciativa da Psicanálise dizendo: "Foi a Psicanálise que começou a lutar contra o gênio desde sua retaguarda, a reconsiderá-lo e desconfiar de seus complexos. Depois de expulsar da natureza (Darwin) e da sociedade (Marx) as forças cósmicas criadoras, o passo final foi a purificação do gênio pela Psicanálise. Foi a vingança da mente medíocre para nivelar todas as coisas por seu mais baixo denominador comum. Como todos temos complexos, e o homem criador não é uma exceção, todos somos semelhantes."

Mas deixemos as querelas pessoais e teóricas que subjazem à natureza competitiva do homem, alimentada por sua dotação narcísica, para nos deter doravante na inegável contribuição moreniana para o universo psicoterápico em geral e o trabalho com grupos em particular.

Teoria

Teoria da Espontaneidade-Criatividade

De certa forma, Moreno elaborou sua teoria da espontaneidade e seu par dialético, a criatividade, como um contraponto à teoria freudiana do determinismo psíquico. Não é aqui o espaço adequado nem suficiente para descrever todos os complexos meandros seguidos por Moreno na elaboração de sua ideias sobre uma espontaneidade original matriz de todo o ato criador e que, ao contrário da noção analítica de libido, não poderia vincular a uma forma de energia psíquica. Não obstante, há certas afirmações de Moreno que me parecem merecedoras de um especial destaque em função de suas consequências para uma práxis grupal. Uma delas diz respeito à possibilidade de podermos nos educar para a espontaneidade, o que, segundo ele, é possível, embora possa parecer uma contradição. Essa educação consistiria na liberação dos clichês e estereótipos culturais para que, em um segundo momento, viabilize-se uma maior receptividade e disposição para o surgimento de novas dimensões no desenvolvimento da personalidade. Outra afirmação é que incorremos num equívoco ao achar que a espontaneidade está mais intimamente vinculada à emoção e à ação do que ao pensamento e ao repouso. Se tal não fosse, sendo a criatividade cofunção da espontaneidade, não poderíamos criar justamente no estado predisponente para fazê-lo, ou seja, refletindo, o que pressupõe intensa atividade mental (pensamento) que ocorre geralmente, embora não necessariamente, na ausência de ação motora. Isso reforça a noção do grupo como um espaço de "reflexão" privilegiado pela possibilidade do espelhamento recíproco em clima de superação de "preconceitos" e atitudes estereotipadas (espontaneidade grupal) e prontidão para mudanças ou transformações (criatividade grupal).

Para Moreno, o psicodrama é o veículo por excelência para o desenvolvimento da espontaneidade do adulto ou para a recuperação da espontaneidade infantil vigente na sua atividade lúdica.

Teoria dos papéis

Em psicodrama, o termo "papel" foi tomado de empréstimo da arte cênica e, portanto, não tem originalmente conotações psicológicas ou sociológicas, mas gradualmente ao longo do desenvolvimento da experiência psicodramática afastou-se de seus significados originais para se definir, no plural, como um conjunto caleidoscópico de expressão das várias possibilidades identificatórias do ser humano. Os papéis psicodramáticos expressariam, portanto, as distintas dimensões psicológicas do eu (*self*) e a versatilidade potencial de nossas representações mentais.

Segundo Moreno, o papel é a forma de funcionamento que assume o indivíduo no momento específico que reage ante uma situação específica na qual estão involucradas outras pessoas ou objetos e sua função é entrar no inconsciente, a partir do mundo social, para dar-lhe forma e ordem.

Embora seja esperado que cada um de nós desempenhe os papéis que nos estão designados na sociedade (familiares, profissionais, de cidadania), na verdade cada um de nós pode e deseja encarnar muitos outros papéis distintos ou além dos que nos estão permitidos desempenhar na vida. Esse desejo seria fonte permanente de ansiedade pela pressão que exerce sobre os papéis oficiais ou manifestos que nos tocam desempenhar.

Para Moreno, os papéis e as relações entre os papéis permitidos ou desejados são os fatos mais significativos no contexto de uma cultura. Ele afirma ainda ser o papel a unidade da cultura e haver uma interação contínua entre o eu *(self)* e a variedade de papéis que representa ou poderia vir a representar.

Tele*:* palavra que Moreno tomou do grego significando "influência à distância" para identificar a percepção interna mútua dos indivíduos e que seria distinta da noção psicanalítica de "transferência" por não considerar a projeção das fantasias inconscientes do indivíduo sobre o outro, mas apenas o que, segundo Moreno, corresponde à intuição não autossugestiva que cada um de nós tem sobre seu próximo. Para seu autor, **tele** é uma estrutura primária, que geneticamente surge antes da transferência, sendo então essa uma estrutura secundária. A **tele** seria ainda "o cimento que mantém unidos os grupos".

Técnica

O método psicodramático consiste no emprego da representação dramática como veículo de expressão dos conflitos, unindo a ação à palavra. A sessão psicodramática desenvolve-se ao longo de três momentos sucessivos: o **aquecimento** (onde se busca criar o "clima" propício para a cena dramática, geralmente pelo estímulo à substituição de formas verbais de comunicação dos sentimentos pelas expressões corporais ou para verbais), a **representação propriamente dita** (que ocorre com o auxílio de técnicas que mencionaremos a seguir) e o **compartilhamento** (em que o grupo discorre sobre as vivências experimentadas durante a representação dramática, quer do ponto de vista de quem a protagonizou como dos espectadores, eventualmente chamados pelo coordenador a intervir na função de egos auxiliares). Essa fase de compartilhamento é particularmente valorizada pelos praticantes do psicodrama psicanalítico, pela oportunidade de resgatar nesse momento a compreensão do material emergente durante a sessão sob o enfoque analítico.

Entre as técnicas incluídas no processo psicodramático destacaríamos:

Inversão dos papéis – considerada a técnica básica do psicodrama, na qual o protagonista é "convidado" a trocar de lugar com o personagem que com ele contracena e assumir seu papel na situação interativa que está sendo representada. Colocar-se no lugar do outro, ou fazer o jogo psicodramático, do que em linguagem psicanalítica chama-se "identificação projetiva", visaria proporcionar uma quebra do hábito ou do estereótipo de visualizar o conflito sempre do mesmo ponto de vista, qual seja, o do paciente. Esta situação está aludida na célebre frase de Moreno:

> ... e quando estejas comigo eu tirarei teus olhos de seus côncavos e os colocarei no lugar dos meus e tu arrancarás os meus e os colocarás no lugar dos teus para eu te olhar com teus olhos e tu me olhares com os meus.

Espelho – técnica em que o protagonista sai de cena e passa a ser espectador da representação que um ego auxiliar faz de sua intervenção anterior, para que possa identificar como próprios aspectos ou condutas que não está podendo reconhecer como suas.

Duplo – técnica na qual o coordenador ou um ego auxiliar põe-se ao lado do protagonista e expressa gestual ou verbalmente o que lhe parece que esse não está conseguindo transmitir, por inibições ou repressão.

Alter ego – técnica em que o coordenador ou um ego auxiliar diz ao ouvido do protagonista o que acha que está oculto em sua mente para que esse "tome consciência" do material reprimido ou escotomizado, com o que geralmente ocorre uma quebra na comunicação estereotipada do protagonista. Esta técnica, bem como a anterior, é de particular valia em psicoterapias de casais com o método psicodramático.

Solilóqio – técnica na qual o protagonista é estimulado a dizer em voz alta, como se falasse consigo mesmo, sentimentos e pensamentos evocados durante a cena dramática.

Prospecção ao futuro – técnica em que o protagonista é convidado a se imaginar em um tempo futuro e visualizar os conteúdos da situação conflitiva trabalhada neste momento vindouro.

Escultura – técnica em que se convida o grupo a expressar sob a forma de uma escultura, utilizando seu próprio corpo, o estado relacional do grupo em um dado momento de sua vivência psicodramática.

Referências

ANZIEU, D. (1961). *El psicodrama analítico en el nino.* Buenos Aires: Paidós.

BUSTOS, D. e cols. (1974). *El psicodrama: diferentes aplicaciones de la técnica psicodramática.* Buenos Aires: Ed. Plus Ultra.

BUSTOS, D. (1975). *Psicoterapía psicodramática.* Buenos Aires: Paidós.

Garcia, O. A. de (1986). Psicodrama. ln OSORIO, L. C. e cols. *Grupoterapia hoje.* Porto Alegre: Artes Médicas Sul.

MORENO, J. L. (1974). *Psicodrama.* Buenos Aires: Paidós.

SEMINOTTI, N. (1997). Psicodrama. ln ZIMERMAN, D., & OSORIO, L. C. e cols. *Como trabalhamos com grupos.* Porto Alegre: Artes Médicas Sul.

▪ CAPÍTULO 5 ▪

Teorias Sistêmica e da Comunicação Humana

> *"O aparecimento simultâneo de ideias semelhantes, independentemente umas das outras e em diferentes continentes, era um sistemático indício de uma nova tendência que necessitaria, porém, de tempo para chegar a ser aceita."*
> (Von Bertalanffy. *Teoria geral dos sistemas*, 1967.)

Todo aspirante a se tomar um terapeuta de família, logo que entra em contato com esse novo e promissor campo das psicoterapias, é informado de que os marcos referenciais que o sustentam são a **teoria sistêmica**, a **teoria da comunicação humana** e a **cibernética**. E se quiser maior intimidade com tais substratos teóricos – o que, aliás, impõe-se para quem quiser se especializar nesta área psicoterápica – terá que ir ao encontro de quem elaborou tais teorias, pois não encontra habitualmente textos condensados que o introduza em tais noções. Esta é a finalidade deste capítulo: apresentar uma resenha dos principais aportes destas teorias, de cuja interação resultou o construto teórico das terapias familiares ditas sistêmicas. Para tanto, vamos percorrer brevemente suas origens, fundamentos e conceitos básicos, sempre tendo em vista o propósito já assinalado de trazer das teorias apenas o indispensável para a compreensão dos fatos clínicos na práxis grupal.

Teorias não nascem "ex-abrupto" do impulso criativo de mentes privilegiadas. Teorias amadurecem na árvore do conhecimento e seus frutos podem sazonar ao mesmo tempo em galhos diferentes. Se preferir, usando outra metáfora, quem sabe mais pertinente ao que aqui queremos destacar, teorias, como as pessoas, têm família: pais, irmãos, tios, avós, que por vezes casam com teorias afins e geram hipóteses ou ideias-filhas.

A **teoria sistêmica** é, consensualmente, a mãe da terapia familiar. A **teoria geral dos sistemas** seria, então, a avó materna, cuja filha – abreviadamente chamada **teoria sistêmica** – é seu ramo genealógico voltado para a área "psi" e que veio, por seu turno, gerar a terapia familiar sistêmica, da qual nos ocuparemos mais adiante.

Deve haver quem, a esta altura, esteja achando que, por estarmos rastreando as origens da teoria que sustenta a prática com os grupos familiares, estejamos abusando da metáfora "família". É possível, mas ainda assim acreditamos ser uma aproximação adequada para discriminar áreas teóricas que, por vezes, simbiotizam-se de tal forma na prática clínica que perdem suas identidades originais, confundindo quem se propõe a estudá-las.

Teoria Geral dos Sistemas

Em 1910, Bertrand Russell, ao elaborar sua teoria dos tipos lógicos, postula não ser possível uma classe (grupo) ser membro de si mesma, assim como um de seus membros não poder ser a classe (grupo), abrindo caminho para a formulação do princípio da não somatividade, uma das pedras angulares da teoria dos sistemas, como veremos a seguir. Segundo tal princípio, um sistema (por exemplo, um grupo) não pode ser entendido como a mera soma de suas partes (indivíduos) e os resultados da análise dos segmentos isolados não podem se aplicar ao conjunto como um todo.

A teoria geral dos sistemas foi elaborada e sistematizada por Ludwig Von Bertalanffy a partir da década de 20. Depois da teoria psicanalítica e da teoria behaviorista, a teoria geral dos sistemas é considerada a terceira grande contribuição na busca de uma teoria unificada do comportamento humano.

Von Bertalanffy postulava que a biologia não podia ocupar-se apenas em desvendar o que se passa no âmbito físico-químico ou molecular, mas, sim, tratar de observar e compreender o que ocorre nos níveis mais elevados de organização da matéria viva. Criou, então, a expressão "biologia organísmica" para acentuar seu enfoque sistêmico (no caso, relativo aos "organismos vivos") à aproximação ao estudo dos fenômenos biológicos.

A observação de que havia um isomorfismo entre o modelo estrutural criado por Von Bertalanffy para o estudo dos organismos biológicos e o que se verificava em outros campos do conhecimento humano, como nas ciências sociais, impulsionou-o a desenvolver uma concepção gestáltica que permitisse abranger o saber emergente nas ciências em geral a partir do vértice fornecido pela noção de "sistema", ou seja, postulando que em todas as manifestações da natureza (*lato sensu*, isto é, tanto a natureza física quanto a que denominamos natureza humana) encontramos uma organização sistêmica, o que pressupõe não apenas um aglomerado de partes, mas, sim, um conjunto integrado a partir de suas interações. Desta forma, questões tais como ordem, totalidade, diferenciação, finalidade e outras tantas, menos acabadas pela ciência mecanicista, passaram a ter particular relevância no contexto dessa nova orientação epistemológica.

No campo da História (que é a Sociologia em ação, conforme diz Von Bertalanffy), por exemplo, os acontecimentos já não seriam explicáveis pela referência causal ou em função de decisões e ações individuais, mas, sim, em decorrência da ação de sistemas socioculturais em interação, sejam eles preconceitos, ideologias, grupos de pressão, tendências sociais, ciclos civilizatórios e o que mais for.

Vemos como em tal concepção emergente com a teoria geral dos sistemas ganha espaço no âmbito das ciências humanas o grupo em detrimento do indivíduo, o que determinará a ênfase dada ao grupo familiar e não aos seus componentes como foco dos distúrbios mentais, segundo sua abordagem na terapia familiar sistêmica.

Outra linha de desenvolvimento de ideias que veio a se articular com a teoria geral dos sistemas foi representada pelo aparecimento, coincidentemente na mesma década de 40, de três outros aportes, respectivamente a cibernética (Wiener, 1948), a teoria da informação (Shannon & Weaver, 1949) e a teoria dos jogos (Von Neumann & Morgenstem, 1947).

A cibernética é uma teoria dos sistemas de controle baseada na comunicação (transferência de informação) entre o sistema e o meio, bem como no interior do sistema, e na retroalimentação (*feedback*) das funções do sistema pelo meio ambiente.

A teoria da informação postula que a informação possa ser medida de organização e a define como uma expressão isomórfica da entropia negativa da termodinâmica. Sendo a comunicação transferência de informação, esta é a pedra fundamental sobre a qual se assenta a teoria da comunicação que veremos mais adiante.

A teoria dos jogos diz respeito ao comportamento dos jogadores supostamente "racionais" para obter o máximo de ganhos e o mínimo de perdas mediante adequadas estratégias contra o outro jogador (ou a natureza).

A cibernética tornar-se-ia extremamente popular na ciência, na tecnologia e na publicidade em geral, como assinala Von Bertalanffy, graças à proclamação da Segunda Revolução Industrial feita por Wiener a partir da elaboração de suas ideias; mas, conforme destaca Von Bertalanffy, "a cibernética, enquanto teoria dos mecanismos de controle na tecnologia e na natureza, fundada nos conceitos de informação e retroação; é apenas uma parte da teoria geral dos sistemas".

Segundo Kuhn (1962), uma revolução científica define-se pelo surgimento de novos esquemas ou paradigmas conceituais. A mudança fundamental proposta pela teoria sistêmica diz respeito à substituição do modelo linear de pensamento científico (padrão causa-efeito) pelo modelo circular (padrão interativo). O que isso quer dizer? O princípio fundamental da ciência clássica (mecanicista ou fisicalista), vigente desde os tempos de Galileu e Descartes, apoia-se na procura de uma causa isolável para os efeitos (ou fenômenos) naturais e na procura de unidades elementares (átomos, células, etc.) nos vários campos da ciência. Esse princípio determinou os chamados "procedimentos analíticos" da ciência, os quais entendem que uma entidade pode ser estudada resolvendo-se em partes e, por conseguinte, pode ser constituída ou reconstituída (síntese) a partir dessas partes. Para que tais partes possam ser idealmente isoladas para seu estudo, elas não poderiam interagir, pois tal interação obviamente afetaria o conjunto. Por outro lado, as relações entre as partes teriam que ser forçosamente lineares, isto é, uma equação que descreve o comportamento do todo é equiparável às equações que descrevem o comportamento das partes. Tais condições não são satisfeitas pelas entidades chamadas "sistémicas", as quais são constituídas de "partes em interação". E este é o principal axioma do paradigma sistémico.

A teoria geral dos sistemas abriu uma possibilidade de comunicação entre disciplinas que estavam isoladas e como que encapsuladas em seus universos referenciais. A concepção mecanicista ou fisicalista exigia a determinada disciplina, para conferir o *status* científico, que ela se adequasse aos postulados da física teórica, tida como a ciência-padrão. As leis deterministas e, mais tarde, a vertente estatística, com que se procurava ordenar o caos da complexidade desorganizada em que se apresentavam os fenômenos na área da física, acabaram por influenciar tanto a Biologia como a Psicologia e as Ciências Sociais. Nem a Psicanálise escaparia desses condicionamentos ao formular sua tese do determinismo psíquico.

Explicar o universo conforme leis "exatas" e imunes ao subjetivismo dos pesquisadores era o escopo da ciência do velho paradigma linear da causa-efeito. Ao propor a ideia revolucionária de que efeitos podem ser retroalimentadores de suas supostas causas dentro de um sistema e que observadores podem modificar pela via interativa o que estão a observar, criou-se um novo marco epistemológico para referenciar os estudos a pensar fenômenos tanto na Física quanto na Química, na Biologia e nas Ciências Humanas em geral.

A trajetória da ciência contemporânea na direção de uma crescente especialização trouxe como consequência a fragmentação de suas disciplinas em especialidades cada vez mais dissociadas e isoladas, suscitando a crescente necessidade de princípios básicos interdisciplinares que permitissem a integração dos conhecimentos científicos por meio das relações de sentido que pudessem ser estabelecidas entre suas distintas áreas de investigação. Tal possibilidade surgiu com a teoria geral dos sistemas, que é, por definição, interdisciplinar.

No entanto, a noção de sistemas é anterior à teoria que agora tenta descrevê-los e entendê-los. A física convencional trata de sistemas fechados, isto é, sistemas considerados isolados de seu ambiente. A termodinâmica, um dos ramos da Física clássica, declara expressamente que suas leis só se aplicam a sistemas fechados. O segundo princípio da termodinâmica, no qual Freud baseou-se para a sua formulação da teoria da energia psíquica ou das catéxis, enuncia que, em um sistema fechado, certa quantidade de energia chamada entropia deve crescer até um máximo e finalmente o processo se detém em um estado de equilíbrio. De acordo com esse princípio, a tendência geral dos acontecimentos de natureza física é a degradação e a dissipação da energia até a chamada morte térmica do universo.

Os organismos vivos, por seu turno, são sistemas abertos, em permanente processo de trocas com o meio ambiente e seu modelo não é entrópico, mas evolutivo. Só mais recentemente a Física passou a considerar os mecanismos dos sistemas abertos e, a partir deles, explicar muitos pontos que ficaram obscuros com o desenvolvimento da área das comunicações (telefones, rádio, radar, calculadoras e, finalmente, computadores). Com base na teoria dos sistemas abertos, a aparente contradição entre a entropia da física e a evolução da biologia desapareceu. Nos sistemas fechados, a entropia é sempre positiva, os processos são irreversíveis e a ordem é constantemente destruída; nos sistemas abertos temos, não só a produção de entropia positiva, devido a processos irreversíveis, mas também a "importação" de entropia negativa através de moléculas complexas de alta energia livre. Assim, os organismos vivos podem evitar o aumento de entropia positiva e desenvolver-se no sentido de estados de ordem e organização crescentes. E o elemento-chave é a interação sistema-meio- ambiente, pelo qual ocorre a mencionada "importação" de energia livre.

Vamos agora referir alguns conceitos oriundos ou desenvolvidos pela teoria geral dos sistemas (considerando a cibernética e a teoria da informação como incluídas no corpo dessa teoria) e que sustentam a teoria sistêmica no campo de suas aplicações "psi".

Retroalimentação (*feedback*)

É a propriedade que define o enfoque circular, que se baseia na reciprocidade dos fatores causais e nos diz que cada produto (*output*) de um sistema é um novo aporte (*input*) a este mesmo sistema, com o que inevitavelmente o modifica e transforma. Haveria uma retroalimentação positiva, a qual predispõe a mudança, e outra negativa, que busca a homeostasia do sistema, sendo ambas interdependentes e complementares (recorde-se que aqui "positivo" e "negativo" não têm a conotação de "bom ou desejável" e "mau e indesejável", mas apenas pontua o sentido contrário dos mecanismos referidos). O conceito de homeostasis de Cannon (1929) é a pedra angular dessas considerações e um dos precursores do pensamento cibernético. Não é demais enfatizar que tanto a estabilidade como a mudança são condições indispensáveis à existência da vida, e sua alternância é fator predisponente para o estado de "saúde evolutiva" dos organismos (tanto biológicos como sociais).

Caixa-Preta

Este é um conceito oriundo do campo das telecomunicações. A expressão, tomada de domínio público pela frequente alusão feita a ela por ocasião de acidentes aéreos e a busca de suas causas, originalmente era empregada para certos tipos de equipamentos eletrônicos capturados ao inimigo, o que era perigo abrir pela possibilidade de conter cargas explosivas. Posteriormente, ele passou a ser utilizado para identificar aqueles equipamentos eletrônicos que, pela complexidade de seus sistemas, levaram os especialistas a se concentrar antes nas relações específicas entre suas entradas (*inputs*) e saídas (*outputs*) do que na sua estrutura interna. Metaforicamente, podemos dizer que a mente do indivíduo (e da mesma forma o sistema familiar) é como uma caixa-preta que podemos examinar pelos seus *outputs* (reações emocionais, sintomas, sonhos, atos falhos, associações livres, manifestações transferenciais, atuações) e pela relação desses com os *inputs* (atitudes dos familiares e circunstantes, realidade socioeconômico e cultural circunjacente, intervenções do terapeuta), sem que precisemos ingressar na intimidade dos processos intrapsíquicos (estrutura interna) para alterar comportamentos. Neste sentido, como se vê, as terapias sistêmicas aproximam-se das terapias comportamentalistas ou behavioristas.

O Princípio da Equifinalidade

Em qualquer sistema fechado, o estado final é inequivocamente determinado pelas condições iniciais. Isso, no entanto, não é o que ocorre nos sistemas abertos, em que o estado final pode ser alcançado a partir de diferentes condições iniciais e por diversos caminhos. A equifinalidade tem suma importância não só para o entendimento dos fenômenos de regulação biológica, mas, e aqui o que nos interessa, no entendimento da multideterminação dos conflitos humanos. O conceito de "trauma psicológico", tão caro à teoria psicanalítica na explicação etiológica dos transtornos mentais, não só se modifica pela introdução da noção de trauma repetitivo em substituição ao sucesso traumático único e específico, como passa a exigir, para embasá-lo, a consideração do "como" ocorreu a ação traumática e não apenas "de quem" o infringiu, além de levar em conta a resposta diferenciada de quem o sofreu.

Totalidade e Não Somatividade

Estas duas noções que estão intrinsecamente relacionadas são esboçadas na já mencionada teoria dos tipos lógicos de Russell e, por sua vez, alicerçam a teoria gestáltica. Um sistema não pode se entender como a soma de suas partes, que examinadas isoladamente não permitiriam a compreensão do sistema como um todo. Cada uma das partes de um sistema está relacionada de tal modo com as outras que qualquer alteração em uma delas provoca modificações nas outras e no sistema total.

E assim chegamos à tentativa de definição do que seja um sistema no campo das relações humanas, o que nos prepara para o tópico seguinte: o exame dos aportes da teoria da comunicação humana.

Um sistema psicossocial, como o é, por exemplo, a família, é um conjunto de seres humanos com atributos (como a capacidade de se comunicar) que interagem e cujas relações mantêm a condição do sistema.

Fizemos menção à capacidade de comunicação como expressão das propriedades de um sistema interpessoal e isso nos remete ao exame das características da comunicação humana, conforme descritas a seguir.

Teoria da Comunicação Humana

Seguindo com nossa metáfora familiar, vamos agora apresentar-lhes uma prima-irmã da teoria geral dos sistemas, que trata da comunicação como conduta e, por isso, é uma área denominada pragmática da comunicação, já que os significados constituem o objeto da semântica, enquanto o estudo dos sinais e da linguagem é feito pela semiótica e a transmissão da informação é território da sintática.

Se Von Bertalanffy foi um dos criadores e principal codificador da teoria geral dos sistemas, podemos dizer que Gregory Bateson abriu magistralmente o caminho para os estudos da pragmática da comunicação humana com seu trabalho precursor sobre a relação entre a patologia comunicacional e a gênese da esquizofrenia, no qual elaborou o conceito do **duplo vínculo** em 1956.

A Situação de Duplo Vínculo[1]

A hipótese elaborada por *Bateson* partiu da observação da comunicação dos esquizofrênicos e da formulação da pergunta inicial, a qual poderíamos assim resumir: "Que condições do processo de socialização do esquizofrênico podem determinar tal forma de comunicar-se, em que predominam metáforas não rotuladas como tais pelo senso comum?"

Bateson sugere que a esquizofrenia é, em essência, o resultado de uma interação familiar na qual ocorrem não propriamente experiências traumáticas específicas, mas padrões sequenciais característicos que levam a experiências vivenciais em que o impasse, a ambivalência e a confusão mental são a consequência de mensagens comunicacionais contraditórias e impossíveis de ser logicamente obedecidas.

Vejamos como isto ocorre acompanhando a descrição de Bateson do que é necessário para que se estabeleça uma situação de duplo vínculo:

"Primeiro são necessárias duas ou mais pessoas, das quais uma é designada como a "vítima". Sejam elas, por hipótese, a criança potencialmente esquizofrênica (vítima) e seus pais. Em seguida, o estabelecimento de uma experiência repetida, em que existe uma instrução negativa primária, por exemplo, 'não faça isto senão castigarei você', e, a seguir, uma instrução secundária que contradiz a anterior, nem sempre transmitida por mensagens verbais, mas por meios não verbais (gestos, tom de voz, atitudes) e que corresponde, no exemplo sugerido, a algo como 'não me veja como repressor' ou 'não pense que estou querendo submeter você' ou ainda 'é por amor que vou castigá-lo'. Finalmente, uma terceira instrução negativa que proíbe a vítima de escapar do campo relacional, como 'você não pode se afastar de mim porque me necessita

1 Pensamos que "duplo aprisionamento" traduziria melhor em português o "*doble bind*" original de Bateson, mas a expressão "duplo vínculo" já se consagrou pelo uso, após sua passagem pelo espanhol "doble vínculo" e, por isso, a manteremos inalterada neste texto, limitando-nos a fazer esta observação para enfatizar que a situação descrita é caracterizada pelo "aprisionamento" e não pelo "vínculo" no sentido usualmente tomado para este termo em nossa língua e, particularmente, no campo das terapias grupais (também chamadas por alguns "das relações vinculares").

para sobreviver'. Essa instrução final pode não ser explicitada, mas estar implícita no contexto da situação vivencial em questão."

Uma vinheta extraída de minha experiência clínica como psiquiatra de crianças poderá auxiliar a ilustrar mais claramente o que seja uma situação de duplo vínculo ou aprisionamento: a mãe de um menino trazido para a avaliação psiquiátrica, previamente instruída de como proceder para facilitar a entrevista com o menino, posta-se à porta do consultório com o filho à sua frente e enquanto diz: "Vá, meu filho, vá com o doutor, não tenha medo; ali na sala têm brinquedos de que vais gostar", apoia suas mãos nos ombros do menino e o retém junto a si, crispando os dedos sob suas clavículas para dar força ao gesto. O menino, para obedecer-lhe e me acompanhar até a sala de entrevistas, terá de forçosamente desvencilhar-se daquele abraço "a tergo" da mãe e, por seu turno, para obedecer ao que a linguagem não verbal da mãe comanda não poderá atender à sua instrução verbal de me acompanhar, ou seja, está "aprisionado" em uma situação de duplo vínculo da qual, por outro lado, não pode escapar pelas contingências do contexto em que está, ou seja, o da consulta psiquiátrica a que veio.

Segundo a proposição de *Bateson*, é a sequência repetida de situações similares que poderá levar ao longo do tempo à desestruturação esquizofrênica, em razão da falha dos padrões comunicacionais em sua função organizadora do *self*, acarretando conflitos internos de tipificação lógica.

Bateson foi mais além das hipóteses que, a partir do modelo psicanalítico, fez, em meados da década de 40, Frida Fromm-Reichmann sobre o papel da "mãe esquizofrenogênica", mas ainda assim ficou aquém da noção de circularidade introduzida pela teoria geral dos sistemas, a qual postularia que na interação mãe (ou pais)-filhos tais mensagens contraditórias podem ocorrer nos dois sentidos, e ainda que se suponha que pela estruturação prévia do seu *self* um adulto não seria tão vulnerável a situações de duplo vínculo impostas pelos filhos (e, consequentemente, não "esquizofrenizaria" por sua ação), essas também poderão afetar, embora em menor grau, comportamento e sentimentos dos pais. Quem já não presenciou uma mãe exclamando diante de atitudes do filho: "Esta criança ainda vai me deixar louca!"? Atentem para as circunstâncias e não se surpreendam se aí identificarem uma situação de duplo vínculo "proposta" pelo rebento.

Vejamos a seguir um dos axiomas básicos da teoria da comunicação: a **impossibilidade de não comunicar**.

Recordemos que para a pragmática **comunicação** e **conduta** são sinônimos. Não há uma não conduta; logo, não há uma não comunicação. Por outro lado, toda conduta está inserida em um contexto interativo e tem um valor de mensagem, isto é, comunicação.

Mensagem é qualquer unidade comunicacional singular e uma série de mensagens intercambiadas entre pessoas recebe o nome de **interação**. Falamos de **pautas de interação** quando houver um nível mais complexo ou sofisticado do processo comunicacional.

O indivíduo que está sentado em uma poltrona de avião e, ao perceber que alguém está ocupando o assento a seu lado, cerra os olhos e finge estar dormindo para "não se comunicar" está, *malgré lui,* enviando ao seu vizinho uma mensagem não verbal que comunica "condutualmente" que não quer se comunicar "verbalmente". Sua comunicação condutual dá-se em um campo interativo que abarca duas pessoas, no caso dois passageiros de um mesmo avião. Imaginemos que o passageiro recém-chegado recebeu a mensagem, mas não a decodificou ou não tomou dela conhecimento por não estar com seu aparelho perceptivo conectado para percebê-la e, então, desejoso de entabular conversação (suponhamos que esse é um recurso de que se valha para eludir seu medo crônico de voar) cutuque o braço de nosso pretenso dorminhoco e faça-lhe alguma pergunta: "puxa-conversa". O outro abre os olhos, responde monossilabicamente, e volta a fechá-los, mantendo seu propósito de "não se comunicar", enviando nova e repetida mensagem desestimuladora. Essa leva o propósito de reforçar a anterior, porventura não detectada pelo "interlocutor". Das duas, uma: ou nosso insistente passageiro capta a segunda mensagem ou, supondo que tenha sua percepção toldada pelo medo de voar, a nega, rejeita e ensaia outra forma de comunicar-se, por exemplo, por meio de uma conduta ruidosa ou espalhafatosa de quem está à beira do pânico, o que acabará, então, atraindo a atenção do companheiro ao lado, obrigando-o a alterar sua pauta interativa e, se desejar continuar comunicando seu desejo de privacidade, terá que fazê-lo com novas e distintas mensagens e não apenas "fingindo" que dorme.

Um segundo axioma da pragmática da comunicação humana diz-nos que "toda comunicação tem aspectos referenciais (conteúdo) e conativos (relacionais), de tal forma que os segundos classificam os primeiros e correspondem, por consequência, ao que se chama uma 'metacomunicação'".

Para ilustrar esse axioma, podemos nos valer da já clássica historinha do pai que se queixava à esposa do filho que lhe pedia em um telegrama: "Pai, mande-me dinheiro!", mensagem lida pelo pai em um tom áspero e autoritário, e que, na interpretação da mãe, não alterando os dizeres (conteúdo) do telegrama, mas, sim, a entonação da voz (aspecto relacional), passou a significar um pedido doce, suave e humilde de um filho necessitado, correspondendo a algo que está "além da comunicação formal" (metacomunicação).

Um terceiro axioma é assim enunciado: "A natureza de uma relação depende da pontuação das sequências comunicacionais entre os indivíduos comunicantes".

Aqui o exemplo que mais comumente se recorre para ilustrar o conteúdo do axioma é o do chiste do rato de laboratório, que afirmava ter condicionado o pesquisador, pois cada vez que pressionava a alavanca este lhe dava de comer. Nos casais, a questão de quem disse o que provocou a discussão, é outra situação emblemática da pontuação das sequências comunicacionais. "Eu me retraio porque você me critica", diz um dos parceiros; "eu o critico porque você se retrai", afirma o outro. E ambos ficam aprisionados em uma sequência comunicacional cuja pontuação só se modificará pela "metacomunicação", ou seja, a possibilidade de alguém interromper o monótono intercâmbio acusatório e indagar-se (e indagar ao outro) sobre as pautas interativas repetitivas em que estão imersos nesse moto contínuo sem solução. A peça teatral *Quem tem medo de Virgínia Wolff?*, de Albee, quiçá seja um dos mais acabados e completos tratados sobre a incapacidade de os individuas comunicantes saírem da situação conflitiva pela impossibilidade de "metacomunicarem-se" sobre o que está ocorrendo.

Vejamos o quarto axioma: "Os seres humanos comunicam-se tanto digital quanto analogicamente. A linguagem digital conta com uma sintaxe sumamente complexa e habilitada a expressar conteúdos de pensamento, mas carece de uma semântica adequada para transmitir o que se passa no campo relacional, ao passo que a linguagem analógica possui a semântica, mas não a sintaxe apropriada para a definição inequívoca da natureza das relações."

O que seria a comunicação analógica? A resposta é: tudo o que seja comunicação não verbal. E a digital? É a constituída por expressões verbais, que são sinais arbitrários que se manejam de acordo com a sintaxe lógica da linguagem. A comunicação analógica tem suas raízes em períodos arcaicos da evolução humana e é empregada pelos animais para se comunicar. O homem é o único ser que utiliza tanto os modos de comunicação analógicos quanto os digitais. No exemplo da mãe que fazia um movimento de retenção do corpo do filho junto ao seu (linguagem analógica) enquanto verbalmente indicava-lhe que deveria ir comigo à sala de entrevistas (linguagem digital), podemos ver claramente como o aspecto relativo aos conteúdos se transmite de forma digital, enquanto o aspecto relativo à relação aparece sob a forma analógica.

No campo da fisiologia, podemos encontrar a linguagem analógica na condução das mensagens hormonais, enquanto o sistema nervoso utiliza-se da informação digital binária para transmitir suas mensagens por meio da rede neuronal. E ambas as modalidades – hormonal e neuronal – coexistem e se complementam, tal qual no âmbito da comunicação interpessoal.

Um quinto e último axioma é assim formulado: "todos os intercâmbios comunicacionais são simétricos ou complementares, conforme estejam baseados na igualdade ou na diferença".

A interação simétrica caracteriza-se pela igualdade e por uma diferença mínima no comportamento dos indivíduos comunicantes, enquanto a complementar caracteriza-se pela diferença máxima nesse comportamento.

Graficamente, podemos assim expressar **simetria** e **complementariedade**:

Na patologia comunicacional, encontramos as denominadas **escalada simétrica** e **rigidez complementar** como expressões-limite dessas tendências comunicacionais. Assim, um casal que está competindo para ver quem manda em casa apresenta um comportamento simétrico em escalada, enquanto um casal no qual um é quem manda e o outro é o que obedece está evidenciando um comportamento complementar rigidificado.

A saúde comunicacional apoia-se na alternância de situações simétricas e complementares, de tal sorte que igualdades e diferenças possam coabitar e se potencializar mutuamente.

Para finalizar esta breve incursão no estudo da comunicação humana, queríamos fazer referência a duas observações decorrentes da teoria anteriormente aludida e que nos parecem de suma importância prática por suas repercussões no campo das interações humanas.

A primeira diz respeito à relativização dos conceitos de **normal** e **patológico**, se os considera à luz da interação comunicacional: assim, a esquizofrenia deixaria de ser visualizada como uma enfermidade mental incurável e progressiva de um indivíduo para constituir-se na única reação possível frente a determinado contexto comunicacional absurdo e insustentável. Esse enfoque, certamente, é polêmico e, por sua vez, poderá tornar-se insustentável diante das evidências clínicas de um processo esquizofrênico que não pode ser modificado a *posteriori* pela correção dos distúrbios comunicacionais, mas não há como negar que abriu um novo espaço para ensaios terapêuticos fundamentados nos aportes da teoria da comunicação ao entendimento das interações humanas. A segunda refere-se ao conceito de **profecia autocumpridora**, um interessante fenômeno no campo da pontuação e que está na origem de muitos sofrimentos psíquicos no exercício da interatividade humana. Assim, por exemplo, um indivíduo que, julgando-se malquisto por determinada pessoa, quando a encontra o faz de forma defensiva, ressentida ou mesmo agressiva, provocando nessa pessoa uma resposta de rechaço ou hostilidade, observa: "Eu não disse que ele não gosta de mim?!" está assim corroborando sua impressão original pelo mecanismo denominado "profecia autocumpridora". Podemos encontrar, como assinala Watzlawick (1967), um interessante uso cultural dessa modalidade comunicacional nas atividades dos casamenteiros profissionais em comunidades de famílias judias orientais, em que esse *expert* em promover os casamentos que interessassem às famílias que o contratava ia de um a outro dos prováveis cônjuges alimentando-os de informações sobre os supostos interesses recíprocos, dizendo-lhes "confidencialmente" do amor que cada um despertava no outro, mas que cada qual não se atrevia a manifestar. Tais profecias não tardavam a cumprir-se, conforme a tradição.

Teoria Sistêmica e Terapia Familiar

"Os conceitos-chave do pensamento sistêmico têm a ver com a totalidade, a organização e a padronização. Os eventos são estudados dentro do contexto onde ocorrem e a atenção é focalizada nas conexões e relações, mais do que nas características individuais. As ideias centrais dessa teoria são as de que o todo é considerado maior do que a soma de suas partes; cada parte só pode ser entendida no contexto do todo; uma mudança em qualquer uma das partes afeta todas as outras partes e o todo se regula por meio de uma série de correntes de *feedback* classificada como circuitos cibernéticos. A informação viaja para frente e para trás dentro dessas correntes de *feedback* a fim de fornecer estabilidade ou homeostase ao sistema. As partes estão constantemente mudando com o intuito de manter o sistema balanceado (como um equilibrista que constantemente transfere seu peso para manter o equilíbrio). O sistema geral mantém sua forma na medida em que o padrão de ligação entre as partes se modifica. Este conceito de padronização e organização circular, em oposição à descrição individual e à explanação linear, tornou-se a base sobre a qual a terapia familiar se apoia."

Cremos que não haveria melhor maneira de introduzir o leitor à essência do pensamento sistêmico como arcabouço da terapia familiar do que com a citação desta muito bem apanhada síntese que Peggy Papp apresenta em seu livro *O processo de mudança. Até aí a leitura da sustentação teórica.* Mas e a demanda clínica, de onde veio?

Os pacientes de difícil acesso sempre foram os mobilizadores de inéditas tentativas de abordagem técnica inspiradas em novos paradigmas teóricos. Isso desde que Freud passou a empregar o seu método de investigação das motivações inconscientes em substituição à hipnose no tratamento de pacientes histéricas.

Os pacientes psicóticos, segundo Freud, incapazes de estabelecer a "neurose de transferência", via régia para a cura psicanalítica, eram o grande desafio a ser enfrentado por novos paradigmas teórico-técnicos. E, não por acaso, foi justamente o estudo da comunicação nos esquizofrênicos, assim como a hipótese de que as manifestações psicóticas são o emergente de uma disfunção no sistema familiar dos indivíduos que as apresentam, a pedra-de-toque para a mudança paradigmática ensejadora da criação da terapia familiar sistêmica.

Famílias já eram atendidas com o referencial psicodinâmico quando o chamado grupo de Palo Alto na costa-oeste dos Estados Unidos, sob a inspiração da mente criadora de Bateson, passou a aplicar sua hipótese do duplo vínculo como ferramenta psicoterápica, o que mais tarde seria designado como "instrução paradoxal" ou "prescrição de sintomas". Ackermann, por muitos considerado o pai da terapia familiar, desde a década de 40, no outro lado do continente americano, trabalhava com famílias, mas apoiado na teoria psicanalítica.

Podemos tomar como marco inicial da teoria sistêmica e da comunicação humana aplicada a compreensão dos fenômenos mentais, o já mencionado trabalho de Bateson sobre o duplo vínculo, em 1956 (no qual colaboraram também Jackson, Haley e Weakland, figuras de proa no estudo dos fenômenos interacionais da família); mas foi a partir do surgimento do livro de Watlawick, Beavin e Jackson (todos eles também do grupo de Palo Alto) intitulado *Pragmática da comunicação* humana, em 1967, que se delinearam as postulações básicas que fundamentariam a terapia familiar apoiada nesse novo modelo epistemológico.

Nesse espaço de tempo, e sem que suas linhas de investigação se entrecruzassem, foram aparecendo trabalhos, em distintos pontos do território norteamericano, cujas conclusões convergiam para um novo enfoque da família em termos sistêmicos, aportando conceitos tais como o de **homeostasia familiar** (Jackson), **mitos familiares** (Ferreira), **pseudomutualidade** (Wynne) e **transmissão geracional da irracionalidade** (Lidz). Estes e outros artigos da época foram compilados por Sluzki (psicanalista argentino depois incorporado ao grupo de Palo Alto) em um volume publicado em espanhol e intitulado *Interacción familiar.*

Mas, sem dúvida, a grande e mais significativa contribuição ao campo da terapia familiar sistêmica surgiria, a partir da década de 70, com o chamado grupo de Milão (Palazzoli, Boscolo, Cecchin e Prata) e, sobretudo, sua interação posterior com terapeutas norte-americanos, que tanto na costa-oeste quanto na leste vinham pesquisando e produzindo novas e sempre polêmicas abordagens técnicas da família a partir do referencial sistêmico.

As escolas de terapia familiar sistêmica multiplicaram-se e não só as posições teóricas como a práxis de seus cultores vieram a se constituir em uma verdadeira torre de Babel. Já nas origens Bateson e Haley divergiam abertamente, criando uma contradição marcada entre a vertente manipulativa da abordagem de Haley e a neutralidade sistêmica de Bateson.

As primeiras correntes da terapia familiar padeciam do enfoque "homeostático" da chamada **primeira cibernética**, que entendia o sintoma como tendo um importante papel na manutenção da homeostasia familiar, e o privilegiava como porta de entrada ao sistema, preconizando sua prescrição como forma de provocar a mudança no mesmo, reproduzindo, de certa forma, a **linearidade antissistêmica**, pois, ao propor a prescrição do sintoma, conotavam negativamente a posição dos demais membros da família e implicitamente continuavam a imputar-lhes a condição de culpados pela conduta do paciente.

A grande e inovadora contribuição da escola de Milão foi a conotação positiva, que resgatava a circularidade cibernética e a neutralidade sistêmica preconizada por Bateson. Sua constatação foi que a divisão maniqueísta da família entre o "bom" paciente e seus "maus" familiares acabava por impedir a visualização da família como um sistema, o que os levou a conotar positivamente, a partir de então, não só o comportamento do paciente sintomático, mas também o dos demais membros da família.

O grupo de Milão foi também responsável por algumas inovações na técnica, como a institucionalização da colocação de um ou mais terapeutas atrás do espelho unidirecional. Ali, ao lado de Milão, em Roma, outra figura de destaque na terapia familiar destacava-se, mais do que como teórico por seu talento clínico e iniciativas como formador de novas gerações de terapeutas. Seu nome: Maurizio Andolfi. Com o advento da chamada **Segunda cibernética**, por meio dos trabalhos de Von Foerster, Maturana e Varela, em 1981, colocou-se por terra o mito da objetividade da observação científica, postulando que o pesquisador entra na descrição do que é pesquisado, consolidando a premissa do enfoque circular sistémico, e na *práxis* clínica dos terapeutas de Milão isso se traduziu pela crescente aplicação do que chamaram **questionamento circular**, ou seja, uma série de perguntas dirigidas ao grupo familiar criando retroalimentações mutuamente causais e fragmentos de comunicação não linear. Por exemplo, se estiver em pauta o grau de intimidade do paciente identificado com seus pais e irmãos pode-se dirigir a um deles a pergunta: "Você acha que seu irmão (o paciente identificado) se dá melhor com seu pai ou com sua mãe?" Em sequência, outras perguntas associativas dirigidas aos vários membros da família: "E você, o que pensa sobre de qual filho seu pai está mais próximo?" "E seu filho mais velho está mais distante do (paciente identificado) ou de sua irmã?" "Parece-lhe que sua mãe ficou mais próxima ou mais distante de seu pai depois que nasceu seu irmão?" e assim por diante. Esta técnica de entrevista estaria baseada na premissa de que os sistemas vivos constituem-se em formações em círculos e não por sequências lineares (padrão causaefeito).

O passo seguinte foi a inclusão do profissional como se fora um membro da família. Se os consultores do outro lado do espelho unidirecional prescreverem, por exemplo, uma atitude que venha manter a homeostasia do sistema, o terapeuta estará livre para discordar deles, aumentando as chances de que a família possa se aliar ao terapeuta para provar que os consultores estão equivocados.

Outra consequência dos movimentos técnicos decorrentes da segunda cibernética foi a mudança do caráter paradoxal de algumas proposições (como a ideia contida na conotação de que o sintoma era algo necessário para a homeostasia familiar), ensejando uma aproximação a um conteúdo mais lógico e menos irreal das intervenções dos terapeutas.

Mas a evolução da terapia familiar sistêmica não se deteve aí. Seguiu, desde então, sob o influxo das teorias dos denominados "construtivistas", que podem ser assim condensadas: a realidade é um construto social e nossas ideias sobre ela dependem do enfoque de nossa observação e não necessariamente estão alicerçadas em situações ou elementos externos a nós. Uma das decorrências desse enfoque foi a revalorização das "narrativas pessoais" em terapia de famílias (Di Nicola) e uma atitude mais reflexiva e atenta em relação às peculiaridades de cada contexto sociocultural em que se dão os movimentos dos indivíduos e seus sistemas familiares.

Para finalizar, lancemos um olhar retrospectivo e crítico sobre a aplicação da teoria sistêmica à abordagem dos problemas familiares. Parece-nos que, ao longo destes anos em que ocorreu o *boom* do enfoque sistêmico e sua aplicação às terapias familiares, houve, entre os terapeutas, mais deslumbramento com a possibilidade de construir interações revolucionárias no e com o sistema familiar do que em corresponder à expectativa das famílias em solucionar seus conflitos ou ao menos tê-los mitigados. O questionamento circular, como anteriormente a prescrição dos sintomas ou, mesmo, sua conotação positiva, em nosso entendimento são antes pirotecnias sistémicas do que recursos de real valor no alívio dos padecimentos dos indivíduos e de suas famílias. A duração de seus efeitos é questionável e talvez na imensa maioria das situações são eles tão evanescentes quanto a imagem dos fogos de artifício que deslumbram, mas permanecem apenas como um resíduo mnêmico em nossas retinas.

No entanto, já há entre os terapeutas sistémicos uma crescente conscientização de que precisam revisar o suporte epistemológico da abordagem psicoterápica que propõem, por enquanto alicerçada predominantemente em uma nova e, sem dúvida, muito atraente modalidade de técnica de entrevistas, mas carecendo, ainda, de uma melhor fundamentação de sua ação terapêutica, bem como do exame comparativo com os resultados obtidos por técnicas de outras procedências e da análise consciencіosa e reiterada do *follow up* dos casos atendidos.

Em uma visão prospectiva poderíamos ir mais além da teoria sistémica e, partindo da premissa de que a **espiral ascendente** e não o **círculo** é o modelo que caracteriza o movimento evolutivo do universo, visualizar as mutações, quer biológicas como psicossociais, não como aleatórios "acidentes" de percurso, mas, sim, como movimentos previsíveis no curso de uma trajetória evolutiva, sendo tais mutações os marcadores dessa trajetória. Isso traria, como via de consequência para nossa tarefa de terapeutas, a necessidade de questionarmos nossas ações intervencionistas de cunho geralmente onipotente e assumirmos uma postura antes catalisadora que indutora de mudanças. Esse é o nosso papel ao ingressarmos no sistema familiar, do qual seremos certamente expelidos se animados pela pretensão de alterar o curso natural de sua trajetória. Podemos acelerá-lo com nossa ação catalisadora, acionar o que estava bloqueado pela inércia homeostática, mas não modificá-lo e nem interrompê-lo.

As repercussões de tal transformação de premissa do plano bidimensional (círculo) para o tridimensional (espiral ascendente), não só na técnica de entrevistas como no processo psicoterápico propriamente dito, podem ser naturalmente aquilatadas; mas sua consideração vai mais além dos propósitos do autor neste livro. Oportunamente e em outro texto serão abordadas.

Referências

BATESON, G. (1972). *Pasos hacia una ecología de la mente.* Buenos Aires: Ed. Carlos Lohlé.

BERTALANFFY, V. L. (1968). *Teoria geral dos sistemas.* Petrópolis: Vozes, Petrópolis.

BOSCOLO, L., CECCHIN, G., HOFFMAN, L., & PENN, P. (1993). *A Terapia familiar sistêmica de Milão.* Porto Alegre: Artes Médicas Sul.

DINICOLA, V. (1998). *Um estranho na família.* Porto Alegre: Artes Médicas Sul.

PAPP, P. (1992). O *processo de mudança.* Porto Alegre: Artes Médicas Sul.

SLUZKY, C. (org.) e cols. (1971). *Interacciónfamiliar.* Buenos Aires: Tiempo Contemporáneo.

WATZLAWICK, P., BEAVIN, J., & JACKSON, D. (1967). *Teoria de la comunicación humana.* Buenos Aires: Ed. Tiempo Contemporáneo.

WHITEHEAD, A. N., & RUSSELL, B. (1910-13). *Principia mathematica.* Cambridge: Cambridge University Press.

CAPÍTULO 6

Da Psicanálise à Teoria Sistêmica e Mais Além...

A Psicanálise, como método psicoterápico, pressupôs originalmente que se processasse no contexto dual da relação analista-analisando. A grupanálise, como vimos, é uma extrapolação do método para a situação grupal, o que determinou resistências e objeções dentro do movimento psicanalítico em considerar viável o estabelecimento de um processo analítico em grupo, de tal sorte que no âmbito da instituição que se diz representar oficialmente o pensamento psicanalítico diretamente herdado de Freud (a *International Psychoanalytic Association* – IPA) até hoje não se reconhece plenamente a legitimidade da grupanálise e, em certo sentido, ela é tratada como "filha bastarda" da Psicanálise sem direito a usufruir de seu *status* epistemológico.

Por outro lado, os grupanalistas, desde *Foulkes* (e mesmo antes) preocupam-se em buscar um esquema conceitual referencial operativo (para utilizarmo-nos da bem formulada expressão de *Pichon-Rivière*) para conter com a necessária abrangência todo o campo fenomenológico dos processos grupais, na complexidade de seus significados psicodinâmicos e proteimorfismo de suas expressões clínicas.

Destarte, buscaram-se interfaces conceituais e cruzaram-se vivências operacionais com outras áreas que, concomitantemente ao advento da Psicanálise, vem se dedicando ao estudo e compreensão dos fenômenos grupais, tais como a **dinâmica dos grupos**, conforme inicialmente apresentada por Lewin. Destes entrecruzamentos teórico-técnicos originaram-se propostas integrativas, como a **teoria dos grupos operativos**, elaborada por Pichon-Rivière na década de 50.

Nessa procura por uma matriz referencial teórico-técnica específica para a abordagem psicodinâmica dos grupos está implícita a insatisfação de significativa parcela dos grupanalistas de todo o mundo com as limitações impostas pela mera extrapolação da teoria e da técnica psicanalítica, conforme é utilizada na chamada Psicanálise individual.

Pensamos que um primeiro movimento para clarificar o *status* atual das relações e interações entre **grupanálise** e **Psicanálise** esteja na discriminação epistemológica entre a Psicanálise enquanto teoria explicativa dos processos mentais e sua aplicação como método psicoterápico.

Em nosso entender, a Psicanálise é, sobretudo, uma teoria explicativa dos processos mentais e isso referencia seu estatuto científico. Com tal afirmação, não estamos desqualificando sua dimensão clínica, mas apenas enfatizando que, não obstante haver sido a possibilidade de aplicar os conhecimentos que suas hipóteses rastreavam ao tratamento dos transtornos mentais o objetivo original de Freud, é sua contribuição ao funcionamento dos processos mentais e sua consequente inserção na concepção holística do ser humano que reside o vértice epistemológico, por meio do qual a Psicanálise transcendeu seus objetivos clínicos iniciais.

"A Psicanálise como método psicoterápico é uma aplicação das descobertas de Freud ao tratamento dos transtornos mentais" ou, se quisermos ser mais abrangentes e menos restritos ao campo específico da psiquiatria, "à resolução dos conflitos subjacentes aos padecimentos existenciais do ser humano". De qualquer modo, *lato sensu*, Psicanálise como terapia é Psicanálise aplicada, seja no contexto da situação dual terapeuta-paciente ou da situação pluripessoal terapeuta-grupo.

Retornando à questão do *locus* psicoterápico da grupanálise, pensamos que todas as suas questões técnicas se originam ou transitam pelas vicissitudes da transposição do entendimento do que se passa na relação dual da situação psicanalítica, como originalmente concebida por Freud, para a relação multipessoal da situação grupal; isso nos leva, incontinenti, a considerar as distinções entre os fenômenos psíquicos conforme se apresentam nas psicoterapias individuais e grupais e que podemos esquematizar, segundo o quadro a seguir:

Tabela 1 - Fenômenos Psíquicos

Individuais	**Grupais**
Transferência paciente-analista (ativação de) sentimentos de dependência e/ou confronto de imagos parentais.	Transferências cruzadas (ativação de) rivalidades e/ou cumplicidades fraternas.
Associação livre	Ressonância
Representações intrapsíquicas	Representações interpsíquicas
Elaboração individual	Elaboração grupal
Inclinação evocativa	Inclinação prospectiva

Como vimos anteriormente, a legitimidade da transposição do enfoque clínico da Psicanálise individual para a grupal fica questionada ao submetê-la ao crivo de outros referenciais epistemológicos surgidos neste século, concomitantes às descobertas de Freud. Isso, contudo, não reduz a importância do referencial analítico para a compreensão do que se passa na intimidade dos processos mentais dos componentes de um grupo, seja ele terapêutico ou não.

Atualmente – e coincidindo com a retomada do interesse pelas modalidades grupais de psicoterapia, tanto por parte de terapeutas quanto dos pacientes em geral – encontramos a grupanálise revendo seus apriorísticos postulados e renovando seus fundamentos teóricos, tratando, assim, de encontrar sua própria identidade como método psicoterápico, o que não exclui o intercâmbio enriquecedor com outros marcos referenciais teórico-técnicos.

Queremos nos referir agora a um aporte epistemológico que parece transcendental para a evolução atual e vindoura das psicoterapias em geral, mas, sobretudo, das grupoterapias, por razões que logo se apresentarão. Trata-se da mudança paradigmática do **pensamento linear** (modelo causa-efeito) para o **pensamento circular** (**modelo *feedback* ou retroalimentação**). Observe que não se trata da substituição de um paradigma por outro, mas do surgimento de outro nível ou modelo de pensar que amplia o entendimento dos fenômenos estudados. Portanto, relacionam-se epistemologicamente não pelo vértice excludente "ou", mas pelo inclusivo "e". Graficamente podemos assim expressá-los.

Pensamento Linear

Pensamento Circular

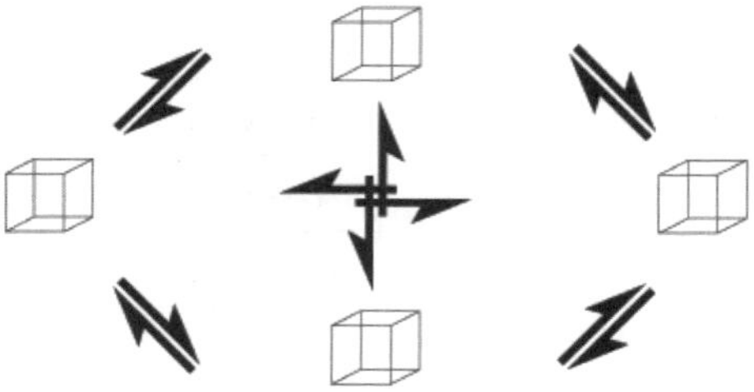

Ainda que seja possível considerar que as psicoterapias individuais e a própria Psicanálise venham experimentando indiretamente o impacto desse referencial circular proveniente da teoria dos sistemas, da comunicação humana e da cibernética é, sobretudo, nas psicoterapias grupais que tal mudança paradigmática adquire sua máxima significação e exerce sua maior influência, tendo sido responsável pelo advento de um de seus mais recentes e promissores desdobramentos, a **terapia familiar**.

A crescente valorização e a inclusão dos sentimentos contra transferenciais no contexto do processo analítico e a noção de que este se passa não só no mundo intrapsíquico dos pacientes, mas no campo interacional analítico, incluindo paciente e analista, é a evidência de que, mesmo sem abandonar o pressuposto linear do determinismo psíquico, a Psicanálise evolui no sentido de absorver a referida mudança paradigmática.

No que diz respeito às grupoterapias analíticas, a ênfase do elemento vincular e a visualização do processo grupoterápico como um encontro compartilhado de intersubjetividades são um indício de que também em seu âmbito ecoam as alterações de enfoque contidas na referida mudança paradigmática. Não obstante, parece que a interface entre ambos os paradigmas ainda carece de muitos ajustes para uma integração mais eficaz e que permita sua definitiva incorporação a nossa práxis clínica.

Entendemos que as questões técnicas relativas à grupoterapia analítica vão muito além de definir se dirigimos nossas interpretações aos indivíduos ou ao grupo como um todo e se tratamos a transferência como um fenômeno dual ou grupal; tampouco vamos exorcizar a falta de parâmetros ou as imprecisões da técnica grupal, renomeando-a eufemisticamente "grupoterapia das configurações vinculares" ou "Psicanálise compartilhada". Pensamos que o encaminhamento das aludidas questões técnicas passa necessariamente pela criação de um modelo plurirreferencial capaz de cobrir o espectro multipessoal do grupo. A eficácia do método grupanalítico seria, destarte, função da forma como o saibamos utilizar em consonância com os aportes que nos vão chegando, desse esforço cooperativo da Psicanálise com as demais áreas afins, para a elaboração de uma teoria unificada do funcionamento grupal.

Vejamos agora a questão da **atividade interpretativa no contexto grupal**, vértice sobre o qual se sustenta o edifício metodológico da práxis clínica na grupoterapia analítica e que permanece sendo foco, tanto de divergências quanto de buscas consensuais, por parte dos grupanalistas, e que, por isso mesmo, é o elemento axial a balizar o movimento evolutivo da grupanálise em direção a seus delineamentos futuros.

Nessa já longa trajetória lidando com grupos, terapêuticos ou não, fui adquirindo uma crescente convicção de que não é na **palavra**, mas, sim, na **atitude** do terapeuta (ou coordenador de grupos) que reside a essência de sua contribuição para o processo grupal. É por meio da adequação de sua atitude que se estabelecerá o **clima** grupal propício para que aqueles a quem se destina o grupo em questão busquem seus objetivos. E o que seria aquilo que chamamos aqui de "atitude adequada"? Seria fundamentalmente uma atitude pautada no respeito às individualidades dos componentes do grupo. Uma atitude balizada pelo uso apropriado de nossas identificações projetivas na função terapêutica, pois é pelo exercício continuado do "pôr-se na pele do outro", além do proceder conforme gostaríamos que procedessem conosco naquela determinada situação, que se estabelece a base para a escuta empática e o referencial para rastrearmos nossas intervenções na coordenação de um grupo, seja ele terapêutico ou não.

Cada vez que formos dirigir uma interpretação, seja ao paciente individualmente seja ao grupo como um todo, no sentido de buscar a compreensão dos conflitos intrapsíquicos ou na procura de significados interpessoais na rede interacional do grupo, trate o indivíduo no grupo ou pelo grupo, enfim, em qualquer modo de abordagem analiticamente de um grupo, a pauta para nossa conduta interpretativa deve ser, em meu entender, a noção de que só é operativa a intervenção que respeite o(s) outro(s) com suas peculiaridades e idiossincrasias, que tenha em conta que acima da nossa função de "provedores de acesso" aos conteúdos inconscientes está nossa inestimável e nem sempre enfatizada tarefa de catalisar os "vínculos de reconhecimento" (*Zimerman*, 1996)[2] emergentes na situação grupal.

Reconhecer o outro na autenticidade de suas expressões pessoais é *conditio sine qua non* para o *rapport* grupal. E para que este processo de mútuos reconhecimentos, nas diversas acepções mencionadas por *Zimerman*, operacionalize-se no contexto do grupo, é mister que o modelo seja fornecido pelo terapeuta por meio de seu respeito às singularidades alheias e de sua autenticidade no desempenho de sua função. Assim, será gerado o **clima grupal** propício à livre manifestação dos componentes do grupo, estimulando-os a buscar seus verdadeiros *eus* e, por intermédio dessa busca, encontrar alívio para seus padecimentos psíquicos, objetivo precípuo de qualquer grupo terapêutico.

É, a partir de atitudes referenciadas pela coerência e autenticidade do terapeuta, sob o primado do respeito ao próximo, que se esboça o modelo adequado à criação do **clima grupal** indispensável à consolidação dos vínculos de reconhecimento, capazes de permitir o amadurecimento emocional dos componentes do grupo e, assim, reafirmá-lo como instância psicoterápica.

O **clima grupal** referido é a matriz operacional na qual se vão inserir todas as demais propostas de manejo técnico das situações grupais. Sem esse pressuposto, pensamos ser difícil avançar na elaboração de um perfil clínico que consiga integrar as várias formas de pensar analiticamente um grupo e estabelecer as necessárias (quase diria, hoje indispensáveis)

[2] Ao abordar seu conceito do vínculo do reconhecimento ao lado dos conceitos de vínculos de amor, ódio e conhecimento de Bion, Zimerman o faz segundo quatro distintas acepções: **reconhecimento de si próprio** (no sentido de "voltar a conhecer-se" ou ressignificar-se); **reconhecimento do outro** (como alguém diferente dele); ser reconhecido ao outro (como expressão de gratidão) e ser **reconhecido pelos outros**. Penso que este original e criativo conceito pode ser relacionado à noção de identidade pessoal como resultante da convergência de três vértices: **o que eu penso que sou, o que os outros pensam que sou, o que eu penso que os outros pensam que sou**. Recorde-se que é também essa consolidação da identidade pessoal pelo espelhamento do "eu" (self) no grupo um dos objetivos imanentes a toda e qualquer grupoterapia.

interfaces da Psicanálise com as demais vertentes teórico-técnicas que contribuem para o entendimento do funcionamento grupal e da sua abordagem terapêutica.

Entendemos que o trabalho com grupos em geral, não só no âmbito das grupoterapias, passa pela revisão dos postulados teórico-técnicos que herdou da Psicanálise para adequá-los ao ente grupal que, como vimos, não é a mera somatória dos mundos intrapsíquicos de seus componentes. Igualmente torna-se imperioso sua fertilização pelas contribuições de outros campos de estudo dos fenômenos grupais, tais como os que se referenciam pelos aportes das teorias sistêmica e da comunicação humana, nascidas sob a égide do novo paradigma que monitora o desenvolvimento contemporâneo das ciências em geral e se apoia no advento do pensamento circular (que preferiríamos chamar espiralado), ancorado na noção de retroalimentação (*feedback*).

Todo e qualquer ramo do conhecimento humano só sobrevive e amplia suas potencialidades se souber posicionar-se como um processo evolutivo em permanente renovação, capaz de se deixar fecundar com os novos conhecimentos que a mente humana não cessa de produzir. E a isso não poderá eximir-se o campo de estudos dos grupos e suas aplicações nas terapias, na aprendizagem e no âmbito institucional.

Tudo leva a crer que nas próximas décadas haverá um notável incremento no trabalho com grupos alicerçado nos aportes epistemológicos à compreensão dos fenômenos grupais e na crescente experiência com atividades interdisciplinares. Contudo, para tanto, é importante que não deixemos que o conhecimento adquirido se dogmatize, esterilizando seus desenvolvimentos futuros. No campo científico, as certezas de hoje são as dúvidas de amanhã. É mister ter isso sempre em mente em qualquer atividade que exerçamos em seu âmbito.

Referências

BERTALANFFY, V. L. (1956) *Teoria geral dos sistemas.* Petrópolis: Vozes.

WHITEHEAD, A. N., & RUSSELL, B. (1910-13). *Principia mathematica.* Cambridge: Cambridge University Press.

ZIMERMAN, D. (1996). O vínculo do reconhecimento. *Rev. Eras. de Psican.* 30 (3): 705-723.

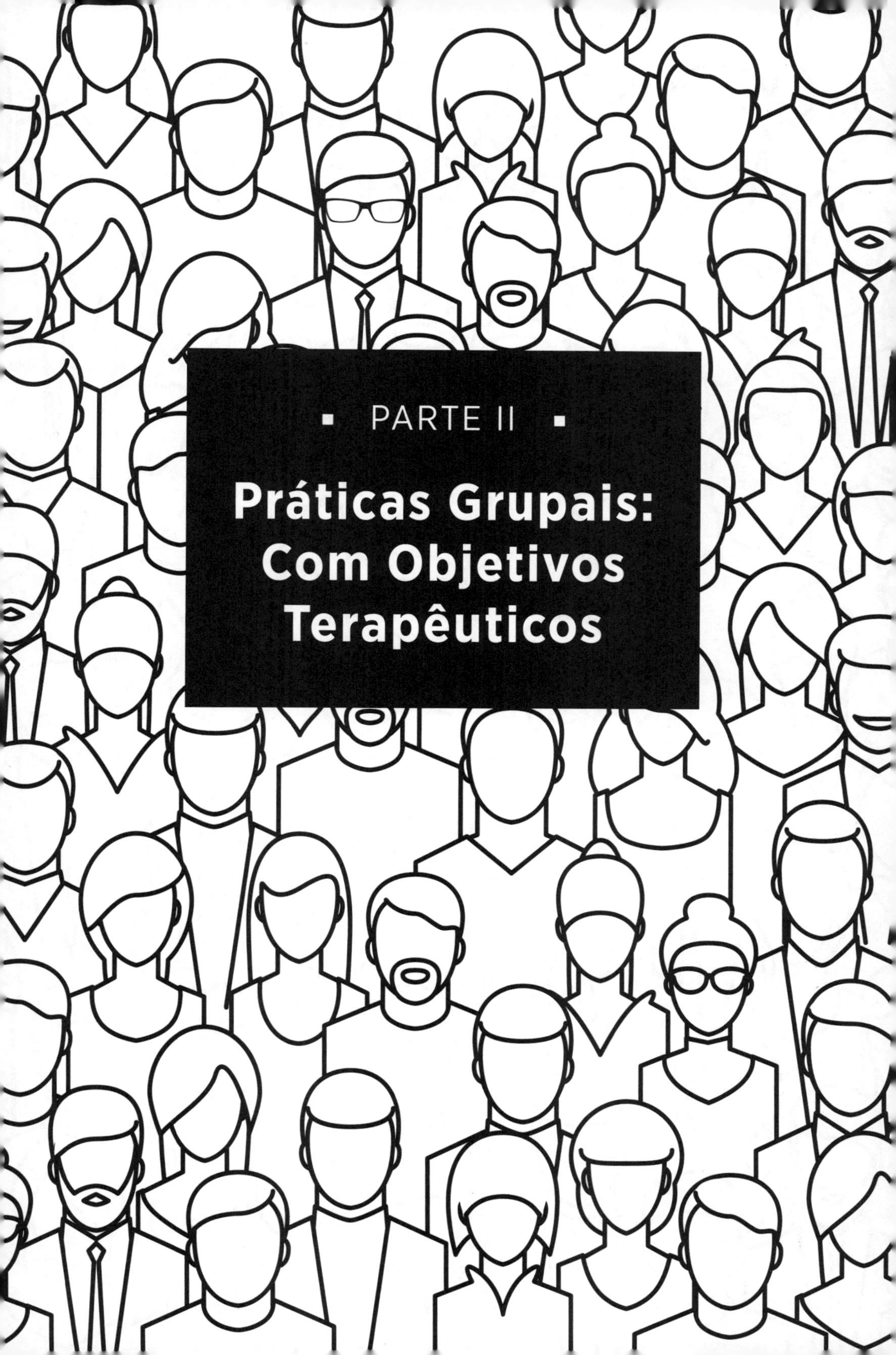

▪ PARTE II ▪

Práticas Grupais: Com Objetivos Terapêuticos

CAPÍTULO 7

Generalidades

Os Grupos Terapêuticos quanto à sua Constituição

Os grupos terapêuticos, quanto à sua constituição podem ser divididos em "homogêneos" e "heterogêneos". Por sua vez, os grupos poderão ser homogêneos ou heterogêneos quanto aos objetivos a que se destinam, ao sexo ou à idade de seus componentes, ao nível intelectual, à categoria nosológica prevalente em seus componentes, e assim por diante.

Um grupo poderá ser homogêneo quanto à faixa etária, mas heterogêneo quanto à psicopatologia de seus participantes e vice-versa. Na prática, consideram-se grupos homogêneos aqueles que privilegiam a homogeneidade com relação a determinado aspecto em função dos objetivos aos quais que se destinam. Por exemplo, são grupos homogêneos os grupos de crianças, adolescentes ou idosos (critério: faixa etária), independentemente da condição mórbida de seus elementos constituintes, assim como igualmente seriam considerados grupos homogêneos os de pacientes diabéticos, asmáticos, obesos, infartados, transplantados, drogadictos, depressivos ou *borderlines* (critério: condição mórbida), sejam ou não constituídos por pacientes de diferentes faixas etárias.

E a família? Seria ela um grupo homogêneo ou heterogêneo? Nem uma coisa nem outra. Aqui é necessário outro critério para defini-la quanto à constituição. Alguns autores a designam como "grupo natural", para diferenciá-la dos demais grupos, tidos então como "artificiais", por não estarem constituídos *a priori* da intervenção terapêutica e serem montados em função dessa intervenção. Tais denominações, contudo, não me parecem adequadas; preferimos designar a família como um grupo com história ou convivência prévia, o que a distingue dos demais, cuja história como grupo e convivência entre seus membros começa ao se iniciar o processo grupoterápico.

Em resumo, poderíamos classificar os grupos, quanto à sua constituição, em:

- Homogêneos.
- Heterogêneos.
- Grupos com história prévia.
- Grupos sem história prévia.

Os Fenômenos Grupais e sua Leitura Teórico-Técnica

Ao fazer a leitura dos fenômenos grupais, a Psicanálise o faz transpondo para a situação grupal o registro do que se observa na relação dual analista-paciente. Assim, refere como fenômenos do campo grupal a transferência, a contratransferência, a resistência, a contrarresistência (expressão introduzida em nosso meio por Zimerman), os *actings,* a elaboração, e assim por diante. Claro está que é possível perceber e descrever tais manifestações no curso de uma grupoterapia de fundamentação analítica, mas necessário se faz adequar e, mesmo, atualizar sua descrição e compreensão em relação ao contexto grupal. Assim, por exemplo, já não se considera a transferência no grupo como referida só à figura do terapeuta, como o fazia Schilder; hoje em dia, a grande maioria dos grupanalistas admite e opera sua atividade interpretativa grupal levando em conta as **transferências cruzadas**, ou seja, as que emergem na relação dos pacientes entre si. Da mesma forma, pode-se falar de uma contratransferência do grupanalista não só em relação aos distintos pacientes de um grupo, como em relação ao grupo como um todo.

Alguns fenômenos são específicos do campo grupal, tais como os descritos por Foulkes sob a denominação de **reações** G. Tais fenômenos são de natureza recorrente e ubíqua, isto é, tendem a se repetir e ocorrem universalmente em qualquer grupo terapêutico. Entre tais reações, Foulkes menciona: **a busca de homeostase** por parte do grupo, ou seja, o grupo procura atingir um equilíbrio entre as ansiedades de seus diferentes membros e alcançar um estado de mínima perturbação; a **transferência múltipla**, que não é o mesmo que as anteriormente mencionadas **transferências cruzadas**, sendo antes uma derivação da transferência primária para o terapeuta; as **associações reativas**, provocadas sob forma de um protesto contra o estado de ânimo, verbalizações ou ações físicas de outro membro do grupo ou do grupo todo; a **reação em carambola**, reflexo do contágio emocional em cadeia que pode se estabelecer a partir de uma manifestação verbal ou mesmo não verbal de determinado membro; a **formação de subgrupos** ou **alianças** entre dois ou mais membros com finalidades defensivas, e assim por diante. Entre os fenômenos específicos da situação terapêutica grupal destacaríamos ainda o **espelhamento** e a **ressonância**. O **espelhamento** corresponde metaforicamente ao que ocorre em uma galeria de espelhos, em que podemos perceber pela imagem refletida sob distintos ângulos aspectos nossos que ignorávamos (ou negávamos) existir, efeito esse obtido no grupo pelas múltiplas e recíprocas identificações projetivas e introjetivas que nele ocorrem. A **ressonância**, por sua vez, é o fenômeno que lembra o que ocorre quando um diapasão vibra provocando em outros, que tem a mesma frequência sonora, idêntica reação, ou seja, é a possibilidade de que determinada manifestação de um membro do grupo encontre uma equivalência afetiva e desperte emoções similares em outro participante do mesmo grupo.

A Comunicação nas Grupoterapias

Grande parte do sofrimento humano no convívio grupal radica-se no problema dos "mal-entendidos". E mal-entendidos, na ótica psicanalítica, decorrem, sobretudo, do jogo de projeções e distorções por sentimentos preexistentes nas inter-relações humanas. Assim, posso mal entender o que me está sendo comunicado pelo interlocutor por atribuir a ele determinadas intenções a partir do meu relacionamento prévio com o mesmo, em que entram não só a realidade fática de suas atitudes anteriores para comigo como minhas fantasias pessoais do que sente e pensa em relação a mim, com a cota de projeções de meus próprios sentimentos em relação a ele. Em resumo, o campo comunicacional está minado de emoções que interferem e distorcem o conteúdo do que se quer ou está a comunicar. É o que metaforicamente se designa como **ruídos na comunicação**.

Poderíamos dizer – e não nos parece exagero – que toda a eficácia de um processo psicoterápico, seja ele individual ou de grupo, apoie-se no estabelecimento de um **processo comunicacional operativo** entre terapeuta e paciente. A via natural para o exame e a correção do comprometimento que possa sofrer tal processo é, sem dúvida, a **transferência**, mas, como a ênfase de sua utilização no método psicanalítico é na compreensão do que se passa no mundo interno dos pacientes, ou seja, na abordagem dos fenômenos **intrapsíquicos**, pensamos que muito se perde na observação das vicissitudes comunicacionais no nível **interativo**, que se tornam particularmente evidenciáveis no contexto pluritransferencial da situação terapêutica grupal.

O paradigma circular mencionado em capítulo anterior, e que indubitavelmente veio acrescentar qualidade e potenciais aos processos psicoterápicos com a noção *de feedback* ou **retroalimentação emocional**, teve os estudos e achados na área dos fenômenos comunicacionais como um·dos elementos axiais de sua sustentação epistemológica.

Lembremos de passagem que **comunicação** etimologicamente origina-se do latim *comunicare,* significando "ter algo em comum, repartir, compartilhar", que posteriormente deu origem a estar em contato ou relação com alguém. Portanto, a boa comunicação pressupõe ter algo em comum ou a predisposição ao compartilhamento do que possuímos (no caso, por exemplo, uma informação) com alguém. No entanto, como insinua o mito da **torre de Babel** ("Deus puniu o orgulho e a ambição dos filhos de Noé confundindo-lhes a linguagem"), a soberba, o desejo de poder e a rivalidade entre os humanos solapa sua possibilidade de comunicar-se efetivamente. Conquanto a intenção seja fazê-lo, as motivações inconscientes para boicotar o acesso do interlocutor à informação que possuímos faz com que essa lhe chegue de tal forma distorcida que, muitas vezes, o confunde em lugar de esclarecê-lo. E aí se instalam os **mal-entendidos**.

Quem reparte ou compartilha, entrega-se. Comunicar-se autentica e eficazmente representa, portanto, uma entrega, uma doação não só de significados como de si próprio. E isso pressupõe a confiabilidade no interlocutor, o que, nas circunstâncias das grupoterapias, implica não só em confiar no terapeuta como nos demais participantes. O tema da confiabilidade intragrupal articula-se com o do sigilo, o qual trataremos mais adiante.

O campo grupal é um espaço privilegiado para retificar mal-entendidos por intermédio do reiterado trabalho em cima das dissimulações na comunicação verbal e na identificação de quando as palavras expressam algo distinto dos sentimentos a elas subjacentes. Mas para tanto é mister ir-se além do registro das motivações inconscientes que permeiam tais distorções na comunicação.

A teoria psicanalítica, monádica e linear, alicerçada na noção fisicalista dos mecanismos de causa e efeito, que redundaram no referencial heurístico do determinismo psíquico, pouco contribuiu para o exame e uma melhor aproximação aos fenômenos comunicacionais incidentes no decorrer de um processo psicoterápico. E foi com o advento da teoria sistémica, diádica e circular, alicerçada na noção *de feedback* ou **retroalimentação**, que a fenomenologia comunicacional passou a ser mais bem compreendida e, por conseguinte, mais bem trabalhada no contexto psicoterápico, com consideráveis proveitos, sobretudo nas grupoterapias, por óbvias razões.

Em *Comunicación y psicoanalisis,* Liberman, um psicanalista latino-americano que se interessou particularmente pelo estudo da comunicação em Psicanálise, afirma textualmente: "Na época atual o modelo mental que corresponde mais adequadamente à disciplina psicanalítica pode ser extraído de uma disciplina totalmente alheia ao campo da tarefa do psicanalista: refiro-me à *teoria da comunicação"*.

Entre as peculiaridades da comunicação no processo grupal sobressai-se a importância que nela adquirem os aspectos não verbais, tais como gestos, olhares, mímicas, espaços determinados entre os participantes e o terapeuta, atitudes corporais e outros elementos que pertencem ao que os semiologistas chamam de códigos prosódicos, cinésicos e proxêmicos da linguagem. E todo esse complexo comunicacional se insere ou dá sentido ao que denominamos o **clima grupal**, objeto de nosso próximo tópico.

O Clima Grupal

Cada vez mais nos parece que o vetor terapêutico primordial de uma grupoterapia, independentemente do referencial teórico em que se sustenta, é o estabelecimento de uma atmosfera ou **clima grupal** propício à manifestação mais livre, espontânea e autêntica possível dos sentimentos que transitam entre os membros do grupo, bem como a expressão do material associativo vinculado a suas experiências prévias e atuais. A manutenção da espontaneidade grupal (e aqui incluímos também a do terapeuta) é elemento essencial para a criação de um clima grupal adequado ao fluir de um processo grupoterápico que se evidencie proveitoso para todos.

É responsabilidade do terapeuta a criação e a manutenção desse clima, e sua densidade como elemento psicoterápico dependerá, sobretudo, da **atitude** do terapeuta. Tal atitude radica-se em sua **integridade** pessoal, na maneira como saiba se manter **coerente**, em sua disposição **empática** para com o sofrimento alheio e, *"last but not least"*, no prazer com que executa sua tarefa.

As Regras do Jogo: o *Setting* Grupal

Estabelecer o *setting* ou enquadre grupal é a constituição de um ambiente normativo (continente) onde será desenvolvido o processo grupal (conteúdo). Ele inclui desde o espaço físico no qual as sessões transcorrerão até as combinações prévias sobre horários, frequência e duração das mesmas, além da própria composição do grupo. É como se fosse a formatação que nos permite a redação de um texto em um computador.

Já no estabelecimento do *setting*, vamos ter configuradas as distinções entre as várias modalidades grupoterápicas: no psicodrama o espaço cênico exigido para a realização das sessões é bem distinto da habitual composição de cadeiras em círculo para uma sessão de grupoterapia analítica, uma sessão de grupo com crianças exigirá a utilização de material lúdico, enquanto um grupo de psicoprofilaxia cirúrgica terá que ocorrer em um ambiente hospitalar.

O *setting* grupal, com todo o conjunto de procedimentos e normas que o constituem, poderá se tornar um elemento antes bloqueador do que facilitador do processo grupal. Já Winnicott observava, referindo-se às exigências do *setting* analítico convencional, que "o paradoxo do *setting* analítico é que oferecemos aos pacientes tempo, espaço e oportunidade para se expressarem na linguagem em que são capazes de fazê-lo, mas, ao mesmo tempo, exigimos submissão ao regime rigidamente organizado de nossas técnicas de falar conosco em uma forma que está muito acima de seus recursos e aptidões". Pensamos que todas as regras não explicitadas no contrato com os pacientes ao início do processo grupal devam ser objeto de discussão e busca de consenso com o próprio grupo no transcurso do referido processo; por outro lado, acho que as regras explicitadas por ocasião do contrato devam ser justificadas e suficientemente flexíveis para que não prejudiquem a interação dos membros do grupo e destes com o terapeuta. Procuramos nos limitar ao estabelecimento do que seja indispensável ao balizamento do processo grupoterápico, confiando em que o próprio grupo deva ter com seu ulterior desenvolvimento condições de repensá-las e, eventualmente, modificá-las em consonância com os propósitos da terapia e o respeito recíproco entre todos os seus participantes. Assim, por exemplo, se cabe ao terapeuta fixar seus honorários profissionais e reajustá-los dentro de critérios que por si só possam ser avaliados e aceitos pelo grupo, ao grupo caberá eventualmente a decisão quanto à modificação de horários que se tornem incompatíveis com a presença da maioria dos participantes (como não raro ocorre com grupos de adolescentes quando ingressam na universidade).

Com relação ao sigilo do material trazido ao grupo, não julgamos que sua explicitação apriorística possa resultar em maior comprometimento do grupo em cumpri-lo; parece-nos que nada é tão eficaz para efetivá-lo como uma regra a ser cumprida, quanto a própria circunstância de estarem todos expostos aos mesmos inconvenientes com seu eventual descumprimento. E se apesar dessa mutualidade dos efeitos alguém vier a quebrar tal norma, o próprio grupo geralmente trata de eliminar o infrator, com a devida concordância do terapeuta, não sem que este, antes, procure analisar com o grupo as circunstâncias e as motivações para tal deslize.

Em resumo, se as regras e as leis são feitas para serem cumpridas, sabemos que, na prática, a sua simples existência é estímulo suficiente para que muitos as queiram ver desobedecidas. Nesse contexto, colocaria a proibição de que os membros de um grupo terapêutico tenham no decurso do mesmo relações amorosas ou sexuais.

Poucas e bem fundamentadas regras são mais facilmente aceitas e cumpridas que muitas regras geralmente unilaterais como as que vemos com frequência circular nos contratos terapêuticos. Outrossim, um consultório psicoterápico não é uma instância legislativa e muito menos um tribunal; devemos mantê-lo, pois, como um reduto da confiabilidade e da crença na dignidade humana, sem o que nossa tarefa careça de sentido e eficácia.

O Processo Grupal

O processo grupal ou andamento terapêutico do grupo difere conforme o referencial teórico que o identifica. Assim, em uma grupoterapia analítica, o marca-passo do processo é a atividade interpretativa do grupanalista, visando tornar consciente o material inconsciente veiculado pelas manifestações verbais ou para verbais dos membros do grupo. Já em uma terapia familiar sistêmica, o foco são as interações grupais e as intervenções do terapeuta que objetivam, sobretudo, agir sobre as estereotipias presentes nessas interações e catalisar as mudanças necessárias para a criação de novas pautas inter-relacionais entre os componentes do grupo familiar.

Há um aspecto que me parece prevalente no processo grupal tanto de uma grupanálise como de uma abordagem psicodramática ou de uma terapia familiar sistêmica, evidenciando ser essa uma peculiaridade do contexto das terapias em grupo. Trata-se da circunstância de que, ao contrário do que ocorre, por exemplo, em um processo psicanalítico ou psicoterápico individual, não é o passado e sim o presente e o futuro que monitoram o processo grupal. Como bem o explicita a grupanalista portuguesa Maria Rita Leal, em seu livro *Grupanálise: processo dinâmico de aprendizagem:*

> Percebe-se (no processo grupal) que os relatos estão muitas vezes mais orientados para o presente e para o futuro do que para o passado, uma vez que a múltipla referenciação das experiências relatadas leva à partilha de projetos pessoais e mobiliza sentimentos de destino pessoal. O grupo só de vez em quando tem ocasião para se ocupar da restituição de uma história pessoal ou da reconstrução do passado individual.

Outro fator determinante das diferenças nos delineamentos do processo grupal está no fato dos grupos serem **abertos** (ou de tempo ilimitado) ou **fechados** (ou de tempo limitado). Como nos últimos, tanto sua constituição como duração são predeterminadas, ou seja, não ingressam novos membros no decorrer do processo, e esse tem um prazo fixo para se extinguir. Há uma tendência a que o grupo funcione "focado" em determinados tópicos ou elementos conflitivos comuns a seus componentes. Os **grupos fechados**, como o sabemos, são mais frequentes em instituições (como uma forma de suprir a demanda, possibilitando que mais pacientes possam ser atendidos em determinado período de tempo) e no atendimento a pacientes "homogêneos", sendo que em ambas circunstâncias o caráter focal ou de terapia breve faz com que o processo funcione num modelo que chamaríamos "em funil", para diferenciar do modelo "em leque", característico do processo grupal nos **grupos abertos**.

Referências

LEAL, M. R. M. (1997). *A grupanálise: processo dinâmico de aprendizagem*. Lisboa: Fim de Século.

LIBERMANN, D. (1976). *Comunicación y psicoanálisis*. Buenos Aires: Altex.

ZIMERMAN, D. E. (1993). *Fundamentos básicos das grupoterapias*. Porto Alegre: Artes Médicas Sul.

ZIMERMAN, D. E., & OSORIO, L. C. (1997). *Como trabalhamos com grupos*. Porto Alegre: Artes Médicas Sul.

■ CAPÍTULO 8 ■

Grupoterapia com Adolescentes

A psicoterapia de grupo é, em nosso entendimento, a terapia de escolha na adolescência, por corresponder à natural inclinação dos adolescentes de procurar no grupo de iguais a caixa de ressonância ou continente para suas ansiedades existenciais. Por meio do interjogo de identificações projetivas, propiciado pelo grupo terapêutico, pode o adolescente adquirir *insight* de aspectos de sua crise transicional, que defensivamente escotomiza e melhor superar as vicissitudes peculiares a essa etapa evolutiva.

Claro está que não se pretende, com tal afirmação, estabelecer o pressuposto indevidamente generalizado de que todo adolescente, independentemente da psicopatologia que apresente, beneficia-se da grupoterapia ou que ela é sempre a indicação prioritária em qualquer paciente adolescente. Entendemos, apenas, que é a modalidade psicoterápica que melhor se adapta às características evolutivas do processo puberal.

Pensamos que, pela tendência grupal manifestada pelos adolescentes, o grupo é a matriz dinâmica onde melhor podemos acompanhar e entender a expressão de seus conflitos, ensejando-lhes sua resolução **dentro** e **pelo** próprio grupo.

Aberastury e Knobel (1971) chamam-nos a atenção para uma peculiaridade do funcionamento dos adolescentes em grupo, qual seja o processo de sobreidentificação maciça, em que todos se identificam com cada um.

A fácil adesão aos objetos substitutivos das imagos familiares na busca de uma maior autonomia do ego e o simultâneo incremento das identificações projetivas na adolescência propiciam à terapia grupal possibilidades técnicas tão promissoras quanto ainda inexploradas.

Pela inclinação à identificação cruzada com seus pares e à plasticidade expressiva dos papéis assumidos pelos adolescentes no seu trânsito da infância para a idade adulta, o emprego de técnicas psicodramáticas estão indicadas em certas circunstâncias e, indubitavelmente, ampliam o leque de intervenções terapêuticas por não se limitarem ao âmbito da comunicação verbal e explorarem o universo para verbal sempre tão rico de conotações psicodinâmicas particularmente nessa faixa etária.

Indicações e Contraindicações

Tomando os parâmetros diagnósticos atuais como marco referencial poder-se-ia dizer que as indicações e contraindicações da grupoterapia analítica na adolescência coincidem, em linhas gerais, com as de outras faixas etárias. As principais indicações são os quadros neuróticos em geral, bem como a denominada "crise adolescente" e suas exacerbações ou variantes patológicas; contraindica-se a grupoterapia analítica a adolescentes com marcadas tendências psicopáticas ou paranoides e aos psicóticos em geral.

Seleção e Agrupamento

Tomamos aqui os termos seleção e agrupamento no sentido em que os conceitua Zimmermann (1969): a "seleção" consiste em investigar as características de um paciente, a fim de verificar se a indicação é ou não a psicoterapia de grupo, enquanto por "agrupamento" deve-se entender a eleição adequada do paciente já selecionado para determinado grupo terapêutico.

Embora se credite, frequentemente, o sucesso ou o fracasso de um grupo terapêutico aos critérios vigentes na seleção de pacientes, a verdade é que ainda dispomos de escassas coordenadas para nos guiar nessa difícil tarefa preliminar à constituição de um grupo. O critério predominante parece ser, por enquanto, o contra transferencial, de bases antes intuitivas que científicas, e que foi glosado no jocoso aforisma de

Anthony (1971): "cada terapeuta tem o grupo que merece". Claro está que o próprio critério contra transferencial apoia-se em elementos diagnósticos, e principalmente prognósticos, incorporados a nossa experiência pregressa como terapeutas de adolescentes.

Outros elementos não menos significativos para a seleção adequada são o modo como se processa o contato inicial do paciente conosco, as motivações ou justificativas que apresenta para vir tratar-se em grupo, a eventual intermediação dos pais e a avaliação de sua receptividade para com o tratamento dos filhos e, *last but not least*, aquilo que, à falta de denominações mais apropriadas, continuaríamos chamando de a teoria da doença e a fantasia de cura do paciente.

Quanto ao agrupamento, é de suma importância considerar que há notáveis diferenças entre um púbere de treze anos e um adolescente de dezoito, tanto quanto ao grau de amadurecimento e autonomia do ego quanto às exigências do ambiente sociofamiliar. Destarte, é mister formarmos subgrupos etários na faixa adolescente, nos quais, menos que a idade cronológica, importa considerar o nível de escolaridade e certa homogeneidade quanto aos interesses socioculturais.

Dividimos os adolescentes em três subgrupos: os púberes (ou escolares do ensino fundamental), cuja idade oscila dos 13 aos 15 anos, em média; os adolescentes intermediários (ou escolares do ensino médio), dos 16 aos 18 anos aproximadamente, e os adolescentes tardios (ou universitários e/ou profissionais), dos 19 anos em diante.

Os grupos são mistos quanto ao sexo. Há quem forme grupos de púberes de um mesmo sexo, justificando tal critério pelas inibições existentes na comunicação entre indivíduos de sexos opostos nas primeiras etapas da adolescência e pela maior incidência nesse período de manifestações agressivas mais difíceis de serem manejadas nos grupos heterossexuais. Ainda que tais alegações se justifiquem do ponto de vista estritamente técnico, penso que não se deva fazer tal discriminação, por se opor *ab initio* a um dos mais importantes vetores do amadurecimento social do adolescente, qual seja a aceitação e a convivência com o sexo oposto e o correspondente preparo para a heterossexualidade adulta.

Uma observação local, que parece coincidir com a experiência de outros terapeutas de adolescentes, é que em grupos de púberes, a maior procura é de pacientes do sexo masculino, nos de adolescentes intermediários, há um relativo equilíbrio entre os sexos, e nos de adolescentes tardios o predomínio é de pacientes do sexo feminino.

Coincido com Goldin (1973) em que os três subgrupos assinalados propõem problemáticas com características diferentes. Nos grupos de púberes, há uma marcada dificuldade na verbalização e as defesas preponderantes são as fóbicas e obsessivas; nos grupos de adolescentes intermediários, a verbalização é mais fluente, mas o uso maciço da intelectualização como defesa predominante bloqueia o acesso aos níveis mais profundos do psiquismo e, finalmente, nos grupos de adolescentes tardios, a verbalização direta do material conflituoso e a possibilidade de *insight* é maior.

Vinculados à questão da adequada seleção e agrupamento de pacientes estão os aspectos relativos ao que chamaria o caráter do grupo.

Poder-se-ia dizer que o caráter do grupo é a resultante dos mecanismos de defesa de seus componentes. E é fundamental para o bom rendimento terapêutico do grupo não reunirmos pacientes que empreguem primordialmente as mesmas técnicas defensivas. Considerando que na adolescência há um predomínio de determinados mecanismos defensivos, tais como a intelectualização e as defesas obsessivas, corremos sempre o risco de reunirmos em um mesmo grupo pacientes com tais características defensivas, conferindo, então, ao grupo um padrão rígido de funcionamento, marcadamente rechaçante dos conteúdos inconscientes. Esses grupos apresentariam o que analogamente poderíamos denominar uma neurose de caráter grupal e que, a exemplo das neuroses de caráter individuais, é de difícil abordagem psicoterápica, pois o próprio caráter aparece aí como uma formação essencialmente defensiva, destinada a proteger o indivíduo – ou o grupo, no caso – não apenas contra a emergência de manifestações da vida instintiva, mas também contra o aparecimento dos sintomas e outros equivalentes afetivos.

Comentários sobre a Técnica

A literatura sobre psicoterapia analítica de grupo com adolescentes faz referências ao emprego de técnicas acessórias, objetivando franquear novas e mais amplas vias de acesso ao hermético mundo interno de nossos pacientes adolescentes. Entre essas técnicas se sobressai, pela frequência das citações e a experiência já acumulada, o uso de dramatizações, objetivando obter um maior *insight* sobre as motivações inconscientes das situações críticas emergentes no grupo por meio de sua representação vivenciada.

A introdução do elemento psicodramático em grupos psicanaliticamente orientados pode revelar-se de extrema valia, sobremaneira em situações nas quais a comunicação verbal tornou-se difícil (como ocorre frequentemente em grupos de púberes) ou na vigência de "impasses" na evolução de um grupo de adolescentes. Não obstante, é preciso levar-se em conta as limitações que todos temos ao trabalhar com distintos marcos referenciais teóricos simultaneamente.

Se me indagassem qual o objetivo primordial de um grupo terapêutico de adolescentes, não teria dúvidas em responder tão simples quanto enfaticamente: "a superação do sentimento de vergonha e a recuperação da espontaneidade (infantil) perdida".

O sentimento de vergonha é, acredito, o eixo gravitacional em torno do qual giram todas as vicissitudes do processo puberal: vergonha do corpo que se transforma; vergonha do *rush* vulcânico dos impulsos sexuais; vergonha da fala bitonal; do gesto sem jeito; da piada sem graça que conta; da resposta pouco inteligente que dá; do ar apalermado que mostra; vergonha, enfim, do que é, porque não passa de um vir-a-ser.

E porque o adolescente envergonha-se, nega. Nega tanto suas limitações quanto sua impotência para resolver exitosamente o impasse da recrudescente situação edípica por meio do **faz de conta** onipotente e maníaco de certas situações de acasalamento frequentes nos grupos de adolescentes. Vejo tais situações menos com o propósito evasivo, assinalado por Bion (1959), de proporcionar uma saída ou esperança de tipo messiânico ao grupo, do que como um incremento das resistências ao exame dos aspectos mais temidos por parte dos adolescentes no contexto grupal.

Veremos, a seguir, em um sumário *flash* clínico, como a compreensão dos aspectos subjacentes a uma dessas situações de acasalamento permitiu a um paciente – e, por extensão, ao grupo – a devolução da espontaneidade perdida e a consequente liberação de sua criatividade reprimida:

Célio apaixona-se por um novo elemento feminino que ingressa no grupo, fato, aliás, que já ocorrera anteriormente. Naquela ocasião, a situação fora interpretada de acordo com a premissa genérica de que aquilo constituía um ataque ao grupo e, embora tudo evoluísse para uma resolução aparentemente satisfatória do *acting,* ficou-me a sensação de que permanecera incompreendida por mim, e pelo grupo, a matriz dinâmica subjacente ao *acting* em questão. Dessa feita, conhecendo-se melhor o perfil caracterológico de Célio e as características de funcionamento do grupo, pôde-se perceber que havia na repetição do *acting* um intento de manter, por meio desse, a condição de liderança roubada de mim e delegada pelo grupo a Célio, pela ligação com a paciente recém-chegada. Eu é quem fiquei então como terceiro excluído da situação edípica representada por Célio e a nova paciente, com a anuência e a cumplicidade dos demais.

Após a interpretação e a elaboração por parte do grupo da situação vigente, com uma particular e mais aguda percepção por parte de Célio de seus sentimentos competitivos comigo, seguiu-se o seu relato particularmente fluente e natural de uma experiência homossexual da infância, relato esse comovidamente acompanhado pelos demais componentes do grupo. Nas sessões seguintes, a par de um significativo progresso demonstrado por Célio na sua capacitação profissional, o grupo evidenciou um inusitado interesse em superar a vergonha de abordar certos temas até então considerados tabus, como os impulsos incestuosos e homossexuais e o reconhecimento dos temores sexuais.

Fiz menção anteriormente ao emprego de técnicas psicodramáticas como catalisadoras da comunicação grupal ou para auxiliar na resolução de situações de impasse em grupos de adolescentes. Vejamos agora, por meio de outra vinheta clínica, como isso se processa.

Trata-se de um grupo de oito adolescentes entre 15 e 18 anos de idade, dos quais sete estavam presentes na sessão a que aludiremos a seguir.

As sessões arrastavam-se monótonas, com repetidas queixas trocadas entre seus participantes de que só eram tratados assuntos banais, de seu cotidiano existencial, sem que em nenhum momento o grupo atingisse a profundidade ou o nível de comprometimento emocional evidenciados em ocasiões anteriores. Comentavam frequentemente que "era preciso entrar um novo participante para sacudir aquele grupo".

Propus, então, um exercício de "troca de papéis", onde livremente escolhessem o(a) companheiro(a) com quem quisessem permutar de identidade durante o jogo dramático sugerido. Como instrução complementar, postulou-se que deveriam participar do exercício como sentem que o(a) parceiro(a), cuja identidade houvessem assumido, costuma fazer nas sessões habituais, mas permitindo-se expressar o que lhes parece que este(a) não está se permitindo trazer à discussão com o grupo. Foi ainda sugerido que trocassem de lugar entre si para facilitar, pela representação no espaço, o "pôr-se no lugar do outro".

Seis dos sete pacientes escolheram-se sem muita demora, tendo eu então convidado a paciente que ficou "desparceirada" a trocar de lugar comigo, levando em conta que em diversas oportunidades ela manifestara desejo de sentar-se na cadeira habitualmente ocupada por mim.

A sessão transcorreu em um clima de animação infantil e se deixo de aqui fazer maiores comentários sobre a mesma é porque quero justamente enfatizar o material surgido na sessão seguinte, que, a meu ver, corrobora como o recurso psicodramático empregado atingiu os fins a que se propunha, qual seja, superar as resistências grupais a mobilizar conteúdos reprimidos.

Nessa sessão posterior, então, trouxeram material alusivo a experiências traumáticas da infância, referindo-se também a práticas homossexuais com outras crianças e a situações de sedução por parte de adultos, bem como a vivências de abandono por parte dos pais.

Utilizam-se do termo "brincadeira" para se referirem ao que fizemos na sessão anterior, e então, interpreto-lhes que hoje estão trazendo sentimentos e episódios de suas infâncias que estavam sendo "escondidos" de mim e do restante do grupo por julgarem-nos "vergonhosos" (expressão por muitos deles utilizada) e que, se agora os puderam mencionar, foi pela "brincadeira" que acham que fiz com eles na última sessão, ou seja, se eu era capaz de entrar na "brincadeira" e participar dela colocando-me na pele de um deles, quem sabe seria capaz de aceitar seus jogos sexuais (ou "coisas de criança", como chamaram), e entender suas inseguranças e sensações de abandono experimentadas quando eram menores.

Por estarem procurando afirmar suas identidades adultas emergentes, os adolescentes rechaçam ou evidenciam muitos temores em deixar aflorar certos aspectos infantis, como se isso fosse comprometer seu processo de crescimento e cristalização da identidade adulta. Ao constatarem que os pais-terapeutas não se "envergonham" de brincar, por exemplo, animam-se a expor os resíduos infantis que portam e que, ao contrário do que supõem, enquanto não tiverem livre acesso à consciência e puderem ser aceitos como parte indissociável de suas experiências de vida não permitirão o fluxo desobstruído de seu processo de amadureci mento.

É importante, contudo, que se faça uma distinção entre essa disposição do terapeuta de adolescentes em participar de uma "brincadeira terapêutica" e o terapeuta assumir sistematicamente uma atitude "pseudo-adolescente", falando, vestindo-se ou comportando-se como um adolescente durante as sessões, no pressuposto de que assim seus pacientes o sentiriam mais próximo. Além de incorrer em um grosseiro erro técnico, pela postura sedutora, o terapeuta que assim procedesse estaria levando seus pacientes adolescentes a uma situação confusional, por se verem desprovidos, nessa circunstância, de um modelo de identificação adulta que pudesse balizar sua busca de identidade.

Há um fenômeno que, pela intensidade e alcance psicoterápico adquirido nos grupos de adolescentes, merece referência. Trata-se do efeito mobilizador de *insight* obtido pelas intervenções ou *interpretações* dos próprios pacientes. Observamos que quando um adolescente interpreta o material veiculado por um companheiro ou determinada situação vigente no grupo, a carga afetiva mobilizada e os efeitos terapêuticos observados são geralmente mais significativos do que os determinados mesmo pelas mais bem sucedidas interpretações do terapeuta. Isso nos convida a refletir sobre o substrato psicodinâmico do fenômeno.

Os grupos espontâneos de adolescentes formam-se a partir de uma necessidade básica de desvincular-se do grupo familiar de origem e testar, em novas relações com seus pares, os padrões adaptativos que possibilitarão a cristalização da identidade adulta. Para tanto, os adolescentes membros de um grupo de iguais (*peer group*) funcionam reciprocamente como *egos-auxiliares* no processo de aquisição dessa identidade emergente. A ocorrência desse mecanismo no grupo terapêutico e seu adequado manejo por parte do terapeuta pode se constituir em um recurso inestimável para a integração grupal. O terapeuta poderá "interpretar", então, por meio das intervenções **tipo ego-auxiliar** que souber catalisar nos componentes do grupo, com maior rendimento para o *insight* coletivo.

A predisposição adolescente para vivenciar as experiências emocionais em um clima de alto teor emocional, entretido por esse interjogo de identificações projetivas cruzadas, confere também à situação transferencial uma carga afetiva de maior impacto do que a existente habitualmente em grupo de adultos.

Vejamos agora, em outro *flash* clínico, como na situação transferencial a ocorrência de identificações projetivas maciças com o terapeuta permitiu que três adolescentes tomassem consciência de importantes características suas.

Fábio é um adolescente impulsivo que encarna bem o paradoxal mote da canção: *"aja duas vezes antes de pensar"*. Sua dificuldade básica atual é negligenciar compromissos. Seu funcionamento no grupo caracteriza-se por repetidos *actings* e o uso defensivo de um *insight* intelectual para se evadir de suas responsabilidades afetivas.

Reinaldo tem sido criticado por outros membros do grupo pelo tom excessivamente pueril e inconsequente de suas intervenções. Sua maturidade emocional não acompanha seu desenvolvimento intelectual. Relaciona-se de modo superficial e inconstante com namoradas e amigos.

Aldo é um temperamento introspectivo, com marcadas dificuldades na comunicação e relacionamento com todos. Suas intervenções caracterizam-se pelo tom autoacusatório e um oceânico sentimento de inferioridade em relação aos demais.

A sessão aproxima-se de seu final e Reinaldo lidera uma avaliação do comportamento do terapeuta durante a mesma:

R: "Vocês repararam que hoje o Osorio falou mais? Parece que ele se sentiu criticado pelo que dissemos na terça-feira (alusão a circunstâncias da sessão anterior) e se mexeu mais hoje, aprofundou mais os negócios..."

F: "Pois eu acho que não, a mim me parece mais é que o Osorio está com receio de nós nos pormos nas mãos dele e está é querendo tirar o corpo fora; olha, vocês não esperem sair daqui curados, a coisa depende de vocês..."

A: "Interessante... eu achei que ele conseguiu pôr em palavras o que nós não estávamos conseguindo. Acho que ele resumiu o pensamento do grupo."

O: "Vocês me viram ou me sentiram conforme o grupo vê vocês ou conforme cada um se sente aqui; o **R** estava sendo criticado no início da sessão pela **S** por não examinar mais a sério sua relação com seus pais, ou seja, *por não aprofundar mais os negócios; não se mexer mais* aqui; o **F** tem se esquivado da *prensa* do grupo para que se decida quanto ao que faz da vida, anda *tirando o corpo fora* e o **A** quer muito poder colocar em palavras tudo o que sente e pensa..." (O grupo todo fica alguns instantes em silêncio, meditativo, após o qual **F** faz uma exclamação que sói identificar quando foi tocado por uma interpretação.)"

Na sessão seguinte, o tema foi retomado e, pelas associações surgidas então, viu-se que não só os três adolescentes em questão como os demais componentes do grupo mostraram sensíveis progressos na avaliação crítica de seu respectivo funcionamento tanto no grupo terapêutico quanto nos demais grupos de que fazem parte (familiar, escolar, social, etc.).

Vejamos agora como se insere a problemática da crise de identidade adolescente em nosso enfoque da terapia grupal.

A identidade adolescente, como forma transicional, que se encontra entre a identidade infantil e a adulta, é de natureza polimorfa e essencialmente cambiante. As angústias confusionais determinadas pelo estado de caos transitório vigente nessa troca de identidades intensificam os mecanismos de identificação projetiva e introjetiva. Há uma premente necessidade de testar novos padrões relacionais por meio de identificações fugazes, mas de alta carga emocional. O clima intrinsecamente propício à mobilização de afetos e ao desencadeamento de identificações cruzadas existente em um grupo terapêutico torna-se, assim, a ambiência desejável para a emergência do material conflituoso relativo às vicissitudes adolescentes na busca de uma identidade estável.

Tais circunstâncias que poderíamos considerar – como o estamos fazendo – significativamente favoráveis para a abordagem grupal de nossos pacientes adolescentes determinam, por outro lado, um importante problema técnico e colocam em pauta o correspondente cuidado que devemos ter no seu manejo.

Ao interpretar sistematicamente o grupo como uma totalidade dinâmica, de acordo com o preconizado pela maioria dos autores, predispõe-se a uma contínua difusão das identidades de seus membros, o que, entre os adolescentes, incrementa desnecessária e antioperativamente as angústias confusionais nem sempre mitigadas pela simultânea integração proporcionada pelo *insight* grupal.

Observei que os protestos contra as interpretações desse tipo sempre provinham dos pacientes mais amadurecidos e com uma identidade adolescente mais bem definida, enquanto os pacientes mais regressivos se "submetiam" e continuavam associando "obedientemente" dentro do esquema referencial proposto, ou seja, comportando-se como partes abúlicas de um todo e não como unidades criativas de um conjunto. Pergunto-me, então, se o uso sistemático de interpretações dirigidas ao grupo como um todo não constitui um fator anti-integrativo e, por conseguinte, antiterapêutico, por contrapor-se ao processo de individuação/dessimbiotização que acompanha a aquisição da identidade adolescente. Essa é uma questão que a meu ver está a merecer maior reflexão por parte dos terapeutas de grupo de adolescentes. Penso que isso ocorra não só pela já assinalada necessidade do adolescente de preservar sua individualidade no grupo, mas também com propósitos defensivos.

Outro problema técnico peculiar aos grupos de adolescentes deriva da compulsiva tendência desses em substituir a reflexão pela ação, o que desperta contra transferencialmente no terapeuta o impulso correspondente de agir interpretativamente antes de refletir sobre a conveniência e a oportunidade da interpretação a partir do potencial abstracional do grupo.

A comunicação extra ou para verbal não tem menor importância na psicoterapia de grupo do que em outras formas de terapia com adolescentes.

A ainda incompleta capacidade de abstração do adolescente e sua recorrência ao pensamento de tipo concreto acarreta, por vezes, dificuldades importantes para nossa atividade interpretativa no grupo. Os adolescentes reagem com manifestações de estranheza ou rechaço a interpretações que exijam um maior grau de abstração, como habitualmente ocorre com as interpretações transferenciais que tomam o grupo como um todo.

O adolescente exprime-se essencialmente por meio de uma linguagem de ação que abrange muito mais do que a simples expressão corporal e que demanda por parte do terapeuta não só a compreensão dessa linguagem corporal, como eventualmente a capacidade de expressar-se ele também nessa linguagem.

As expressões faciais, o maior ou menor tônus muscular, as alterações de postura, os gestos que costumam acompanhar ou reforçar a expressão verbal, todos esses elementos são amplificados pela condição multiespecular do círculo terapêutico do grupo, em que todos e cada um funcionam como sensível instrumento capaz de registrar e refletir a imagem psicológica dos outros.

O terapeuta de adolescentes deve ser capaz de acompanhar esse outro nível comunicante que o grupo estabelece para entender o que se passa e intervir adequadamente. Com frequência, mais do que ocorre com os adultos e mesmo com as crianças, são as atitudes e modulações para verbais dos pacientes e não o conteúdo de seus relatos que identificam a fantasia grupal predominante em um momento dado.

Em um determinado grupo terapêutico de adolescentes, as intervenções processavam-se regularmente, as associações fluíam de maneira natural, mas havia na expressão facial de seus componentes um ar entediado e sua postura nas cadeiras transmitia-me uma sensação de abandono e enfado. Quando finalmente interpretei em função dessa sensação contratransferencial a apatia reinante e que me era transmitida pelos citados elementos extra verbais, houve um brusco movimento generalizado de protesto contra minha intervenção, a que se seguiu um material associativo sobre as vantagens da acomodação ao *status quo* vigente nas respectivas instituições de ensino que frequentavam. Mais tarde, tornou-se claramente evidenciável que a fantasia básica do grupo naquele instante era delegar a mim a responsabilidade pela superação da inércia que se opunha a um crescimento que julgavam penoso e, por vezes, até mesmo impossível. Quero enfatizar novamente que foi por meio do que me comunicaram para verbalmente que pudemos juntos compreender e superar, ainda que transitoriamente, um fator obstaculizante ao progresso do grupo.

Os grupos de adolescentes, a par dos objetivos terapêuticos que lhes são inerentes, possuem, por vezes, uma importante função diagnóstica. Pela já referida dificuldade em distinguir na adolescência o normal do patológico, eventualmente os grupos têm nos auxiliado na discriminação e detecção de quadros patológicos de maior gravidade mascarados pelas características patoplásticas do processo puberal. Cite-se o caso de duas adolescentes cuja investigação inicial, feita por meio de entrevistas com os familiares e com as próprias pacientes, deixaram-me dúvidas quanto ao significado e à extensão dos transtornos de tipo psicopático que apresentavam. Indicada a terapia grupal com uma dupla e simultânea finalidade de prospecção diagnóstica e tentativa terapêutica, a posterior evolução e o desempenho das pacientes no grupo permitiu que, em um dos casos, se consolidasse o diagnóstico de personalidade sociopática em franca eclosão (necessitando posterior encaminhamento para atendimento institucional), enquanto no outro mostrou se tratar de emprego de técnicas psicopáticas defensivas à reativação de uma situação edípica mal elaborada e desvendada no contexto da dinâmica grupal.

Possibilidades Terapêuticas

Nossa experiência com a grupoterapia analítica não nos permite avaliar com precisão estatística e o devido rigor científico seus **resultados** terapêuticos; por isso preferimos nos referir às suas **possibilidades** terapêuticas, termo que nos parece mais coerente com a realidade de nossa vivência clínica e que melhor se adapta ao caráter predominantemente subjetivo das considerações a fazer neste tópico. Penso que a psicoterapia grupal leva vantagem quando comparada com a individual para a faixa etária adolescente. Isso se deve possivelmente a certos fatores, alguns dos quais já mencionados, e que estão resumidos a seguir:

1. A natural e espontânea tendência à formação de grupos na adolescência.
2. A menor resistência à abordagem grupal de **temas fobígenos** nos pacientes adolescentes, tais como suas fantasias edípicas, conflitos com o próprio corpo e temores de contato com o sexo oposto.
3. O efeito mobilizador do *insight* **propiciado** pelas identificações projetivas cruzadas que se estabelecem entre os elementos de um grupo terapêutico.
4. A diluição das angústias persecutórias vivenciadas na situação transferencial, com uma mais rápida e eficiente superação dos sentimentos de vergonha e liberação da espontaneidade original.
5. A criação no grupo de um clima propício ao intercâmbio e confronto de experiências e que permite aos seus componentes uma melhor identificação dos limites entre o *eu* e o *outro,* pela compreensão das motivações inconscientes dos distintos modos de sentir, pensar e agir, favorecendo a resolução da crise de identidade, fulcro da problemática adolescente.

Por outro lado, quer nos parecer que a grupoterapia analítica tem suas melhores possibilidades terapêuticas no subgrupo dos adolescentes tardios. Nesses pacientes, já houve habitualmente um significativo grau de amadurecimento do ego e a definição das respectivas identidades, o que, aliado a um mais autêntico desejo de autoconhecimento e a um mais fácil e espontâneo relacionamento social, propicia melhores condições de elaboração de seus conflitos dentro da matriz grupal. Acrescente-se a isso a circunstância de que para os adolescentes tardios as duas mais importantes escolhas da vida do indivíduo – a do(a) companheiro(a) e a da atividade profissional – têm ainda alentadas chances de reversibilidade, o que já não ocorre em anos posteriores, sendo justamente um dos grandes benefícios da grupoterapia poder auxiliá-los nessas duas escolhas, de cuja adequação depende o desenvolvimento criativo de sua personalidade e a correspondente conquista da alegria de viver.

Concluindo, julgo a grupoterapia a abordagem psicoterápica de mais amplas possibilidades terapêuticas na adolescência, pois o grupo é a matriz dinâmica adequada para o adolescente adquirir *insight* da condição e das vicissitudes peculiares à crise normativa desta etapa evolutiva, podendo, assim, melhor elaborar os lutos pelas perdas que acompanham o necessário abandono da identidade infantil e se preparar para bem usufruir as aquisições da emergente identidade adulta.

Referências

ABERASTURY, A., & KNOBEL, M. (1971). *La adolescencia normal.* Buenos Aires: Paidós.

ANTHONY, J. (1968). Reflection on twenty-five years of group psychotherapy. *J.G*, p. PT, v. 3: 277-296.

BION, W. (1973). Psicoterapia grupal en la adolescencia. ln *Psicopatología y psiquiatría dei adolescente.* Buenos Aires: Paidós.

ZIMMERMANN, D. (1969). *Estudios sobre psicoterapía analítica de grupos.* Buenos Aires: Hormé.

CAPÍTULO 9

Psicoterapia de Casais: Um Modelo Teórico-Técnico

Desde 1980, atendo sistematicamente casais como uma modalidade de grupoterapia. A necessidade de buscar um melhor entendimento do grupo conjugal como um sistema e de ampliar as possibilidades de atendê-lo psicoterapicamente levou-me, em anos seguintes, a procurar uma especialização em terapia familiar sistêmica no exterior. Estive, assim, entre os primeiros profissionais brasileiros a buscar treinamento em terapia familiar, mas com uma peculiaridade: a motivação não era a preocupação em atender famílias a partir do paciente identificado de difícil acesso, como entre a maioria dos colegas, mas, sim, a partir do grupo identificado conjugal, para cujo atendimento os referenciais que possuía até então (o psicanalítico e o psicodramático) pareciam não preencher as necessidades instrumentais de minha aproximação psicoterápica a esse grupo de singular características.

É o casal um grupo? Esta é a primeira questão oferecida quando pensamos na estratégia de como abordá-lo psicoterapicamente.

Entendo que fora do contexto clínico o casal não é um grupo, pois é uma relação diádica que poderia ser comparada estruturalmente à do terapeuta com seu paciente, em uma psicoterapia individual. É a introdução de um terceiro no sistema – no caso, o terapeuta – que transforma o casal em uma estrutura grupal, pois só então se configura a interação não dual, que define a situação grupal.

Considerando, assim, o casal como um grupo, pela presença do terceiro interveniente, vejamos como atendê-lo psicoterapicamente.

Tratamos de fazê-lo fundamentados nos três referenciais teórico-técnicos mencionados, de tal sorte que, esquematicamente, poderíamos dizer que visualizamos funcionalmente o casal como um sistema, tratamos de entendê-lo segundo o viés psicanalítico e o abordamos clinicamente com o auxílio de técnicas psicodramáticas. Assim, formulamos um modelo teórico-técnico para sustentar nossa práxis psicoterápica com casais a partir de três referenciais distintos, os quais foram se articulando em nossa experiência clínica de uma forma que nos pareceu relativamente satisfatória e adequada ao objetivo que tínhamos em mente, qual seja, tratar casais segundo o enfoque das impropriamente chamadas "psicoterapias breves". Dizemos "impropriamente chamadas", pois o que as caracteriza, em nosso entender, não é a duração do atendimento, mas, sim, o trabalho em cima de um determinado foco conflituoso. Preferimos, portanto, chamá-las "psicoterapias focais" e, no caso do atendimento a casais, o foco está centrado nas disfunções da relação conjugal. É esse modelo teórico-técnico para o atendimento de casais a partir de três referenciais distintos – o sistêmico, o psicanalítico e o psicodramático – que pretendemos apresentar-lhes sumariamente a seguir.

As "regras do jogo" (enquadre ou *setting*)

Vamos nos referir genericamente a alguns aspectos que reputamos importantes no estabelecimento de um padrão ou continente para o processo psicoterápico e a forma como o apresentamos ao casal.

Ainda que, como mencionado anteriormente, não priorizemos o fator duração do atendimento como elemento determinante da abordagem focal, cremos ser útil apresentar de saída ao casal que nossa tarefa compartida não se estenderá por tempo indeterminado, mas consistirá em uma série de aproximadamente 10 a 20 sessões semanais, com duração de 60 a 75 minutos cada uma. Com isso, busca-se não compactuar com a tendência inercial dos casais de cronificarem as situações conflitivas que motivaram a procura do atendimento. Paradoxalmente – embora por razões psicodinamicamente compreensíveis – os casais tentam obter nossa conivência com seu projeto inconsciente de não alterar o *status quo* conjugal, por temerem as incertezas de uma mudança que possa ser vivida como catastrófica para os propósitos defensivos da aliança conjugal.

Assim, ao tornar o casal ciente dos limites temporais dentro dos quais nos moveremos, não obstante me disponha a alterá-los para mais ou para menos sempre que convir à quebra de estereótipos, pauta-se dessa maneira o objetivo de introduzir, a curto prazo, o exame das situações conflitivas e a disposição de não aceitar pactos resistenciais que tornem o processo psicoterápico tão cronificado e sem saída como costuma apresentar-se o contexto conjugal por ocasião da procura de ajuda.

Habitualmente, o casal é informado, por ocasião do contrato, de que, a par da comunicação verbal, por vezes nos valeremos de recursos psicodramáticos (sobre os quais lhes oferecemos sumária explicação, quando necessário) para não só permitir outras vias de acesso à compreensão de seus conflitos como igualmente para tentar desatar certos "nós relacionais" que se formam a partir de certos mal-entendidos tão frequentes na comunicação entre os membros de um casal.

Também, já por ocasião do contrato, é postulado ao casal a conveniência de ampliarmos seu comprometimento com o propósito de examinar, o mais amplamente possível, sua relação e o que a perturba. Para tanto, antecipamos que, por vezes, iremos solicitar – à guisa do que metaforicamente denominamos "temas para casa" – que realizem tarefas, entre duas sessões consecutivas, com o propósito de estenderem o trabalho psicoterápico para além do espaço convencional das sessões. Tais tarefas possibilitam não só mantê-los ocupados durante um período continuado com o "refletirem-se" como pessoas no campo especular da relação conjugal, mas também viabilizam o adquirir consciência de que só alcançarão os objetivos a que se propõem com a terapia na medida em que aprendam a utilizar, por conta própria e no âmbito da intimidade compartilhada, os instrumentos epistemológicos que essa pode lhes oferecer.

Uma outra observação que fazemos durante a formulação do contrato, quando o casal tem filhos adolescentes ou já suficientemente amadurecidos para participar com proveito de uma sessão, é sobre a eventualidade de incluirmos os filhos em algum momento do processo psicoterápico. Estaríamos, assim, dando origem a uma intervenção familiar que, no entanto, reputamos ser bastante diversa da que ocorre em uma terapia familiar convencional, pois aqui o casal e seus conflitos continuam sendo o foco psicoterápico e os filhos são instados a comparecer apenas quando os percebemos por demais inseridos no contexto desses conflitos ou padecendo significativamente por suas consequências.

Por fim, estabelecemos como regra básica não iniciar uma sessão somente com um dos membros do casal presente, bem como não aceitamos nunca entrevistas isoladas com algum deles, a não ser com a condição de ali encerrarmos a terapia do casal. Embora nos pareça que esta seja uma prática que se justifique pela própria natureza do atendimento psicoterápico em questão, como não é uma praxe universal entre os terapeutas de casal, entendemos ser conveniente e imperativo até, dar conhecimento prévio ao casal dessa norma técnica e, se necessário, das razões que a sustentam; entre essas, para não nos alongarmos no que possa ser de conhecimento geral para aqueles a quem se destina esta exposição, figura a necessidade de o terapeuta não ser depositário de "segredos tidos como inconfessáveis" de um para o outro membro do casal e que, não podendo ser instrumentados pelo terapeuta na interação com o casal, inviabilizam o processo psicoterápico.

Um breve comentário, de caráter predominantemente subjetivo, sobre critérios de indicação em terapia de casais. Aceito casais em tratamento sempre que:

Haja motivação para encontrarem "via terapia" uma forma de atenuar o sofrimento psíquico a que foram levados por uma relação que não consegue ser minimamente satisfatória.

Haja um mínimo e necessário grau de empatia por ambos os membros do casal.

Sinta que possa manter-me suficientemente equidistante e neutro, sem tomar o partido de nenhum dos cônjuges nas desavenças que inevitavelmente mostrarão ao longo da terapia e que buscarão, consciente ou inconscientemente, a cumplicidade do terapeuta.

Embora não me guie habitualmente por elementos psicopatológicos para pautar as indicações e, correspondentemente, as contraindicações da terapia de casais, sistematicamente a desaconselho em situações em que um ou ambos os participantes evidenciem sintomatologia do tipo paranoide, psicopático ou psicótico.

Excluindo tais situações, e outras mais que por sua singularidade não seria possível categorizar aqui, diria que meu critério pessoal para selecionar casais para o atendimento a que me proponha fundamenta-se, mais do que em um diagnóstico clínico dos participantes, na avaliação da decisão conjunta de buscarem ajuda e no grau de motivação compartilhada, assim como no *feeling* contratransferencial de que, mesmo com as alegadas dificuldades para funcionarem como parceiros de uma relação conjugal, os sinta capazes de compartirem uma experiência psicoterápica.

E com estas considerações sobre o que entendo como pré-requisitos para a abordagem psicoterápica de casais passemos ao processo terapêutico propriamente dito e como o conduzimos.

O processo

Como em um jogo de xadrez, muitas são as "aberturas" para o início do processo psicoterápico. Em um atendimento individual, geralmente cabe ao paciente propô-las e ao terapeuta acompanhá-lo na sequência de associações. Já em uma terapia de casal, após a(s) entrevista(s) de avaliação – e a menos que angústias de maior intensidade vinculadas à situação conflitiva que motivou a procura de ajuda mobilizem a emergência espontânea de material associativo – o que mais frequentemente ocorre é o casal esperar pela iniciativa do terapeuta no desencadeamento do processo.

Tal como no jogo de xadrez, em que as aberturas podem ser distintas, mas não contrariam certos princípios básicos, também na terapia de casais elas não fogem à proposta fundamental de conhecer o perfil dos cônjuges e sua história como casal.

Entre nossas aberturas favoritas está o que denominamos "biografias cruzadas". Em lugar de solicitar aos membros do casal que cada um forneça dados sobre si mesmo, propomos que cada cônjuge conte o que sabe da vida do outro até o momento em que se conheceram. Assim, a par da obtenção de dados anamnésicos, já se cria uma situação interativa que, via de regra, aporta dados significativos sobre o funcionamento do casal. Não raro constata-se como cada cônjuge desconhece aspectos relevantes da vida pregressa do outro e, ao solicitar que um dos "biografados" confirme se se sentiu adequadamente "retratado" pelo cônjuge, há como resposta um enfático "não", seguido da correção do que entende terem sido as distorções ocorridas. Em outras circunstâncias, com espanto, assinalam como vivências tidas como marcantes em sua história pessoal passaram em branco no relato do cônjuge-biógrafo ou, ao contrário, acham que esse pôs ênfase em fatos que consideram irrelevantes para traçar seu perfil individual.

Tais situações voltam a ocorrer quando, mais adiante, solicita-se que o casal nos fale de seu primeiro encontro ou das circunstâncias em que vieram a se envolver afetivamente; também encontramos versões díspares, quando não francamente contraditórias, ao se referirem à forma como planejaram e tiveram os filhos ou à maneira como interagem com os respectivos pais, irmãos e demais parentes, bem como com os amigos em geral.

Após esta fase inicial de (re-)conhecimento mútuo, seguimos adiante com os jogos interativos, utilizando com frequência o exercício psicodramático da troca de papéis, para oportunizar – pela experiência do "meter-se na pele do outro" – a vivência identificatória com os sentimentos do parceiro, ampliando, assim, a possibilidade de percebê-lo de forma distinta da habitual, pela permuta projetivo-introjetiva que, então, se estabelece, ensejando o exame de suas divergências sob um distinto enfoque, evitando o modo estereotipado como os casais discutem, cada qual encastelado em seus próprios pontos de vista e argumentos.

Todo o processo, como dissemos anteriormente, está a serviço de quebrar esses estereótipos que os casais estabelecem em sua relação íntima e, assim, mobilizar a disposição para acionar as mudanças pretendidas.

O psicoterapeuta é, sobretudo, um agente de mudanças. O rumo que essas tomarão não é sua atribuição determinar; sua função é tão somente catalisar o que esteja latente nas motivações inconscientes dos membros do casal, de tal sorte que esses possam redirecionar seu destino: ou a manutenção do vínculo em bases mais satisfatórias ou sua dissolução com o menor sofrimento possível para as partes envolvidas (incluindo aqui os filhos).

O término

Vejamos agora como geralmente dá-se o término dos atendimentos de casal no modelo que adotamos.

Como a abordagem centra-se nos desajustes atuais do casal e o objetivo primordial é mobilizar os cônjuges a encontrar suas próprias soluções e saídas para os impasses a que chegaram, tão logo esse objetivo se delineie, ou haja indícios de que o casal está cônscio dos caminhos a percorrer, trato de encaminhar a terapia para sua conclusão. Por vezes, o término é abrupto: em determinado momento há um consenso do par terapeuta-casal de que é chegada a hora de pormos um final à nossa tarefa compartida, seja porque a levamos a um bom termo ou porque nos pareça que fomos até onde era possível; noutras ocasiões, no entanto, quando se percebe uma tendência de os cônjuges retornarem à situação inercial em que se encontravam ao procurarem a terapia tão logo esta se interrompa, tratamos de manter o vínculo, mas espaçando as sessões, que passam a ser então quinzenais ou mensais, até que possamos reverter essa tendência ou ao menos dar-lhes subsídios para que sigam instrumentalizando as necessárias mudanças relacionais para uma melhor qualidade de vida conjugal.

Vinheta Clínica

A seguir, vamos sumariar o atendimento de um casal balizado pelos principais acontecimentos e pelas intervenções ocorridas ao longo do processo psicoterápico, intercalando alguns breves comentários, quando esses se fizerem necessários, para clarificar o que está subjacente a cada movimento ensaiado pelo casal ou proposto pelo terapeuta no curso do referido processo. Deixaremos, contudo, que o leitor faça suas próprias inferências sobre a compreensão psicodinâmica do material clínico apresentado.

Adão e Eva era um casal na faixa dos trinta anos quando procuraram ajuda, tendo quatro filhos, cujas idades oscilam entre quatro e doze anos. Ela queixou-se de que ele é muito sovina, retentivo, obsessivo e a impede de desenvolver-se profissionalmente, cobrando-lhe maior atenção à casa e às crianças, e só parece abrandar sua oposição a que ela se dedique mais à sua profissão quando constata que isso está proporcionando algum aumento significativo da renda familiar com a contribuição dela. Por seu turno, ele alega que ela é esbanjadora, dispersiva, desorganizada ao extremo e o está sempre criticando por alguma coisa. Ambos estão em atendimento psicoterápico, individual (ele) e em grupo (ela).

Após uma sessão inicial, em que a tônica foi a repetição das queixas referidas na entrevista de avaliação, em um clima de muito ressentimento e desqualificações recíprocas, ambos, dirigindo-se sempre ao terapeuta como se um juiz fosse e evitando entreolharem-se, sugeri como "tema para casa" que ambos examinassem, um sentado diante do outro e olhando-se nos olhos, a contribuição de cada um à desarmonia do casal. Destaco que a pauta do exercício não é responsabilizarem-se um ao outro, mas cada qual examinar o que entende que seja sua própria contribuição ao mal-estar conjugal.

Na sessão seguinte (segunda após o contrato terapêutico), ao narrarem como realizaram o "tema para casa", mostraram que o entenderam justamente no sentido apontado que deviam evitar tomá-lo, ou seja, desfiaram um rosário de mútuas acusações.

Durante a realização das biografias cruzadas, então proposta, observamos que cada um traz de sua família de origem um idioma ou dialeto privado, ao qual o outro não tem acesso, e, embora estejam em diversos momentos dizendo exatamente a mesma coisa, não reconhecem esta equivalência em suas falas e procedem como se fossem dois estrangeiros sem uma tradução que os faça tornarem-se inteligíveis um ao outro. Essa metáfora é utilizada para tentarmos o acesso ao padrão de incomunicabilidade do casal, propondo-nos a funcionar como o aludido tradutor deles. Também tornou-se evidenciável ao terapeuta, com algum reconhecimento por parte de ambos, que paradoxalmente haviam procurado a terapia com uma forte disposição a "manter tudo como estava", ou seja, não mudarem sua forma de interagirem.

Manteve-se a prescrição do mesmo "tema para casa" da sessão anterior.

Na 3ª sessão, Eva iniciou dizendo que Adão saiu-se muito bem na realização do tema. Perguntei-lhe que nota lhe daria: ela disse 10! Adão, um tanto contrafeito, concedeu que Eva também se saiu bem, mas não quis atribuir-lhe nota. Queixou-se de que Eva o "obrigou" a segurar-lhe a mão dizendo que não seria mais tão exigente com ela nem a massacraria com as reiteradas admoestações para que não gaste tanto. Sugeri, então, uma dramatização sobre a cena mencionada e verifiquei que a atitude de Eva era a de uma professora submetendo o aluno a uma prova de "competência" marital. O clima criado durante e após a dramatização permitiu um primeiro momento de descontração do casal e alguns lances de humor compartilhados por nós três. Verificou-se, contudo, que Eva na verdade tem a firme convicção de que é de longe a menos responsável pela desarmonia do casal.

Mencionei o humor e aproveitei o ensejo para enfatizar sua importância na criação do clima terapêutico apropriado para que o "drama" conjugal suavizasse e se criasse uma saudável predisposição lúdica na relação do casal. É como se o espaço da sessão fosse também o de oportunizar a ambos o resgate de núcleos infantis criativos e, assim, ensejar uma maior flexibilidade nos papéis adultos a serem representados na sua cotidianidade doméstica. Isso quer me parecer – como aliás confirmou-se com esse mesmo casal ao tratarmos em um momento posterior da terapia aspectos de sua vida sexual – de extrema importância para tornar a "cama" um lugar de prazer e ludicidade e não de "obrigações" e "desempenhos". Entendo os jogos sexuais como um equivalente adulto do brincar compartilhado da criança e só são capazes de proporcionar genuína satisfação mútua se entretidos sob a égide desse espírito lúdico que se evoca com a introdução do humor na trama do casal. E para que a terapia possa auxiliá-los no resgate e na manutenção do bom-humor indispensável à qualidade de vida familiar e social é preciso privilegiá-lo no contexto do processo psicoterápico.

Chegamos à 4ª sessão, quando retomamos as biografias cruzadas que haviam ficado incompletas. Conforme já foi referido, após cada relato, indago sempre se o biografado achou-se adequadamente retratado ou se quer acrescentar algo que ficou omisso e julga digno de registro. Adão conta, então, que quando seus pais casaram, a mãe ganhava tanto ou mais do que o pai, que sempre viveram em apertos financeiros e que o clima em casa era "pessimista" com relação às possibilidades de melhorarem seus ganhos. O pai à mesa sempre adotava um tom didático, ministrando ensinamentos morais e fazendo comentários que denotavam a repressão sexual subjacente, como quando disse à Adão durante seu namoro com Eva: "Veja lá se não vai se desgastar com uma moça tão cheia de vida!"

Ao final, dramatizamos uma cena que representaria uma conversa de Adão com sua mãe, com Eva no papel dessa, com o propósito não só de ampliar o conhecimento da relação de Adão com sua mãe, menos evidenciável até então, como investigar o modo como Eva percebia sua sogra.

Na sessão seguinte, a 5ª, detivemo-nos então à biografia de Eva narrada por Adão, em que ressaltou a figura de um avô dela, um imigrante ambicioso, que desde sua chegada ao país traçou o objetivo de se casar com a filha de algum figurão da comunidade. O pai de Eva aparece descrito como um indivíduo autoritário, enquanto a mãe como uma mulher decidida, ativa, mas com certa frieza emocional. Dramatizações propostas no decorrer da sessão: Adão e Eva, cada qual representando sua própria família, dirigindo-se a um objeto (almofada) que simbolizaria o casal, dizendo como os veem como cônjuges e quais seus prognósticos quanto à relação destes. Na sequência, Adão e Eva são convidados a se dirigir a suas respectivas famílias, simbolizadas em outras duas almofadas, dizendo-lhes em que contribuíram para o modo como agora se relacionam como casal.

Na 6ª sessão focam-se os papéis estereotipados dentro do casal: ele assumindo tudo o que se refira a deveres e obrigações e ela o que possa representar prazer e ausência de compromissos. No exercício de troca de papéis, pudemos investigar os ganhos secundários da fixação dessa postura para ambos, já que experimentar contentamento e permitir-se mais lazer é para Adão "abandonar" as obrigatórias identificações com o pai e ver-se confrontado com as expectativas de que ele seja acima de tudo um cidadão responsável e trabalhador, enquanto para Eva progredir profissionalmente e tornar-se a coprovedora da família é correr o risco de se aprisionar no modelo da mulher (avó), que servirá de trampolim para que o marido (avô) suba na vida e a desfrute a suas custas.

O tema para casa foi que fizessem a listagem do que cada um desejaria do outro para sua satisfação conjugal, cuja discussão ocupou praticamente toda a sessão seguinte (7ª).

Na lista dela figuravam: que ele fosse mais atuante como pai e esposo, menos inseguro, mais companheiro, carinhoso, atencioso e sexualmente mais maduro, que soubesse pôr-se no lugar dela, que tivesse uma visão menos limitada da vida, percebendo seu real valor e que vivesse mais no presente que no passado.

Na relação dele constava: que ela soubesse melhor o que quer da vida e soubesse balancear seu tempo entre a família e o trabalho, soubesse ser doce, meiga e reclamasse menos, fosse mais adulta, refletisse antes de agir, mantivesse a calma e apreendesse a ouvir, pudesse pôr-se no lugar dele e aceitasse opiniões diferentes das suas.

Como vemos, um item é comum a ambas as listagens: que cada um soubesse se colocar no lugar do outro. Isso nos suscita outro comentário.

O casal é uma unidade com características simbióticas latentes que emergem nas disfunções conjugais. Há um desejo de que o outro preencha lacunas existenciais que remontam a primitiva relação pais-filho. Assim, boa parte das frustrações da vida em comum desse casal, como de tantos outros, reside na expectativa não cumprida de que o outro preencha tais lacunas transferenciais. Como ambos tinham a mesma necessidade de resgatar no outro o pai ou a mãe que não tiveram e esperavam agora encontrar na relação conjugal, não há disponibilidade para oferecer ao outro o que falta a cada um. Essa situação é provavelmente a principal razão dos impasses na relação conjugal.

A dramatização proposta nessa sessão abordou a questão das rivalidades fraternas, emergentes na discussão que se seguiu à análise do tema para casa, ficando patenteado o quanto ambos se ressentiam do lugar ocupado pelos respectivos irmãos na atenção e afeto dos pais.

Na 8ª sessão, encontrei-os modulando suas expectativas em relação à terapia: Ela otimista e esperançosa, ele pessimista e cético, o que, aliás, são suas atitudes habituais na vida em geral. Isso nos ensejava a oportunidade de propor-lhes um movimento em direção ao futuro, com o exercício de imaginar como estarão como casal daqui a cinco anos, após o qual trabalhamos em cima da ideia de que, como o futuro está por construir-se, necessariamente não precisa repetir o passado, e repousa em nossos potenciais criativos a possibilidade de alterá-lo.

Esse exercício prospectivo propiciou também o ingresso do tema filhos no contexto de suas narrativas e reflexões, considerando, na oportunidade, a hipótese de convidá-los a acompanhar os pais a uma sessão próxima (configurando o que denominamos intervenção familiar no transcurso de uma terapia de casal).

A sessão seguinte (9ª) se iniciou com comentários sobre as desavenças do casal em relação ao modo como encaravam o manejo das finanças e as queixas habituais dele de que ela esbanjava dinheiro e dela de que ele, além de controlar em demasia seus gastos, não considerava como trabalho as horas que ela dedicava aos afazeres domésticos. Propus-lhes, como tema para casa, que elaborassem juntos um orçamento doméstico, estabelecendo uma avaliação em unidades de serviço da hora/trabalho de cada um nas atividades domésticas. Para minha surpresa, ao relatarem a feitura do tema na sessão posterior (10ª), revelaram que esse lhes havia trazido um grande prazer e o realizaram em um clima lúdico e descontraído, o que sugeria, além de um câmbio na interação do casal, o significado do dinheiro como elemento motivador e aglutinador no contexto dessa relação conjugal.

Como a sessão foi presidida pelo fator "fantasiar" (no caso, manipular pela fantasia o valor que se pode atribuir ao dinheiro como produto do trabalho) sugeri como tema para casa o seguinte: “Vocês ganharam 100 mil reais na loteria e cada um, individualmente, vai decidir o destino que o casal dará a esse montante.”.

Na 11ª sessão, o tema foi por eles apresentado da seguinte maneira: Adão decidiu aplicar todo o dinheiro e dos dividendos vai retirando parcelas para o que considera prioritário para a família – educação, saúde e melhorias na casa. Eva, por seu turno, daria metade do dinheiro para Adão a fim de livrar-se de suas pressões econômicas e o restante gastaria em: lazer (férias, passeios, festas) para todos, saúde (tratamentos dentários, cuidados estéticos para ela e para as filhas), renovação do guarda-roupa e decoração da casa, cursos de extensão em sua área profissional.

A proposta evidenciava que ele permanecia querendo deter o poder sobre os ganhos do casal, enquanto ela achava inviável administrar em conjunto os bens, preferindo separá-los para que cada um gastasse como melhor lhe aprouvesse e não havia lugar para poupanças na cota que se atribuiu.

Então, sugeri uma dramatização: Eva era uma viúva de parcos recursos cujo filho adolescente (papel designado para Adão) queria um aparelho de som. Na cena representada muito rapidamente, Eva cede aos rogos do filho para dar-lhe o aparelho. Dei-lhe, então, a instrução de que, mesmo que com sacrifícios consiga dispor da quantia para a aquisição do aparelho, negue o pedido ao filho alegando outras prioridades da vida doméstica de ambos (ou seja, o que, segundo ela, é o que Adão faz habitualmente). Eva outra vez acabou cedendo aos argumentos do filho, que contrapôs às razões da mãe a importância do prazer de ouvir música para seu desenvolvimento pessoal (é possível observar um brilho nos olhos de Adão ao permitir-se durante a cena reivindicar prazeres que habitualmente nega-se a si próprio no seu cotidiano existencial).

Proponho ainda uma terceira cena: Eva não possuía o dinheiro para atender ao pedido do filho. Adão, no papel do filho adolescente, a convenceu a obtê-lo por meio de pedidos para que tomasse empréstimos de vizinhos ou parentes, ou vendesse bens ou pertences pessoais (relógio, anel), propondo-se a abrir mão de mesadas futuras ou presentes de Natal e aniversário. Sugeri uma inversão de papéis, em que ele faria o papel de um viúvo e ela o de uma filha adolescente que o quer convencer a deixá-la ir a um baile e comprar o vestido para a ocasião. Adão “convenceu” a filha a trabalhar para ele, auxiliando-o no escritório, até levantar o dinheiro necessário para que ela comprasse o desejado vestido.

Nas reflexões seguidas às cenas dramatizadas, eles adquiriram certo *insight* da dificuldade de saírem dos papéis estereotipados em que se encontravam na "vida real" e da constatação de que sem alterá-los seria difícil não só manterem uma relação conjugal mais satisfatória como também alcançarem uma melhor qualidade de vida individual.

Na 12ª sessão, por meio de jogos dramáticos de cunho lúdico com inversão de papéis (como a cena em que são dois irmãos aliando-se no intuito de conseguirem permissão dos pais para fazer uma festa para amigos), ele fez o otimista e ela a pessimista. Voltei à cena da infância de ambos e, com isso, retornei à ideia de trazerem os filhos para uma sessão.

A 13ª sessão transcorreu com a presença dos filhos. Fez-se a dramatização da hora do almoço familiar. Todos se queixaram do "pão-durismo" de Adão. Ele, por sua vez, queixou-se da falta de comando dela, no que é secundado pela filha mais velha.

Havia um clima "infantilizado" geral: um dos filhos assumiu uma postura de bebê sedutor com a mãe, outro falou como se fora uma criança menor, a mãe se comportou como se fosse uma adolescente pouco dotada intelectualmente, o pai pareceu um garoto chorão e queixoso e à filha mais velha pareceu ter restado o papel de única adulta da família, o que fez, mas com visível contrariedade.

Percebe-se aí o movimento regressivo da família, provavelmente desencadeado pela resistência dos pais em assumir sua condição adulta e abandonar suas demandas infantis não satisfeitas, cada qual à espera de que o cônjuge o faça.

A 14ª sessão focalizou o relacionamento sexual de ambos, em que Adão responsabilizou os pais por suas inibições e "deficiências" nessa área, com a concordância e consequente atitude compreensiva de Eva, que, no entanto, disse esperar que ele não passasse a vida toda alegando isto e tratasse de "amadurecer" sexualmente. Nesta sessão, curiosamente Eva, ao contrário do que ocorria habitualmente, não mostrou sua postura infantilizada de quem se conforma com o papel de irresponsável na dupla conjugal, assumindo uma atitude mais adulta e quase maternal com Adão, que pareceu encolher-se, intimidado com as cobranças de Eva.

Em um dado momento da sessão, oportunizei o trabalho com as imagos parentais de ambos, usando a técnica do "alter ego". Disse ao ouvido de Adão: "Já pensou que depois de todos esses anos Eva começa a se parecer uma mãe para você?". Ele me olhou espantado e exclamou:

"Eis aí uma pergunta que tenho me feito recentemente!" E ao ouvido de Eva, sem que ela soubesse da indagação que fiz ao ouvido de Adão, sussurrei: "E se você puder pensar que ele agora não está intimidado e amedrontado com tuas cobranças, mas sim com as que a mãe, quem sabe, costumava fazer para ele?". Ela ficou surpresa, meditativa e comentou estar gostando da técnica que estou empregando.

Ao final da sessão eles trouxeram comentários de um dos filhos sobre como a mãe estava se vestindo melhor atualmente, mais como uma mulher adulta vaidosa e menos como uma adolescente displicente e desajeitada. Indaguei como cada qual sentiu essa observação. Eva disse que o filho com isto estaria criticando o pai por não elogiá-la como deveria fazê-lo. Adão, por sua vez, observou que o filho estava, como de costume, fazendo um jogo sedutor com a mãe. Eva comentou que isso é o que ele gostaria de fazer com sua própria mãe, e ele admite.

Na 15ª sessão, introduzimos um balanço geral da terapia para encaminhá-la a seu final. Fizeram uma listagem dos temas que abordaram para avaliar se deixaram algo de fora: examinaram a relação deles com suas respectivas famílias de origem (autobiografias cruzadas), com os filhos, no campo profissional e financeiro, na vida sexual, e o que chamam relações "pessoa a pessoa" entre eles. Talvez não se tenham detidos na sua vida social e com os amigos.

Dei cinco minutos a cada um para falarem, sem a interferência do outro, sobre o que acharam que adquiriram na terapia sobre o conhecimento de como cada um contribui para o mal-estar conjugal: Adão observou que o mais nocivo era a competição existente entre eles, com evidentes prejuízos para os filhos no seu entender; achava que tinha enfeixado muito o controle do dinheiro e que deveria ter tentado ajudar mais Eva a apreender a lidar com a administração das finanças domésticas. Eva, por seu turno, achou que aproveitou usando as sessões como veículo para seus "desabafos", com a convicção de que Adão não a impediria de fazê-lo aqui, como fazia em casa, pela ação de minha presença; achava que Adão seguia não sabendo avaliar a capacidade dela de ganhar dinheiro ou administrá-lo, mas que conseguiram mais consenso em relação à educação e ao manejo dos filhos.

Pedi para que colocassem em percentuais como valorizavam seus progressos como casal e Adão se estabeleceu um "pessimista" 25% e Eva um "otimista" 75%.

Na 16ª sessão, eles voltaram a discutir como em ocasiões anteriores e, empregando a técnica psicodramática após "dublagem", intervi no papel de Adão falando para Eva: "No fundo acho que você tem toda a razão; estou discutindo só por teimosia". Eva ficou impactada, sem saber como prosseguir e a discussão se diluiu.

Na 17ª sessão, que combinamos que seria a penúltima, adotei uma técnica "condicionante". Com a ajuda de uma lâmpada vermelha, disse que a acenderia para sinalizar sempre que na interação entre eles um manifestasse qualquer queixa sobre o outro. Eles se divertiram muito com o exercício e ao final me pediram o "escore", ou seja, saber qual deles sofreu mais "penalizações".

A sessão final transcorreu com um espontâneo exercício de prospecção ao futuro e ambos referiram ter muito material para prosseguirem examinando a relação nas respectivas terapias que seguiam fazendo.

Este foi um atendimento que fiz nos meus primeiros anos de experiência em terapia de casais. Em relação à técnica adotada e à sua evolução posterior, cabe assinalar que hoje em dia emprego muito menos dramatizações mobilizadoras do que naquela época. A tônica é muito mais na visualização sistêmica do casal e no trabalho em cima das interações do casal durante a sessão, bem como no enfoque prospectivo, buscando antes comprometê-los com a busca de mudanças para uma melhor qualidade de vida para ambos no futuro do que em "remexer" o passado na tentativa de ajudá-los a entender as origens do mal-estar conjugal. Isso, contudo, não significa que me aproxime de uma abordagem comportamentalista, pois as intervenções são sempre balizadas pelo propósito de ressignificar, por meio da reflexão compartilhada, os sentimentos externados e sempre que possível identificar e discutir com o casal as motivações inconscientes de suas atitudes no contexto da interação conjugal.

▪ CAPÍTULO 10 ▪

Intervenções Familiares Breves durante Processos Psicoterápicos Individuais

Apresentaremos neste tópico como introduzir intervenções familiares breves durante o curso de processos psicoterápicos individuais, que tanto podem ser realizadas com o propósito de mobilizar atendimentos que estão em situação de impasse como, no caso presente, para proporcionar a abordagem de uma intercorrência em um membro de uma família desconstruída. A intervenção referida foi efetuada em regime de co-terapia[3].

Em nosso entendimento, tais abordagens grupais não convencionais revelam-se extremamente proveitosas quando adequadamente indicadas e convenientemente introduzidas na prática psicoterápica corrente com pacientes individuais.

No que tange aos benefícios advindos aos pacientes, quer nos parecer que estes são, sobretudo, pelo oferecimento de uma abordagem inusitada, mas apoiada na sólida experiência prévia dos terapeutas e no seu genuíno propósito de ajudar os referidos pacientes a promoverem as mudanças necessárias para saírem de suas situações estereotipadas; aí nos parece residir a principal razão para o sucesso das intervenções propostas.

Quanto ao aprendizado proporcionado pela experiência para os terapeutas nela envolvidos, queremos destacar a riqueza do intercâmbio entre distintos marcos referenciais técnicos, mas que se mostraram inteiramente

[3] Co-terapeuta: Dra. Olga Falceto.

compatíveis durante o atendimento clínico em função do alto nível de respeito mútuo e da propensão à cooperação entre os profissionais em questão. A parceria foi estabelecida entre uma psiquiatra de formação psicodinâmica e sistêmica e outro de formação psicanalítica, sistêmica e psicodramática, sendo ambos também especialistas em psiquiatria da infância e da adolescência.

A seguir, vamos relatar a situação clínica mencionada:

Nicole tem nove anos e é a filha caçula de um casal separado há cerca de quatro anos. Ela vive com a mãe e dois irmãos maiores, Luís, de vinte anos, e Maria, de dezoito. O pai passou a viver recentemente com uma mulher que em seu casamento anterior teve uma filha, hoje adolescente. A mãe de Nicole está em psicoterapia individual comigo e o pai com a co-terapeuta mencionada, uma colega psiquiatra que é também terapeuta familiar de orientação sistêmica. Ambos até hoje não conseguiram oficializar sua separação por divergências importantes quanto à divisão do patrimônio familiar.

Miriam, a mãe de Nicole, passa a referir nas sessões sua preocupação com a filha, que está apresentando um quadro fóbico, não permitindo que a mãe se ausente a não ser para suas atividades profissionais. Em um contato com a terapeuta de Miguel (o pai de Nicole), trocamos ideias a respeito de como proceder com relação ao quadro apresentado pela menina, que vem se agravando nas últimas semanas. Decidimos, então, em lugar de encaminhá-la a um psicoterapeuta infantil, tentarmos antes uma intervenção familiar com Nicole e seus pais, com a convicção de que ela estava expressando com o sintoma sua forma de reagir à situação dos pais e fazer uma última tentativa de mantê-los unidos, pois com a nova relação amorosa do pai e os evidenciáveis ressentimentos da mãe face a ela tudo levava a crer que o divórcio finalmente iria se consumar.

Nas sessões com Nicole e os pais foram abordadas, com o auxílio de dramatizações, a forma como Nicole tentava controlar os pais com seu sintoma (exigia que o pai viesse visitá-la em casa por não poder se afastar da mãe) e a maneira como esses compactuavam com as tentativas de Nicole de mantê-los unidos pela incapacidade de encontrarem uma solução para efetivar a partilha dos bens, polarizada em torno da discussão sobre os direitos sobre a casa onde vivia Miriam com os filhos e que representava 80% do patrimônio do casal. Em determinado momento, alternamos sessões com a presença de Nicole com sessões unicamente com os pais, que evidenciavam estar de acordo quanto a seguirem as sugestões dos terapeutas sobre como procederem em relação à filha, mas persistiam em uma oposição radical quando se tratava de encontrar uma solução para a partilha.

Ao cabo de umas dez sessões do que consideramos uma intervenção familiar em co-terapia no curso de duas psicoterapias individuais, o quadro fóbico apresentado por Nicole esbateu-se consideravelmente, embora persistisse o impasse quanto à questão da separação judicial do casal. Interrompeu-se o atendimento quando a melhora de Nicole evidenciou termos atingido o objetivo precípuo dessa intervenção, mantendo-se os pais em suas respectivas psicoterapias individuais que, a propósito, não interromperam durante a realização das sessões conjuntas. Segundo informações da co-terapeuta com quem realizamos essa experiência, posteriormente Nicole também fez algumas sessões de terapia individual com ela, tendo como foco sua dificuldade em tolerar frustrações, identificada pela paciente como algo que lhe causava sofrimento e complicava suas relações interpessoais. Na época, a mãe também já tinha um novo companheiro e os pais de Nicole recomeçaram a negociar a divisão patrimonial.

Cremos que essa breve intervenção familiar substituiu com vantagem o encaminhamento de Nicole para o que talvez resultasse em um longo e dispendioso atendimento psicoterápico individual. Nicole é uma menina de inteligência acima da média para sua faixa etária e revelou perspicácia e condições de *insight* inabituais, o que talvez lhe permitisse uma evolução favorável também no curso de um atendimento individual, mas certamente esse não proporcionaria, nem a Nicole nem ao grupo familiar, a oportunidade de tomar contato com o jogo interativo que mantinham, com o propósito pelos três compartilhado de negar a inevitabilidade dos processos de separação / individuação em andamento, tanto no par Nicole-mãe (pais) como na díade Miriam-Miguel. Houve um momento crucial do atendimento durante um exercício psicodramático, no qual foi sugerido que os pais abraçassem fortemente Nicole impedindo-a de sair de seu "entorno", o que provocou uma violenta reação de Nicole para libertar-se da sensação de sufoco que depois referiu. Na sequência deu-se, como tema para casa, Nicole tentar impedir que a mãe saísse de casa mesmo para trabalhar, pois ela, Miriam, estaria com muitos temores de enfrentar a vida lá fora sozinha, sem um marido que a ajudasse e cuidasse, ou seja, invertendo a situação, tratando Miriam como se ela, e não Nicole, fosse a fóbica, assim como se propôs a Nicole que convidasse o pai a levá-la à escola todos os dias pela manhã para que pudessem estar juntos, já que ele não tinha uma casa para recebê-la.

Assim como essa, outras intervenções similares no curso de atendimentos individuais têm se revelado extremamente profícuos em nossa experiência. E quando temos a oportunidade de realizá-las em co-terapia surge uma oportunidade ímpar de eliminar certos escotomas em nossa compreensão das situações conflitivas individuais, pela intervisão proporcionada pela presença e participação de um colega no campo psicoterápico.

Concluindo, quais são, em nosso entender, as vantagens ou méritos desse tipo de intervenção familiar no curso de atendimentos psicoterápicos individuais? Pensamos que basicamente – como ficou sugerido no exemplo aludido – seria introduzir o fator "mobilização" em situações pessoais ou terapêuticas que estão em estagnação. Vida é movimento, e a terapia para ser um processo vivo tem que estar em constante movimento. Isso inclui não só o estabelecimento de interfaces teóricas como a flexibilização no uso de instrumentos técnicos por parte dos terapeutas, ativados pela intuição e criatividade dos mesmos. Não se pode deixar de mencionar, contudo, a necessidade de que tais procedimentos clínicos estejam apoiados em um sólido conhecimento dos marcos referenciais teóricos e sustentados por uma significativa experiência prévia no uso desses instrumentos técnicos.

CAPÍTULO 11

Ambientoterapia

As origens da ambientoterapia ou comunidade terapêutica – expressões que usaremos indistintamente aqui – talvez remontem aos esforços de Pinel e dos que o sucederam para humanizar o trato com o doente-mental: era o germe da revolução institucional que culminaria com o estabelecimento da própria organização hospitalar como elemento psicoterápico de considerável valor. Foi, contudo, com o advento da teoria psicanalítica de *Freud*, e sob o influxo de sua original compreensão dos fenômenos psíquicos que se completou a revolução anteriormente iniciada. O pensamento freudiano trouxe a fundamentação de que careciam os primeiros reformadores das instituições psiquiátricas, inspirando a criação de um novo e dinâmico *status* no atendimento institucional ao doente mental, consubstanciado nas denominadas "comunidades terapêuticas".

Segundo Rodrigué, em *Biografia de una comunidad terapéutica,* foi Sullivan, em 1931, quem casualmente empregou o termo "comunidade terapêutica" para designar a ação benéfica de uma estrutura social sobre o doente mental, mais tarde popularizado por Maxwell Jones (1953).

A ambientoterapia, a exemplo do que ocorreu com as demais técnicas psicoterápicas, destinou-se inicialmente ao atendimento de pacientes adultos. Da· mesma forma como a psicoterapia infantil, enriquecida com os recursos lúdicos, tomou uma configuração própria, as comunidades terapêuticas destinadas a crianças e adolescentes adquiriram uma feição peculiar pela função pedagógica correlata, que completa e amplia suas possibilidades terapêuticas, como veremos adiante.

No entanto, independentemente do grupo etário ao qual se destina, permanece válida a conceituação de ambientoterapia "como uma matriz operacional indispensável ao tratamento hospitalar e em cuja trama inserem-se os demais métodos terapêuticos".

De acordo com as conclusões de Conferência Nacional para o Estudo do Tratamento Psiquiátrico Institucional da Criança, realizada em Washington, em 1956, a ambientoterapia compreenderia todos os elementos, exceto as terapêuticas somáticas e a psicoterapia, que tenham algum "impacto" sobre a criança. Entre tais elementos estariam incluídas rotinas diárias de atividades, tais como aulas, recreação, refeições, levantar-se e deitar-se, além das interações entre crianças e adultos, das crianças entre si e dos adultos, idem, na instituição.

A seguir, vamos traçar o perfil de uma comunidade terapêutica para crianças e adolescentes, mas não sem antes alinhavar alguns dados históricos para situar o leitor.

Na segunda metade da década de 60, um grupo, constituído por três psiquiatras infantis, uma neurologista e um pediatra, fundou em Porto Alegre a primeira comunidade terapêutica brasileira para crianças e adolescentes.

A Comunidade Terapêutica Leo Kanner[4] estabeleceu novos padrões institucionais para o atendimento da faixa etária para a qual se destinava e, por seu pioneirismo, acabou constituindo-se em referência nacional e internacional para outras instituições congêneres surgidas a partir de então. Agregando às funções assistenciais o propósito de desenvolver o ensino e a pesquisa, a instituição veio a ser o primeiro centro brasileiro de treinamento e formação de psiquiatras infanto-juvenis em regime de residência, tendo sua equipe tornado conhecido internacionalmente o trabalho nela realizado por meio de artigos publicados em revistas científicas da Europa e da América do Norte.

Por razões alheias à vontade de seus fundadores, a *Comunidade Terapêutica Leo Kanner* veio a encerrar suas atividades em 1972, mas os fundamentos gerais de sua abordagem ambientoterápica, em nosso entendimento, permanecem atualizados e pertinentes, razão pela qual

[4] Nome com a qual foi batizada em homenagem ao pai da psiquiatria infantil, inspirando-se no modelo da *Clínica Pinel*, comunidade terapêutica para pacientes adultos fundada anos antes por Marcelo Blaya na mesma cidade.

decidimos incluí-los neste livro como expressão de uma prática grupal de inestimável valor no atendimento de pacientes institucionalizados.

Perfil de uma Comunidade Terapêutica Infanto-juvenil

Qual o modelo institucional do qual mais se aproxima uma comunidade terapêutica infanto-juvenil? Uma casa de família? Uma escola? Um clube?

A literatura existente, particularmente a de origem norte-americana, pontua a necessidade de concebermos o atendimento ambientoterápico em termos de "escola terapêutica", sob a alegação de que é a escola a unidade social que centraliza as vivências da criança e do adolescente.

No entanto, há de se considerar que as vivências familiares antecedem as escolares e constituem o molde no qual se plasmam todas as demais experiências sociais do indivíduo. Por outro lado, o nível regressivo em que habitualmente funcionam os pacientes para os quais está indicado o atendimento institucional pressupõe a necessidade de contarmos com uma estrutura semelhante ao grupo familiar original, a partir de onde possamos tentar a recomposição das relações primárias do paciente, oferecendo-lhe novos e mais sadios modelos de identificação. Outrossim, tendo em conta a importância dos elementos lúdicos ou recreativos para a satisfatória evolução psíquica da criança ou do adolescente, a comunidade terapêutica, em certo sentido, aproxima-se das características de um "clube", cuja feição variará conforme os interesses dos diversos grupos etários. Em resumo, uma comunidade terapêutica para crianças e adolescentes deverá ser uma espécie de "lar-clube-escola", onde o paciente possa encontrar oportunidades de convívio e ocupação semelhantes às do ambiente de onde provém.

Pela própria natureza do atendimento a que se propõe, uma comunidade terapêutica não deve ultrapassar certo número de pacientes; em nossa experiência, quarenta é o número máximo conveniente. Tais pacientes são distribuídos nas três modalidades de internação: integral, clínica-dia e clínica-turno, indicadas segundo as características psicopatológicas de cada caso ou o momento de sua evolução na instituição.

Em função das peculiaridades das diversas faixas etárias, ainda que conservando sua unidade clínico-administrativa e obedecendo a um mesmo esquema geral de funcionamento, a comunidade terapêutica pode ser dividida em *setores* que guardem certa autonomia no planejamento de suas atividades e, se possível, tenham distintas áreas físicas. Assim teríamos, por suposição, os seguintes setores:

- Setor pré-escolar (2 a 6 anos).
- Setor escolar (6 a 10 anos).
- Setor pré-adolescente (10 a 14 anos).
- Setor adolescente (14 a 18 anos).

Cada grupo participa de atividades domésticas, psicopedagógicas, praxiterápicas e recreativas, planejadas de modo tal que alterem o mínimo possível os hábitos de vida originais dos pacientes. A comunidade terapêutica visa proporcionar ao paciente o preenchimento de suas necessidades básicas e obter o retorno à situação pré-mórbida, sem, contudo, distanciar-se das pautas da realidade cotidiana do ambiente de onde ele provém e para onde retornará.

A integração dos vários grupos entre si com a equipe técnica é feita nas chamadas *reuniões comunitárias,* que funcionam segundo o esquema dos chamados "grupos operativos" e objetivam manter e ampliar as vias de comunicação entre os vários agentes do processo terapêutico.

Entre as modificações ocorridas à raiz das vicissitudes evolutivas e dos ensaios prospectivos da comunidade terapêutica, em direção ao aprimoramento do ambiente como fator terapêutico, a organização do "clube" merece um rápido comentário. Sua motivação foi enriquecer o atendimento psicopedagógico e recreativo com um novo elemento associativo que equivalesse a iniciativas similares feitas pelas crianças em suas escolas, bairros, etc. Mas logo o "clube" ultrapassou as fronteiras que lhe destinávamos em nossos objetivos iniciais, passando a constituir o núcleo centralizador de nossa experiência comunitária. Assim, da sala destinada inicialmente para sediá-lo, o "clube" espalhou-se por todas as demais dependências da comunidade. Suas atribuições também foram se hipertrofiando e encampando tarefas e responsabilidades até então adstritas à equipe técnica, tais como a manutenção do patrimônio da instituição, organização de festas mensais, planejamentos de torneios esportivos, recepção a novos pacientes, etc.

Paralelamente à progressiva autodeterminação dos pacientes, no que diz respeito à sua vida dentro da comunidade hospitalar, com a criação do "clube", houve uma crescente participação dos mesmos no próprio processo terapêutico, do qual deixaram de ser apenas "pacientes" para se tornarem também "agentes". E com isso o "clube" constituiu-se no eixo em torno do qual passaram a se movimentar pacientes e membros da equipe técnica na direção de um objetivo comum: o retorno da criança ou do adolescente à condição pré-mórbida e sua reintegração no ambiente de origem.

Algo a salientar, não só por seu caráter original e quiçá sem precedentes em instituições similares, como pelo significado dinâmico subjacente, é o fato de terem as próprias crianças reformulado "sua" comunidade terapêutica a partir do paulatino englobamento da estrutura hospitalar pelo "clube". Foi assim como se os pacientes houvessem indicado a seus terapeutas o caminho para instituir um ambiente mais adequado às finalidades terapêuticas, o que ficou plenamente comprovado após a "impregnação" comunitária pelo espírito do "clube". E isso ganha particular importância se atentarmos para o fato de serem pacientes cujas reservas de ego e possibilidades de socialização eram limitadas, não só pelo comprometimento psíquico advindo dos transtornos que apresentavam como pelo próprio estágio evolutivo em que se encontravam no desenvolvimento de suas personalidades.

A ambientoterapia não exclui o emprego de outras técnicas psicoterápicas, individuais ou de grupo, paralelamente; sua indicação obedecerá, então, aos critérios usuais.

Quanto ao uso de psicofármacos em uma comunidade terapêutica, esse deve se limitar, a nosso entender, àquelas situações em que os níveis de ansiedade ou o comportamento antissocial dos pacientes são incompatíveis com sua integração no ambiente hospitalar, ou seja, serão utilizados na medida em que proporcionem um contato e aproximação do paciente mais adequado com as técnicas socioterápicas.

Há que considerar ainda o atendimento aos familiares durante a internação dos pacientes. Esquematicamente, poderíamos dividi-lo assim: em um primeiro período, procuramos enriquecer nosso conhecimento do paciente e seu ambiente sociofamiliar pela suplementação de dados anamnésicos e, ao mesmo tempo, aliviamos as ansiedades, bem como mitigamos as resistências dos familiares ao tratamento institucional; em uma segunda etapa, já de posse dos elementos colhidos pela observação da conduta do paciente na comunidade terapêutica, tratamos de orientar e preparar os familiares para a adaptação mútua do binômio paciente-família no período pós-alta. Como dissemos, essa divisão é esquemática, pois tais fases interpenetram-se e confundem-se ao longo do tratamento.

O desligamento da clínica por ocasião da alta tem, para os pacientes, uma importância nunca assaz realçada. Se o ingresso na instituição é vivido tantas vezes como ameaça a um equilíbrio, ainda que precário e doentio, mantido entre a criança e o ambiente de onde provém, o afastamento poderá ser percebido, não obstante às melhores condições psíquicas habitualmente existentes por ocasião da alta, como um "rechaço" por parte da comunidade hospitalar, em que o paciente integra-se com um esforço só comparável àquele que precisará agora dispender para dele se apartar. A homeostasia psíquica é nesse instante perturbada com o iminente reajustamento, quase sempre penoso, a uma realidade que não raro constituiu-se em importante fator morbígeno. E quanto mais regressivo o quadro determinante da internação, maiores necessariamente deverão ser nossos cuidados em estabelecer um cauteloso e gradual desligamento da instituição.

Agentes Terapêuticos

Vamos considerar a comunidade hospitalar fracionada em três agentes terapêuticos: o paciente, o terapeuta e as atividades comunitárias.

Vejamos como cada um desses agentes ou funções terapêuticas se comportam e integram o processo curativo constituído pelo contexto ambientoterápico.

O paciente

Sem dúvida, a mais expressiva contribuição trazida pela ambientoterapia à psiquiatria hospitalar foi a "descoberta" do paciente como agente terapêutico.

Até então o paciente, a criança ou o adulto era mero espectador ou pouco mais do que isso no tratamento a que "o submetiam". Clinoterapia, eletrochoque, insulina ou farmacoterapia exigiam um mínimo de participação do doente. E quanto mais dócil e passivamente aceitava o tratamento, maiores eram as esperanças em sua recuperação.

O advento da comunidade terapêutica estabeleceu um giro de 180 graus na posição do paciente: ele passa a ser agora o núcleo dinâmico e atuante do tratamento institucional. E quanto mais ativa sua participação no processo terapêutico, mais acreditamos em seu retorno à condição pré-mórbida.

Funcionando com as partes indenes de sua personalidade, o paciente centraliza o processo ambientoterápico, do qual se torna a um tempo origem e destinação. É ele quem, a modo de um diapasão, dá a frequência segundo a qual devem vibrar e afinar os demais elementos da comunidade, e essa será tanto mais terapêutica quanto melhor se adequar às necessidades emocionais básicas e às possibilidades de funcionamento social dos pacientes. Para tanto, cabe lembrar que, além das situações psicopatológicas determinantes da internação hospitalar, precisamos considerar, em se tratando de crianças e adolescentes, as peculiaridades do momento evolutivo em que se encontram.

Vejamos agora, pela ilustração com material clínico, como pode atuar o paciente como elemento terapêutico na comunidade hospitalar infanto-juvenil:

Alexandre, menino de sete anos, bem dotado intelectualmente, baixara por um quadro pré-psicótico em que predominavam os elementos maníacos e paranoides. Desenvolveu uma situação fóbica inicial com a clínica e, de modo mais acentuado, com os pacientes de seu grupo. Durante a primeira semana de internação, pouco participava das atividades, mantendo-se praticamente "agarrado" à atendente, entrando em grande ansiedade sempre que ela necessitava se afastar dele para desempenhar suas funções junto aos demais elementos do grupo. Com o adequado manejo da situação pela atendente, Alexandre foi aos poucos se integrando e, ao cabo de algumas semanas, fazia alusão aos temores iniciais criticando-os, dizendo agora "já estar se acostumando com a gurizada", embora ainda se mostrasse um tanto desconfiado e retraído.

Nessa ocasião, é internado Érico, menino de seis anos, com transtornos de conduta em nível neurótico e que evidencia uma atitude fóbica inicial de características bastante similares a de Alexandre. De acordo com a orientação recebida, a atendente vincula Érico a Alexandre dentro do grupo e convida esse a auxiliar aquele em sua adaptação à clínica, já que experimentara sentimentos semelhantes por ocasião de sua própria internação. Alexandre passa a funcionar ativa e espontaneamente como "ego auxiliar" de Érico nos objetivos de integrá-lo às atividades e ao grupo e, o que até então não fora conseguido pelo empenho da atendente, obteve-se com a participação de Alexandre junto ao novo companheiro. Observou-se posteriormente que não só Érico beneficiara-se com a atuação do outro menino, como o próprio Alexandre, levado que fora a mobilizar suas reservas e elementos sadios de sua personalidade para assessorar o companheiro, pôde superar mais amplamente suas dificuldades de integração no grupo pelo componente paranoide remanescente.

E algum tempo depois era Érico quem participava da recepção a um novo paciente, procurando tranquilizá-lo com respeito às suas fantasias de abandono por parte dos familiares e receios em relação à experiência vivencial que o aguardava na clínica.

Estabeleceu-se, assim, uma reação terapêutica em cadeia que, embora desencadeada pela sugestão inicial do pessoal técnico, foi mantida e enriquecida pelos pacientes, evidenciando serem eles não só a origem e o objeto de nossa ação terapêutica, como também ativos participantes da mesma.

Amadeu, menino de treze anos, baixa com uma reação esquizofrênica paranoide. Entra na clínica extremamente desconfiado e, conforme suas próprias palavras, com a ideia "de que ali todos seriam feras" à sua espera para persegui-lo.

Após a entrevista inicial com o psiquiatra responsável pelo caso, ele é "introduzido" ao ambiente por uma comissão de pacientes que se encarrega não só de mostrar-lhe as dependências da casa, mas de familiarizá-lo com a rotina do estabelecimento, apresentá-lo aos demais pacientes e tomar as providências que julgue necessárias, segundo os sentimentos que cada membro da comissão experimentou por ocasião de sua própria internação, para pô-lo à vontade e em comunicação com o instrumento terapêutico – a comunidade –, que já nesse momento está "agindo".

Amadeu expressou posteriormente o quanto aquela recepção o auxiliou a reduzir os sentimentos de desconfiança pelo ingresso num ambiente desconhecido e supostamente hostil. Ao que acrescentaríamos ter sido igualmente possível ao paciente, a partir daquele contato inicial bem-sucedido com a comunidade hospitalar, reduzir progressivamente o emprego das defesas paranoides prevalentes no quadro mórbido que apresentava.

Hermes, menino esquizoide de doze anos, que baixara por uma reação dissociativa, estava na clínica há dois dias e ainda se negava a participar das atividades, sob a alegação de que seu convívio com as demais crianças o deixaria "louco". Pedia insistentemente para ir embora, queixando-se de que os outros o ensurdeciam com o ruído que faziam e o xingavam com palavras de baixo calão. Trouxemos, então, à sua presença, Antônio, paciente com transtornos de conduta enxertados em um quadro epiléptico, que fizera algumas tentativas de fuga por ocasião de sua internação e que agora, às vésperas de sua alta, reclamava a permanência na instituição por mais algum tempo. Solicitado a narrar a Hermes sua experiência entre nós, Antônio comentou seu negativismo em participar do tratamento nas primeiras semanas e sua progressiva integração, terminando por assegurar ao companheiro que "problema depois é a gente não querer ir embora". Hermes, embora permanecendo em silêncio, ouvia-o atentamente e finalmente dispôs-se a comparecer à sala contígua, em que a convite de Antônio, participou de um jogo de cartas que estava sendo disputado. Nos dias subsequentes foi gradualmente diminuindo o negativismo inicial e se relacionando com os demais componentes de seu grupo, com o simultâneo esbatimento da sintomatologia determinante de sua internação.

Vemos como os próprios pacientes podem, utilizando seus componentes sadios e integrados, funcionar como "egos auxiliares" na tentativa de restabelecimento do contato do paciente com a realidade circunjacente, primeira etapa do processo integrativo intrapsíquico.

Situação similar ocorreu no atendimento de outros dois pacientes internados por graves transtornos psicóticos: Paulo, de cinco anos, apresentando um quadro de autismo infantil, e Manuel, de onze anos, esquizofrênico catatônico. Percebendo que os atendentes mantinham os citados pacientes sob constante solicitação no sentido de evitar o isolamento que os levava à conduta autista, as demais crianças, após se informarem do porquê daquela atitude por parte dos atendentes, passaram a substituí-los no mister de "estimulá-los à ação". Assim, não raro era o atendente alertado por uma das crianças para o fato de que Manuel estava "muito parado" na praxiterapia ou que Paulo achava-se novamente cochilando durante a atividade psicopedagógica. Ajudavam-nos a alimentar-se, vestir-se e, muitas vezes, interrompiam um jogo de futebol no pátio para colocar a bola diante dos pés do paciente catatônico, pedindo-lhe que a chutasse, prorrompendo o grupo em um alarido festivo, acompanhado de palmas, quando era exitoso em seu intento.

Pudemos constatar inúmeras vezes que as crianças saíam-se melhor no manejo de alguns problemas clínicos de seus companheiros do que os próprios atendentes; por outro lado, seu "entusiasmo" em poder colaborar no atendimento de dificuldades específicas de um companheiro os levavam eventualmente a exceder os objetivos meramente terapêuticos. Foi o ocorrido com Hélio, de onze anos, que baixou por conduta psicótica enxertada em um quadro deficitário. Quando os demais pacientes inteiraram-se de que Hélio era o único do grupo que não sabia ler ou escrever, tomaram a si o encargo de alfabetizá-lo, com o auxílio do atendente, a fim de que pudesse participar mais ativamente das atividades psicopedagógicas. Algum tempo depois soubemos, por meio de familiares do menino, da surpresa com que a professora, que o atendia em uma classe especial antes de sua internação, inteirou-se de que o menino aprendera em poucas semanas de seu tratamento hospitalar o que não fizera em meses de escolaridade prévia.

O Terapeuta

Há que considerar inicialmente o que entendemos aqui por terapeuta: não é apenas o psiquiatra, mas, sim, todos seus representantes na equipe técnica, ou seja, psicólogos, assistentes sociais, praxiterapeutas, professoras especializadas e atendentes em geral.

Embora todos esses elementos tenham papéis similares a desempenhar na constelação terapêutica hospitalar, por sua inequívoca condição de liderança, o psiquiatra terá de chamar para si a responsabilidade de estabelecer as coordenadas segundo as quais os demais membros da equipe técnica pautem sua atuação no ambiente institucional. Não é demais insistir, contudo, que a própria ação do psiquiatra será, em última análise, determinada pelo comportamento comunitário dos pacientes. E quanto mais sensível ele possa ser às flutuações e mutações contínuas dessa coletividade e mais bem capacitado esteja para compreender seu significado psicodinâmico, mais eficientemente estará se desempenhando de suas funções precípuas como líder.

O psiquiatra é constantemente solicitado a intervir nas "áreas de atrito", inevitavelmente formadas entre as demais peças do esquema terapêutico em questão. Não raro, o encontramos a "defender" as crianças de suas próprias atitudes repressivas auto limitadoras do processo curativo ou o vemos a braços com a resistência da equipe às inovações que impliquem renúncia da autoridade frente aos pacientes. Na realidade, o psiquiatra deve ser o primeiro a abrir mão de tendências conservadoras e abandonar o postulado tradicional de que é sobre ele que recai toda a iniciativa terapêutica.

O atendente é de todos os membros da equipe, por seu contato praticamente constante com as crianças, o mais comprometido no processo ambientoterápico. É, sobretudo, nele que os pacientes projetarão suas *imagos* dos pais. E é da manipulação quotidiana das figuras parentais, em sua representação na comunidade hospitalar, que se estabelecerão novos modelos de identificação de inegável valor reintegrativo.

Essa função reestruturadora, que transcende o papel meramente assistencial do atendente, é obtida particularmente pelo denominado "manejo" das crianças no grupo. A eficiência do aludido "manejo" estará determinada não só por sua adequação técnica às necessidades evolutivas e ao instante psicopatológico vivido pelo paciente como, principalmente, pelas condições afetivas inerentes a cada atendente em particular; enquanto a capacitação técnica é passível de aprendizagem e treinamento em supervisões continuadas, a disposição afetiva obviamente dependerá exclusivamente do material humano com que se conta, donde se depreende a importância de sua seleção.

Daremos, a seguir, alguns exemplos em que a ação resolutória decorreu antes da disposição afetiva com que o atendente manejou a situação em pauta do que da técnica empregada:

Um grupo de adolescentes do sexo feminino, certa noite, conversava com a atendente de plantão, indagando-lhe se ela não achava que estavam dançando muito "agarradas" aos pacientes na festa realizada na tarde anterior. Fizeram alguns comentários que evidenciavam a ansiedade vigente em função da culpa pelas fantasias eróticas com que coloriam a conduta a que se referiam naquele momento. Estranhavam que a atendente não lhes houvesse chamado a atenção pelo modo supostamente impróprio com que dançavam. Terminaram indagando qual a maneira correta de portar-se em tais circunstâncias.

A atendente as fez ver, então, que não era sua função policiá-las e presumia que elas mantivessem na clínica o mesmo comportamento social adotado fora dela; quanto à forma correta de dançar, pensava fosse aquela que lhes proporcionasse uma diversão e não um sentimento de culpa como o que manifestavam agora.

Tornou-se evidenciável posteriormente o quanto as pacientes se beneficiaram dessa conversa informal com a atendente, cuja atitude não recriminatória, mas esclarecedora, possibilitou uma comunicação em âmbito terapêutico com o grupo, permitindo a redução da ansiedade flutuante, bem como proporcionando às adolescentes em questão uma nova perspectiva sob a qual encarar mais adaptadamente suas atividades sociais.

De outra feita, Nelson, um menino de dez anos, com transtornos de conduta, empreendia uma tentativa de fuga da clínica. Interceptado casualmente por um dos atendentes, em lugar de demovê-lo do intento, ele se propôs a facilitar-lhe a saída, abrindo o portão e convidando-o a fazer uso do mesmo em vez de escalar o muro como pretendia. Simultaneamente, em tom afável e mesmo gracejando, o atendente apontou-lhe o ridículo e a carência de propósitos de sua atitude. Nelson, cujas reiteradas tentativas de fuga levavam à intenção predominante de intimidar os atendentes e mantê-los em suspense, mostrou-se desconcertado ante a inesperada conduta do atendente e não só voltou atrás como, a partir de então, não repetiu suas habituais escapadas.

No exemplo seguinte, veremos como a atendente, atenuando as fantasias regressivas da paciente por meio de uma adequada confrontação com a realidade, reintegrou-a na mesma.

Lizete, menina de sete anos, que foi internada por apresentar transtornos de conduta em nível pré-psicótico, mostrava-se particularmente ansiosa e agitada naquela noite. Em determinado momento, após várias demonstrações de caráter ambivalente com a atendente, a quem agredia e acariciava alternadamente, passou a bater-lhe nos seios, tentando sugá-los. A atendente, tranquila e amistosamente, disse-lhe que tais manifestações eram comuns nos bebês em relação às mães quando queriam ser amamentados, mas que nem Lizete era mais um bebê nem ela, atendente, era sua mãe; e, além disso, certamente não encontraria leite em seu seio. A paciente interrompeu o ato contínuo que fazia e, em uma surpreendente mudança de atitude, passou a conversar com a atendente sobre sua mãe, a quem se referiu com especial carinho, para instantes depois ocupar-se de um menino menor, auxiliando a atendente a acomodá-lo para dormir com desvelo e solicitude maternais.

Quanto aos outros membros da equipe técnica (psicólogo, assistente social, enfermeira, praxiterapeuta, etc.), cuja função primordial é intermediar a comunicação entre o líder da equipe, atendentes e pacientes, em razão da própria natureza de seu papel na constelação hospitalar, caracterizam-se por apresentar constantes oscilações funcionais, segundo a alternância de suas identificações com aqueles a quem devem representar em um dado momento na dinâmica comunitária.

Fizemos referência anteriormente ao uso dos psicofármacos como veículo de uma melhor abordagem comunitária dos pacientes. Desejaríamos mencionar agora como o clima ambientoterápico "colabora" com a administração de tranquilizantes, quando seu uso se impõe.

Jussara, paciente de treze anos, com acentuados traços esquizoides de personalidade, que foi hospitalizada com uma sintomatologia conversiva, algumas horas após um contato com seus familiares desenvolve um quadro de intensa ansiedade, com auto e heteroagressão e manifestações delirantes. Atendida pelo médico de plantão (a situação descrita ocorreu à noite), esse decidiu empregar medicação por via parenteral para debelar a crise. Como uma das atendentes do turno houvesse faltado e a atendente restante estivesse ocupada com as demais crianças, o médico dispôs-se a medicar a paciente com a cooperação desta. Após fazer-lhe ver as indicações da medicação e da via de administração escolhida, lembrou-lhe o clima não repressivo vigente na clínica, em que a contenção física raramente é utilizada (e quando o é, sempre acompanhada da correspondente justificativa), dizendo não achar necessário chamar a atendente para segurá-la. Acreditava que, mesmo no estado de agitação em que se encontrava, foi capaz de compreender a necessidade da medicação e a colaboração que dela era esperada. Indo além das próprias expectativas do psiquiatra assistente, Jussara, ainda que persistindo em seu pranto convulso e comunicando ideias de conteúdo delirante, desvestiu-se sem qualquer ajuda e expôs o braço para que lhe fosse aplicada a injeção.

Em situações semelhantes, ocorridas com diferentes pacientes, não obstante contar-se então com a assistência do atendente, obteve idêntica cooperação por parte das crianças, que, aliás, eventualmente, presenciam as demonstrações práticas feitas pela enfermeira-chefe às atendentes sobre o uso de medicação parenteral, em que a tão temida seringa é despida das fantasias retaliativas que a aureolam.

Atividades Comunitárias

As atividades da comunidade terapêutica em nossa instituição visariam criar condições ambientais para os pacientes que permitissem o estabelecimento de novos modelos de identificação, capazes de propiciar padrões de relacionamentos mais adequados. Com isso, tentaria obter uma melhor reintegração sociofamiliar da criança e, concomitantemente, um maior aproveitamento de suas potencialidades em geral.

Considerando que o desenvolvimento da personalidade infantil se faz pelo intercâmbio da criança com o meio ambiente, procura-se utilizá-lo, por intermédio da comunidade terapêutica, no sentido de proporcionar vivências mais satisfatórias e adaptadas à realidade.

As atividades desenvolvidas pelas crianças e pelos adolescentes na comunidade hospitalar não constituem apenas um meio de mantê-las ocupadas, de atender suas necessidades lúdicas ou oferecer estímulos adequados ao processo de aprendizagem peculiar à etapa evolutiva em que se encontram, mas devem estar integradas ao processo terapêutico como tal.

É indiscutível a valorização dos aspectos pedagógicos na estruturação de uma comunidade terapêutica infanto-juvenil. Essa precisa proporcionar vivências cuja criança, a par da possibilidade de abrandar seus conflitos, possa também adquirir conhecimentos sobre o mundo e sobre si mesma. E os elementos educacionais, quando estruturados em bases psicodinâmicas e devidamente utilizados no contexto ambientoterápico, são de inestimável valor na reintegração dos componentes fragmentados do ego infantil.

Cremos ser da máxima importância para o adequado emprego das técnicas psicopedagógicas na comunidade terapêutica, a exploração do campo motivacional da criança. É a partir das partes indenes da personalidade do paciente que se estrutura a matriz terapêutica ambiental e, analogamente, é indispensável assentarmos em suas aptidões e tendências preexistentes o programa ocupacional da criança no ambiente hospitalar.

Vejamos como isso ocorre por meio de um exemplo ilustrativo:

Susana, uma esquizofrênica hebrefênica de doze anos, mostrava-se inteiramente desinteressada das atividades de rotina da clínica. Ela mantinha-se isolada do grupo e, com frequência, voltada autisticamente para suas fantasias delirantes em torno de um boneco que trouxera de casa e no qual projetava seus aspectos indesejáveis (sua obesidade, por exemplo). Sua história pregressa, apontando um remoto e persistente desinteresse pelo que a cercava e o empobrecimento intelectual progressivo que apresentava, levava a crer que dificilmente encontraríamos uma referência para a pesquisa de suas motivações ocupacionais. No entanto, mobilizados pela convicção de quão importante era identificar algo que conectasse Susana com o ambiente que a cercava, acabamos por encontrar o núcleo a partir do qual se ampliou o campo motivacional de Susana na clínica e, posteriormente, fora dela também. Suas aptidões específicas para o bordado foram decisivas para sua reintegração e aceitação pelo grupo, e Susana, que até então era tida "como desajeitada e incapaz de tudo", tornou-se admirada pelas companheiras e estimulada por elas e por todos nós a apresentar seus trabalhos na exposição mensal promovida pelo setor de praxiterapia. Daí em diante, assessorada pela psiquiatra que a assistia e as atendentes de seu grupo, passou a se interessar por outras atividades e, concomitantemente, melhoraram suas condições psíquicas.

Da mesma forma como se procura identificar a motivação ocupacional de cada paciente e utilizá-la terapeuticamente, como vimos na situação descrita, busca-se também conhecer o interesse do grupo em um dado momento a fim de nele centralizar as diferentes atividades rotineiras.

Assim, após um passeio ao parque zoológico, em função da grande curiosidade despertada entre as crianças sobre a vida dos animais, as atividades foram centradas em torno desse tema. Na sala de praxiterapia passaram a construir um zoológico em miniatura com material de cartonagem, modelando os animais em argila. As atividades pedagógicas, por seu turno, giravam em torno das indagações feitas pelos pacientes a respeito dos costumes dos animais, da sua alimentação, da sua proteção contra as variações de temperatura, da sua serventia ao homem, etc. Nos momentos destinados à recreação, sugeriram-se jogos imitativos das vozes dos animais e do seu modo de locomover-se. Por sua vez, essa atividade lúdica era integrada com as demais no sentido de corrigir deficiências específicas nas áreas psicomotoras, apresentadas por algumas crianças, por meio de exercícios de discriminação auditiva e táctil, coordenação visomotora, reconhecimento do esquema corporal, etc., sempre partindo do tema sugerido pela motivação grupal. A terapêutica ocupacional, como o quer *Cerqueira*, é empregada entre nós dentro do contexto da ambientoterapia. Assim, por ocasião dos preparativos para uma festa mensal destinada a homenagear Disney, as atividades praxiterápicas foram monopolizadas pela confecção de máscaras para a representação teatral planejada pela comissão do "clube", bem como com a elaboração de material de cartonagem, desenhos e figuras de argila destinados à construção de uma miniatura da Disneylândia e de seus habitantes. Isso não só constituiu uma excelente oportunidade oferecida ao grupo de constatar o significado e o alcance do trabalho em equipe, no qual o pequeno esforço de cada um vê-se multiplicado e valorizado no produto final coletivo, como ainda possibilitou o emprego simultâneo de técnicas psicopedagógicas que, dinamizadas pela motivação central do tema festivo, alcançaram resultados mais alentadores no atendimento aos distúrbios da psicomotricidade apresentados por algumas crianças psicóticas.

Mencionamos a festa mensal como elemento motivador das técnicas auxiliares empregadas em ambientoterapia. Descreveremos a seguir uma situação em que essa atividade recreativa atuou diretamente como elemento terapêutico:

Odete, aos quinze anos, baixa por uma reação catatônica. Já está há alguns dias na clínica e persiste em sua incomunicabilidade com o ambiente e rigidez postural. É Carnaval e há lugar na comunidade hospitalar para os festejos alusivos à data. Odete, nos primeiros instantes, mostra-se esquiva e à margem do grupo de foliões que pulava no centro da sala, mas aos poucos a alegria reinante a foi contagiando e, segundo expressão por ela mesma usada mais tarde para caracterizar o que houve, "desembuchou". Ao final da festa ninguém reconheceria Odete, a paciente até horas atrás em franca catatonia. E não só se manteve assintomática nos dias subsequentes como, pelo bom relacionamento mantido com o grupo a partir de então (em que sobressaíam suas atitudes mediadoras nos desentendimentos entre outros pacientes) foi guindada semanas após à presidência do "clube".

Telma, menina de treze anos, está internada por apresentar um processo esquizofrênico no qual predomina a sintomatologia paranoide. ela não permite que a toquem, pois teme que a destruam. Qualquer contato físico que mantenha com as demais pacientes ou atendentes desencadeia ideias delirantes de que a estão rasgando ou deformando. Às sextas-feiras, as pacientes de seu grupo entretêm uma atividade tipo "salão de beleza", em que são penteadas, "maquiadas" e "manicuradas" pela atendente com o auxílio umas das outras. Telma, inicialmente, fica à margem do grupo, limitando-se a ler alguma revista na "sala de espera". Com o decorrer das semanas, ela passa a manifestar crescente interesse na atividade em questão: movida pela curiosidade, vem observar de perto o trabalho das companheiras e, por fim, aceita ser atendida por uma das improvisadas "manicures". Pode, assim, graças a um fator ambientoterápico, deixar-se tocar e superar, ainda que transitoriamente, a situação delirante que a segregava do grupo.

Danilo, menino esquizoide de onze anos, com várias manifestações regressivas e conduta antissocial, vinha apresentando escassas melhoras ao cabo de cinco meses de internação. Era um menino particularmente difícil de manejar por sua constante agressividade, manifestada tanto em relação aos atendentes quanto aos demais pacientes. Foi quando se instituiu o cargo de "monitor", paciente designado pelos companheiros para auxiliar o atendente e mesmo substituí-lo em seus eventuais e breves afastamentos do grupo. Danilo foi indicado para o cargo. Torna-se compreensível que a escolha foi determinada não só por uma atitude submissa dos demais frente ao "líder agressivo", como pelo sentimento grupal de que se outro fosse designado não teria condições para se impor a Danilo no exercício de suas funções. Para a satisfação de todos, o paciente imbuiu-se de tal forma das responsabilidades e atribuições do cargo (entre os quais se sobressaía a de pautar uma conduta-padrão para o grupo) que, ao cabo de algum tempo, seu zelo excedeu os limites da designação funcional e passou a caracterizar o comportamento de Danilo não só na clínica como em casa. Seus pais, surpresos, indagavam a que atribuir uma tão radical melhora no relacionamento do filho com os irmãos, achando-o em condições de alta.

Cabe ainda mencionar aquele que potencialmente seria o quarto agente terapêutico numa comunidade hospitalar infanto-juvenil: *o familiar do paciente*. Se o omitimos em nossa exposição foi por não contarmos na época com experiência pessoal no trabalho com familiares integrados na estrutura hospitalar.

Da complexidade decorrente da inclusão desse quarto elemento no "arsenal" terapêutico comunitário, bem o dizem as até agora escassas referências bibliográficas encontradas sobre o assunto e que atestam quão poucas são, ainda, as instituições capazes de absorver o familiar em suas respectivas equipes terapêuticas. Não obstante, cremos que a participação dos familiares na comunidade hospitalar deverá estar forçosamente entre os objetivos a alcançar por toda aquela instituição que fundamentou seu atendimento nas técnicas ambientoterápicas, mormente destinada a pacientes infanto-juvenis.

Manifestações de Ansiedade e seu Manejo em uma Comunidade Infanto-juvenil

Blaya, reportando-se às observações de *Freud* sobre as três profissões "impossíveis", observa que o psiquiatra desempenha todas e simultaneamente dentro de uma comunidade terapêutica: trata pacientes e familiares, ensina e treina o pessoal da equipe técnica e administra a estrutura funcionante do hospital.

Uma comunidade terapêutica pode ser considerada um verdadeiro "caldeirão" dinâmico, onde podemos encontrar, ainda que heterogênea e anarquicamente combinados, todos os elementos necessários para o estudo da ansiedade em suas mais diversas formas de exteriorização. E se essa comunidade for destinada ao atendimento de crianças e adolescentes, maior certamente será a riqueza de situações ansiogênicas evidenciáveis.

Atendendo a razões de ordem didático-expositiva, dividiremos as manifestações de ansiedade e seu correspondente manejo na comunidade terapêutica como segue:

1. Ao nível dos pacientes.
2. Ao nível dos familiares.
3. Ao nível da equipe técnica.

Ansiedade ao Nível dos Pacientes

A angústia da separação reativada pela internação hospitalar será examinada no exemplo descrito a seguir:

Pompeu, menino de oito anos, foi internado com um quadro fóbico. Desenvolveu uma intensa reação de ansiedade no momento em que foi separado da mãe. Médicos e atendentes fracassaram em suas repetidas tentativas de tranquilizar o paciente pelo manejo usualmente empregado em situações dessa natureza. Trouxemos, então, à sua presença Aírton, garoto de nove anos, internado por um quadro psicótico em que predominavam elementos maníacos e paranoides e evidenciava, por ocasião de sua internação, manifestações de angústia de separação semelhantes à de Pompeu. Aírton narra a Pompeu como se sentira aflito ao ingressar na clínica e como auxiliado pela atendente e pelos demais componentes de seu grupo foi se tranquilizando e sendo paulatinamente integrado à comunidade. Ele lembra a Pompeu de que "no início todos sentem-se assim porque a gente pensa que a mãe vai nos deixar aqui e vão nos tratar mal, mas depois a gente se acostuma e o difícil é querer ir embora". Pompeu vai, aos poucos, acalmando-se e ouve com atenção as explicações de Aírton sobre as atividades do grupo em que deverá ingressar e do qual esse faz parte. Aírton o convida a conhecer a casa e, tomando-o pela mão, leva-o até onde estão os demais componentes do grupo, aos quais é apresentado. Em poucos instantes, Pompeu está integrado ao grupo e a reação de ansiedade é esbatida por inteiro.

Em outra ocasião, é o próprio Pompeu quem assessora um novo companheiro, em situação idêntica, a aceitar a internação e a minimizar as ansiedades ligadas à vivência de separação dos familiares (particularmente da mãe), desencadeando assim uma verdadeira reação terapêutica em cadeia

Observou-se, ainda, que não só Pompeu mitigou sua ansiedade com a intervenção de Aírton, como também esse evidenciou posteriormente haver se beneficiado com a oportunidade que lhe fora dada de mobilizar suas pulsões amorosas e pô-las em ação pelos componentes sadios de sua personalidade.

Cremos que a circunstância de Aírton ter experimentado anteriormente uma reação de ansiedade de conteúdo psicogênico semelhante à apresentada por Pompeu foi fator decisivo para o êxito de sua ação como "ego auxiliar" do companheiro. O processo empático, por identificação projetiva, desenvolvido pela comunicação inconsciente então estabelecida entre ambos, criou condições para que Airton fosse mais bem-sucedido do que aqueles sobre os quais tradicionalmente recai a iniciativa terapêutica.

A confrontação sistemática dos resultados obtidos pelos membros da equipe técnica e por outros pacientes adequadamente selecionados para o manejo de situações como a descrita tem sido, em nossa experiência, francamente favorável aos últimos, de tal sorte que o uso dos próprios pacientes, como "egos auxiliares" de seus companheiros, tornou-se rotina em nossa comunidade.

Ansiedade ao Nível dos Familiares

Uma das ansiedades mais frequentes nos pais com relação à hospitalização do filho é o seu temor ao "contágio", ou seja, a ideia de que o convívio com outras crianças mentalmente doentes vá exacerbar os transtornos psíquicos do filho, além de possibilitar-lhe a aprendizagem de "maus hábitos".

Exemplifiquemos com a situação seguinte:

André, menino de sete anos, é hospitalizado por apresentar graves transtornos de conduta em casa que impossibilitam sua convivência com os familiares. Em sua história, ao lado de outros sintomas, encontramos referência à pornolalia e ao hábito de masturbar-se roçando as pernas no corpo da mãe, quando deitado ao seu lado. Essa conduta era de certa forma propiciada pela mãe, que consentia que o menino viesse para o seu leito à noite e lá permanecesse até adormecer.

Após algum tempo de internação, a mãe compareceu à entrevista com a psiquiatra responsável pelo caso extremamente angustiada, relatando que o menino, durante o final de semana que passou em casa, encostou-se nela e a convidou com palavras obscenas para manter relações sexuais. Ao ser inquirido pela mãe, respondeu que na comunidade os meninos entretinham tal tipo de "brincadeiras". A mãe mostrou-se particularmente indignada com a expressão usada pelo menino para se referir ao coito.

A psiquiatra contou para a mãe que esse tipo de "brincadeira" não só era comum como inevitável na infância e que, se isso acontecia na comunidade, também ocorria nas escolas e mesmo nos lares, como ela própria comprovou. A diferença residia no fato de crianças normais habitualmente não contarem tais brincadeiras aos familiares, nem costumarem empregar na sua presença os termos que muitas vezes usam entre os companheiros para identificar esses jogos sexuais, enquanto um menino com transtornos de conduta, como os apresentados por André, procedia assim no intuito de assustar e agredir os familiares, como fazia quando destruía objetos, negava-se a vestir-se e a tomar banho ou tentava bater na mãe.

Ato contínuo a esse comentário, a mãe mostrou-se aliviada da tensão que evidenciou no início da entrevista, passando a abordar os aspectos que considerava positivos no final de semana do filho.

A atitude tranquila com que a terapeuta em questão tomou conhecimento das ocorrências relatadas pela mãe, não tentando refutá-las (como talvez ela o esperasse), nem encampando a ansiedade com que foram transmitidas, a confrontação com o que se passa entre as crianças tidas como normais e a colocação do fato no contexto das manifestações agressivas habituais do paciente foram os elementos preponderantes de ação ansiolítica do manejo citado.

Ansiedade ao Nível da Equipe Técnica

Para ilustrar este item, tomaremos um fato que, por sua significação transcendental para toda a instituição, mobilizou grande ansiedade em todos e, particularmente, na equipe técnica.

Recentemente, uma propriedade na zona suburbana foi adquirida, para onde seria transferida a Comunidade Terapêutica, que até então funcionava em acanhadas e precárias dependências próximas ao centro da cidade.

Tais circunstâncias exigiram uma reestruturação geral de todo o esquema, não só administrativo como clínico, da instituição e, consequentemente, trouxe uma apreensão coletiva: por parte dos médicos dirigentes da instituição havia preocupações com a viabilidade do empreendimento financeiro; os atendentes mostravam-se receosos com os inconvenientes funcionais que lhes adviriam com as mudanças para um local distante e todos antecipavam as dificuldades adaptativas que certamente se apresentariam nas primeiras semanas nas novas instalações. Houve uma preocupação que eu diria "obsessiva" por parte do psiquiatra responsável pelas supervisões aos atendentes em prepará-los para o esperado aumento do nível de ansiedade face à nova ordem das coisas.

Com toda essa preparação, as manifestações de ansiedade então ocorridas após o translado para a nova sede não se constituíram em sucessos imprevistos e foram razoavelmente absorvidas e manejadas dentro da equipe. Mesmo aquelas situações insólitas e paradoxais, tais como o envolvimento do pessoal administrativo com ocorrências clínicas (o que foi entendido como uma defesa contra as ansiedades mobilizadas pela sobrecarga de problemas administrativos durante e após a mudança), quando o que habitualmente acontecia era o inverso, ou seja, os atendentes imiscuírem-se na área administrativa para escaparem das tensões decorrentes de seu trabalho com os pacientes.

Em menor prazo que o previsto processou-se o esbatimento daquele coeficiente de ansiedade que considerávamos de "exceção", e não foi só isso que ocorreu. Como pôde ser observado, os níveis de ansiedade agora vigentes entre os membros da equipe técnica e entre os próprios pacientes eram menores do que os existentes no período pré-mudança. Concomitantemente, percebia-se um movimento regressivo geral na comunidade, traduzido no afrouxamento do emprego das técnicas ambientoterápicas e da tendência a resvalar para a inércia e alienação dos hospitais psiquiátricos tradicionais.

Constatou-se, assim, que o decréscimo dos índices de ansiedade comumente vigentes na comunidade passou a ser algo indesejável do ponto de vista da eficiência terapêutica da equipe técnica e do ambiente hospitalar.

Na medida em que todos foram se conscientizando do que estava sucedendo, criou-se um clima geral de insatisfação, censuras e auto recriminações, determinando novamente o aumento do nível de ansiedade coletivo, que despertou em cada um de nós e no grupo todo o desejo de partir para a recuperação do que considerávamos "os valores essenciais de nossa Comunidade Terapêutica". E os resultados positivos dessa atitude recompensou a todos posteriormente.

À raiz desses acontecimentos, concluímos que, assim como os impulsos agressivos podem e devem estar a serviço do instinto da vida, a ansiedade desempenha importantes funções como móvel da evolução não só dos indivíduos, mas de suas instituições.

Indicações e Resultados Obtidos

Sendo a ambientoterapia, como a conceituamos inicialmente, "a matriz operacional em que se inserem outros métodos terapêuticos", não podemos, consequentemente, formular indicações ou avaliar seus resultados com o mesmo critério e objetividade com que estudamos a ação de um psicofármaco ou determinada técnica psicoterápica empregada isoladamente. Soma-se a essa dificuldade a inexistência de uma terminologia diagnóstica padronizada em psiquiatria infanto-juvenil. Não obstante, sem preocupações de fidelidade a classificações nosológicas vigentes ou à precisão estatística, relacionaremos, a seguir, alguns quadros psicopatológicos e a experiência no seu atendimento com a técnica ambientoterápica.

Psicoses

Segundo *Bettelheim*, a ambientoterapia constitui a terapêutica de eleição nas psicoses infanto-juvenis. E não há dúvida de que esse método terapêutico trouxe novas e promissoras perspectivas ao atendimento de crianças e adolescentes psicóticos, permitindo-nos abandonar definitivamente os sempre cruéis e potencialmente perigosos processos ditos biológicos, como o eletrochoque e a insulinoterapia.

Coincidindo com a experiência de instituições similares em outros países, a ambientoterapia em nosso meio tem mostrado melhores resultados em situações psicóticas caracteristicamente reativas, ou seja, naquelas em que se evidenciam uma definida participação da constelação sociofamiliar do paciente na determinação de seu quadro psicopatológico.

Não obstante, tem-se obtido resultados favoráveis no esbatimento da sintomatologia aguda de alguns pacientes com manifestações psicóticas de tipo processual, de modo a permitir-lhes a reintegração, ainda que provisória, no meio familiar de onde provêm.

Para uma visualização mais objetiva dos resultados obtidos com a ambientoterapia no atendimento às psicoses infanto-juvenis, vejamos o seguinte quadro estatístico:

Pacientes com Manifestações Psicóticas	Sem Melhoras Significativa	Com Esbatimento Parcial dos Sintomas Determinantes da Internação	Assintomáticos	Assinto máticos com Compro metimento da Personalidade	Totais
(1) secundárias ou associadas a processos orgânicos	3	23	9	2	37
(2) psicogênicas tipo + "reativas"	-	4	30	-	34
(3) psicagênicas tipo++ "processuais"	-	9	-	15	24
TOTAIS	3	36	39	17	95

+ Aqui se incluíram aquelas reações ou surtos psicóticos sem indícios de "comprometimento da personalidade" e/ou com fatores desencadeantes ambientais razoavelmente delimitados.

+ + Compreenderiam as manifestações psicóticas agudas e subagudas ou crônicas com história de surtos anteriores, sem vigência de fatores desencadeantes definidos e/ou que, por sua evolução ulterior, evidenciaram alterações significativas da personalidade comparativamente com o estado pré-mórbido.

Neuroses

Os quadros neuróticos agudos, de características reativas, respondem satisfatoriamente à ambientoterapia. Essa constitui, por vezes, a indicação de escolha, pois, apesar da possibilidade de abordagem psicoterápica do paciente em consultório, a dramaticidade da sintomatologia apresentada e o nível de ansiedade que mobiliza no ambiente familiar tornam inviáveis as tentativas terapêuticas extra-hospitalares.

Muitas vezes, um curto período de internação possibilita o início exitoso de um tratamento psicoterápico ou psicanalítico que fracassou anteriormente pelas razões já apontadas.

Já nas neuroses ditas "estruturais", nossa experiência é bem menos alentadora. Alguns severos quadros obsessivo-compulsivos, após longo prazo de internação, mostraram melhoras apenas discretas. Situações fóbicas intensas, cujo rápido esbatimento sintomático após a internação prometia uma evolução satisfatória, recidivaram pouco tempo após a alta hospitalar, necessitando de reinternações.

Transtornos de Conduta de Tipo Psicopático

Assim como as demais técnicas psicoterápicas, pouco sucesso obtém-se com a ambientoterapia no tratamento dos transtornos psicopáticos. Ainda que a partir dos trabalhos de *Aicchorn* com jovens delinquentes tenham dado crescente crédito às experiências comunitárias no atendimento desse grupo de pacientes, parecem-nos escassas as possibilidades de êxito.

A internação de tais pacientes estaria indicada, contudo, pela possibilidade de romper, ainda que transitoriamente, o ciclo de atuações progressivamente mais antissociais e autodestrutivas e, com isso, obter "a longo prazo" uma readaptação menos precária no ambiente sociofamiliar do qual são provenientes. Portanto, são internações necessariamente longas e frequentemente interrompidas pela impossibilidade de manejar no contexto comunitário certas atuações, tais como fugas e roubos compulsivos.

Contudo, naqueles casos em que a situação psicopática representa apenas a exacerbação da conduta antissocial apresentada em certas "crises adolescentes", o prognóstico é bem melhor com o tratamento ambientoterápico, mesmo quando há referência a fracassos anteriores com outra forma de atendimento psicoterápico.

Transtornos Evolutivos

Aqui estão incluídas todas aquelas manifestações que constituem a psicopatologia peculiar à criança, ou seja, os transtornos relacionados aos vários momentos evolutivos desse grupo etário. São os pacientes portadores de transtornos alimentares, distúrbios do sono, controle esfincteriano, psicomotricidade, sexualidade, sociabilidade, etc., os quais, pela intensidade da sintomatologia apresentada e/ou impossibilidade de se beneficiarem com o atendimento de tipo ambulatorial, recorrem à comunidade terapêutica.

Habitualmente, tais pacientes não ficam em regime de internação integral e enfatiza-se, em especial nesses casos, a orientação aos pais. É possível que os bons resultados obtidos com tais pacientes possam antes ser creditados ao adequado manejo com os pais do que ao tratamento institucional da criança.

Não obstante, houve casos em que o clima ambientoterápico mostrou inegavelmente ser capaz de mobilizar novos padrões adaptativos que permitissem o esbatimento da sintomatologia apresentada e o prosseguimento do processo evolutivo em condições mais satisfatórias.

Nesse grupo, os melhores resultados terapêuticos foram alcançados com pacientes que apresentavam problemas predominantemente na área de sociabilidade e comprometimento secundário do rendimento escolar. Muitos desses casos evidenciavam distúrbios da psicomotricidade e, com a instituição de um adequado atendimento pedagógico simultâneo, mostraram um rendimento terapêutico maior do que vinham obtendo apenas com a ambientoterapia, que, por sua vez, já comprovara seu êxito terapêutico em tais distúrbios pelas solicitações mais adequadas e menos carregadas de ansiedade por parte do ambiente comunitário.

Por outro lado, portadores de outros transtornos evolutivos que vinham sendo tratados ambulatoriamente (orientação aos pais, terapêutica medicamentosa, psicoterapia), com escassas melhoras, e que posteriormente foram internados, também mostraram remissão sintomática com os recursos ambientoterápicos. Na imensa maioria desses casos, os fatores sócio-familiares contribuíam significativamente na manutenção da sintomatologia vigente.

Transtornos Psicossomáticos

Nossa experiência em atendimento de paciente com manifestações psicossomáticas em regime institucional não é significativa, pois a hospitalização constitui uma indicação de exceção em tais casos.

Embora sem qualquer significação estatística mencionaríamos, por seu caráter ilustrativo, o caso de um menino asmático que foi internado pelos transtornos de conduta que apresentava. Não obstante os familiares se referissem a crises asmáticas intensas por ocasião dos fins de semana em que o paciente ia para casa, não eram observadas manifestações asmatiformes, mesmo discretas, durante o período em que ele permanecia na comunidade terapêutica. Certa feita, após um desses fins de semana, ele retornou à clínica em severa crise asmática. Atendido pelo pediatra da equipe, já que a mãe receava deixá-lo em tal estado, esse recomendou sua permanência na instituição. Minutos após o acontecido, o menino integrou-se às atividades comunitárias de seu grupo com a crise inteiramente esbatida. Por ocasião de sua alta, apresentava acentuadas melhoras de seus transtornos de conduta e, no *follow up,* não houve referências a recidivas de crises asmáticas.

Evidentemente, não se poderá concluir dessa observação isolada que a ambientoterapia constitua indicação para o atendimento de pacientes com tais transtornos, mas não há dúvidas de que, no caso citado, o elemento psicoterápico proveniente do ambiente hospitalar contribuiu expressivamente para a remissão da sintomatologia psicossomática.

Deficiências Mentais

As limitações decorrentes do empobrecimento do ego e consequente bloqueio da vida afetiva e do relacionamento social dos deficientes mentais torna-os praticamente inabordáveis com os recursos ambientoterápicos. Não obstante, temos obtido alguns resultados no atendimento de quadros neuróticos, psicóticos e perturbações de conduta associadas a deficiências mentais não muito pronunciadas, cujos comprometimentos intelectual e motor não são de tal monta que impeçam o funcionamento do paciente em níveis compatíveis com as exigências e solicitações comunitárias.

Epilepsias

A exemplo do que ocorre com os síndromes deficitários, é relativamente frequente a associação de transtornos de conduta e sintomas neuróticos ou psicóticos em pacientes epiléticos, o que constitui naturalmente indicação para tratamento psicoterápico associado à terapêutica anticonvulsionante. Como tais pacientes, pelo comprometimento de seu ego corporal e correspondente instabilidade psicomotora, bem como pela habitual intensidade de suas manifestações agressivas, dificilmente apresentam condições para atendimento psicoterápico em consultório, assim a ambientoterapia passa a se constituir no recurso de natureza psicoterápica capaz de assessorar o neurologista no manejo daquelas manifestações clínicas não controláveis apenas com terapêutica medicamentosa.

Em nossa experiência, corroborando os resultados obtidos em tratamentos psicoterápicos e psicanalíticos de crianças e adolescentes epiléticos, não só constatou-se melhoria dos aspectos emocionais desses pacientes como, em alguns casos, pode-se reduzir sem contratempos doses de medicação anticonvulsiva que, por ocasião da internação hospitalar, não vinham sendo capazes de controlar as crises convulsivas então apresentadas.

Considerações finais

Partindo do conhecimento de que a evolução psíquica do indivíduo se faz basicamente por meio de suas relações com o mundo exterior, e que é justamente pelas vicissitudes ao longo desse processo de relacionamento que se estabelecem as condições propiciatórias para o aparecimento dos diversos quadros psicopatológicos mencionados, a ambientoterapia visa oferecer à criança e ao adolescente mentalmente comprometidos novas e mais adequadas possibilidades de relações, as quais permitam auxiliar introjetivamente o restabelecimento do equilíbrio intrapsíquico perturbado.

A ambientoterapia, evidentemente, não é um método reconstrutivo como é a abordagem psicanalítica, nem tampouco coloca-se entre as psicoterapias ditas de apoio ou reforço do ego. Diríamos que ela se situa a meio caminho entre os processos reconstrutivos do método psicanalítico e os reparativos de outras modalidades psicoterápicas.

Se, por um lado, pelo estabelecimento de um ambiente que possibilita absorver as manifestações doentias dos pacientes e, simultaneamente, reforçar suas defesas egóicas mais adaptadas, a comunidade terapêutica acerca-se das técnicas reparativas, de outra parte, por ensejar ao paciente a oportunidade de reviver seus conflitos primitivos em um clima de tolerância e relativa neutralidade e, por sua conotação reeducativa, o método ambientoterápico aproxima-se do processo psicanalítico.

Como vimos, o ambiente hospitalar é estruturado de modo a constituir uma matriz sociofamiliar semelhante em suas características morfológicas ao ambiente de onde provém o paciente, mas dele diferindo em seus aspectos funcionais.

A comunidade terapêutica objetivaria criar um clima de tolerância e absorção das manifestações regressivas da criança e do adolescente mentalmente perturbados, ensejando-lhes mais adaptadas satisfações de suas necessidades instintivas básicas e permitindo-lhe utilizar os núcleos íntegros ou sadios de sua personalidade na busca a novos padrões transacionais com o mundo externo.

Não é só com a organização hospitalar que contamos, mas com o próprio potencial de recuperação dos pacientes. A abordagem ambientoterápica obterá melhores resultados na medida em que souber ampliar a comunicação entre os dois agentes do seu processo terapêutico: *paciente e equipe hospitalar.* Quanto mais se confundirem os objetivos e os meios interativos de ambos, mais "curativo" será o ambiente.

Se é verdade que a introdução dos medicamentos psicotrópicos facilitou sobremaneira o acesso aos doentes mentais, constituindo-se em auxiliar valioso ao emprego da abordagem comunitária, não é menos verdadeiro que, sem a contribuição da Psicanálise à compreensão da evolução psíquica da criança (tanto em seus aspetos normais quanto patológicos), careceríamos dos fundamentos essenciais para o estabelecimento de um ambiente terapêutico em seu mais amplo sentido.

Assim, a ambientoterapia, assessorada pela farmacologia e nutrida pelos conhecimentos psicanalíticos, veio se constituir no elo entre métodos terapêuticos de natureza tão diversa, suprindo as limitações de um e ampliando as possibilidades de outro.

No que diz respeito ao atendimento institucional às crianças e aos adolescentes psicóticos, podemos afirmar que a ambientoterapia associada ao adequado emprego dos psicofármacos veio praticamente pôr em desuso os chamados métodos biológicos, tais como o eletrochoque e a insulinoterapia, cujos inconvenientes são de todos conhecidos.

Uma palavra final caberia ao que denominaríamos "aspetos prospectivos" de nossa experiência com a ambientoterapia.

Quando nos propusemos a tratar pacientes cujo funcionamento social encontra-se limitado não só pelos transtornos psicopatológicos que apresentam, como pelo fato de se encontrarem em pleno período de amadurecimento psíquico, tínhamos a convicção de que seria um trabalho árduo e, possivelmente, pouco gratificante. Havia a certeza de que, ao menos, não poderíamos esperar resultados equiparáveis aos obtidos com pacientes adultos. No entanto, logo nos vimos compelidos a retificar o prognóstico inicial quanto à viabilidade e ao sucesso terapêutico da experiência, surpreendidos a cada nova vivência comunitária por insuspeitados potenciais de comunicação afetiva e relacionamento social, evidenciados por nossos pacientes.

Isso conferiu urna renovada e contagiante nota de otimismo ao nosso labor clínico, que se traduziu na expectativa e no entusiasmo com que dali em diante fomos descortinando o alcance das contribuições que a ambientoterapia na infância e adolescência poderá trazer à Pedagogia, Sociologia e a outros ramos afins à Psicologia médica.

Parece-nos agora perfeitamente válido o comentário de *Rodrigué* em sua *Biografia de uma comunidade terapêutica,* quando diz "ser possível que o estudo da comunidade terapêutica transcenda o campo da Psiquiatria e nos permita compreender melhor a dinâmica da nossa sociedade", ao que nos permitiríamos acrescentar:

> "Assim como a experiência em comunidades terapêuticas infanto-juvenis possibilitará, talvez, uma melhor compreensão e um mais adequado manejo das necessidades e possibilidades afetivas dos indivíduos em sua evolução psíquica e, consequentemente, poderá propiciar a estruturação de uma sociedade mentalmente mais sadia e, como corolário, mais feliz".

Referências

AICHHORN, A. (1935). *Wayward youth.* New York: The Viking Press.

BETTELHEIM, B., & SILVESTER, E. (1948). A Therapeutic Milieu. Am. *Journ. of Orthopsy,* XVIII.

BLAYA, M. (1963). Ambientoterapia: comunidade terapêutica. *Arq. de Neuropsiq.,* v. XXI, nº 1.

CÉLIA, S. (1970). The club as an integrative factor in a therapeutic communitiy for children. *Jounz. of Orthopsy.,* XL (1).

CERQUEIRA, L. (1964). Pela reabilitação em psiquiatria: da praxiterapia à comunidade terapêutica. *Jorn. Bras. de Psiquiatria,* XIII.

DAVIDS, A., RYAN, R., & SALVATORE, P. (1968). Effectiveness of residential treatment for psychotic and other disturbed children. Am. *Journ. of Orthopsy.,* XXXVIII.

FICHTNER, N., OSORIO, L. C., SHANSIS, M. CELIA, S. (1967). Nota prévia sobre a organização e funcionamento de uma instituição psiquiátrica infantil. *Rev. da Amrigs,* vol. XI.

GRÜNSPUN, H. (1961). *Distúrbios psiquiátricos da criança.* São Paulo: Procienx.

JONES, M. (1953). *The therapeutic community.* New York: Basic Books.

KANNER, L. (1966). *Childpsychiatry* (3th ed.). Springfield: Charles C. Thomas.

LAPOLLI, M. E. (1969). *Atendimento em grupo a adolescentes hospitalizados.* Pediatria Prática, XL (6).

OSORIO, L. C. (1969). Ambientoterapia nas psicoses infantis. *Rev. da Amrigs,* XIII, nº 2.

___________ (1970). Milieu therapy for child psychosis. Am. *Journ. of Orthopsy.,* vol. XL, nº 1.

___________(1970). Agentes terapêuticos em uma comunidade terapêutica infantil. Pediatria Prática, XL (6).

___________ (1970). Therapeutic agents in a inpatient community for children. *Acta Paedopsychiatrica,* XXXVII (2/3).

___________ (1970). Comunidade terapêutica Infanto-Juvenil: avaliação de uma experiência". *Jorn. Bras. de Psiquiatria,* XIX (3/4).

____________. Psychiatric Inpatient Treatment of Children. Report of The Conference on Inpatient Psychiatric Treatment for Children. Organized by the *American Psychiatric Association and the American Academy of Child Psychiatry*, Washington, D. C., 1956.

RODRIGUÉ, E. (1965). *Biografía de una comunidad terapéutica*. Buenos Aires: Eudeba.

WOODBURY, M. (1967). Object relations in the psychiatric hospital. *Journ. of Psychoan.*,vol. XLVIII.

PARTE III

Práticas Grupais: Com Objetivos Educacionais

CAPÍTULO 12

Supervisão (Intervisão) em Grupoterapias

O ensino sob a forma de trabalho supervisionado é talvez a mais antiga maneira de transmissão de conhecimentos. Embora, com um pouco de imaginação, seja possível situar seu surgimento no estágio tribal do processo civilizatório, no qual os mais velhos "supervisionavam" os mais jovens na aprendizagem de formas rudimentares de sobrevivência por meio da caça, da pesca e da obtenção de elementos nutritivos do reino vegetal, foi na Idade Média que a supervisão institucionalizou-se pela dinâmica peculiar à relação do mestre de ofício e seus aprendizes.

No campo das ciências psicológicas foi a Psicanálise que introduziu em sua práxis formativa a supervisão como um dos pilares do treinamento de novos psicanalistas.

Após assinalar a ausência significativa de uma definição sobre o termo supervisão na literatura, *Kusnetzoff* define-a como "um sistema de auditoria-assessoria, no qual um estudante adquire as habilidades e os conhecimentos necessários para um desempenho adequado na tarefa psicoterápica".

Tendo a supervisão da prática psicoterápica se originado, conforme foi assinalado, no modelo de treinamento psicanalítico, não seria de estranhar que ela se apoiasse na relação dual supervisor-supervisionado e privilegiasse o relato verbal das sessões. No entanto, em se tratando de grupos – como se verá adiante – tal modelo obsolesceu e se tornou insuficiente para a desejável transmissão de conhecimentos.

Como as distintas técnicas de supervisão atualmente empregadas em grupoterapia estão estreitamente vinculadas às suas modalidades, elas serão apresentadas no contexto de cada uma dessas modalidades.

Modalidades de Abordagem Grupal: suas Peculiaridades e Correspondentes Técnicas de Supervisão

É tarefa extremamente complexa tentar qualquer forma de sistematização das distintas modalidades de abordagem grupal: ora é possível referi-las às linhas teóricas que lhes dão sustentação (Psicanálise, Psicodrama, Teoria dos sistemas, Teoria do campo grupal, Teoria da comunicação humana), ora ao tipo de pacientes em questão (pacientes psicossomáticos, pacientes terminais, drogaditos, psicóticos), ao contexto grupal (casais, famílias, instituições), às dimensões do grupo (micro ou macrogrupos), aos objetivos a que se destinam (ensino, terapia, realização de tarefas institucionais), e assim por diante. Como pode se ver, nada fácil. Optou-se, então, por referir apenas àquelas modalidades grupais em cujo contexto se desenvolveram os modelos ou as técnicas de supervisão prevalentes nos dias atuais no campo das grupoterapias em geral.

Grupoterapia Analítica

A grupoterapia analítica é também referida, segundo vimos, como Grupanálise, Psicoterapia Analítica de grupo, Psicanálise de grupo ou Psicoterapia grupal de orientação analítica.

Se nos ocupamos dela inicialmente é porque cronologicamente a Psicanálise foi o primeiro marco referencial teórico para o estudo e a compreensão dos agrupamentos humanos, com o objetivo de instrumentar seu atendimento. Embora, a rigor, o psicodrama a tenha antecedido como método de abordagem grupal, não a precedeu como estrutura teórica a partir da qual se pudesse entender os mecanismos e pressupor uma ação psicoterápica sobre os indivíduos que compõem um grupo.

A grupoterapia analítica, introduzida em nosso meio em meados da década de 50, experimentou rápida expansão em toda a América Latina, a partir de seu polo irradiador em Buenos Aires, tendo, no entanto, apresentado um acentuado declínio nos anos 70. Para alguns, isso ocorreu pela deserção dos pioneiros em função das pressões da instituição psicanalítica contra a Psicoterapia coletiva, sob a alegação de que a Psicanálise só é possível em uma relação dual; para outros, em decorrência dos sistemas políticos autocráticos vigentes no continente sul-americano nas décadas de 60-70, todos eles obviamente antagonizando quaisquer modalidades de práticas grupais, por supô-las fermento de atividades subversivas; e, em nosso entender, conforme já expressado, pelas dificuldades da extrapolação para a situação grupal de um modelo de atendimento originalmente criado para a situação individual.

Só mais recentemente a grupoterapia analítica voltou a representar uma alternativa psicoterápica valorizada no contexto global das grupoterapias em geral, mas já agora experimentando um gradual afastamento dos delineamentos técnicos originais, muito comprometidos, como assinalamos, com a mera extrapolação dos eventos inerentes à relação dual do processo analítico para a situação grupal. Atualmente, a grupoterapia analítica vem incorporando à sua prática e se deixando fecundar, em sua sustentação teórica, por elementos oriundos de outras vertentes, tais como a dinâmica de grupo, a teoria dos grupos operativos, a teoria da comunicação humana, a teoria sistêmica, o psicodrama e outras mais. Isso, ao que tudo indica, deverá afetar singularmente a práxis das novas gerações de grupoterapeutas de linhagem psicanalítica e, consequentemente, a prática da supervisão, já não mais agora apenas calcada no clássico modelo do relato verbal das sessões, mas enriquecendo-se com a utilização do *role-playing* (contribuição das técnicas psicodramáticas), do emprego do espelho unidirecional e do vídeo (de uso corrente nas supervisões das terapias familiares sistêmicas) e da utilização do próprio grupo em supervisão como matriz do aprendizado (como nos grupos de reflexão sobre a tarefa, oriundos da prática com grupos operativos).

Como a imensa maioria, para não dizer a totalidade, dos que praticavam a grupoterapia analítica em nosso meio possuía treinamento prévio em Psicanálise ou Psicoterapia analítica de grupo, sua práxis clínica era supervisionada segundo os cânones da supervisão psicanalítica, na qual o supervisionado traz o relato verbal das sessões e o supervisor discute com ele aspectos da compreensão dinâmica do grupo, da técnica empregada, da utilização e adequação das interpretações e do manejo dos sentimentos transferenciais e contra transferenciais. Não existindo entre nós, até recentemente, uma formação sistematizada de psicoterapeutas de grupo, o trabalho assim supervisionado constituía-se na quase exclusiva forma de transmissão de conhecimentos.

Em um estudo estatístico realizado pela Associação Americana de Psicoterapia de Grupo em 1961, 86% dos grupoterapeutas haviam sido previamente treinados com modalidades de atendimento individual.

Entre nós, a primeira geração de grupoterapeutas analiticamente orientados (décadas de 50-60), como aconteceu com os pioneiros, foi de formação basicamente autodidática, embora alguns tenham recebido treinamento não sistematizado em outros centros, conforme Cyro Martins. A segunda geração (décadas de 60-70), ainda que a aquisição de conhecimentos teóricos continuasse em moldes autodidáticos, pôde enriquecer suas vivências grupais, seja como pacientes de grupos analíticos de colegas da geração precedente, seja como seus supervisionandos.

A par disso, a experiência institucional subjacente ao seu treinamento psicoterápico, cada vez mais impregnada pelas técnicas ambientoterápicas, forneceu-lhe subsídios apreciáveis para a familiarização com o atendimento de indivíduos em grupos.

A terceira geração que ora surge (a partir da década de 80), além dos elementos de aprendizagem já mencionados, passa a contar com a possibilidade de sistematizar seus conhecimentos e enriquecer a prática supervisionada com outras modalidades oriundas de distintos referenciais teóricos, conforme já foi assinalado.

Não se tornou entre nós prática corrente, a exemplo do que ocorreu em outros centros, o emprego do observador de grupo como uma modalidade de treinamento. Embora, a rigor, não se possa considerá-lo propriamente uma forma de supervisão do trabalho grupal, pois seria o supervisor, e não o supervisionado, que estaria atendendo o grupo. O aprendizado do atendimento grupal pela prática de observar a forma como o grupo é conduzido por um profissional mais experiente apresenta-se, por assim dizer, como o "negativo" da supervisão tradicional e, portanto, enseja vivências que, *lato sensu*, permitem incluí-lo como uma modalidade de supervisão. Supõe-se que, pelo caráter anômalo de se manter no grupo um membro institucionalizado como periférico e não participante, isso criaria uma distorção da dinâmica grupal que torna bastante discutível o método de aprendizagem em questão. Para alguns, só a inclusão do supervisionando como co-terapeuta, com direito implícito à iniciativa na condução do grupo e sem distingui-lo funcionalmente do supervisor perante o grupo, admitirá manter o *setting* terapêutico que permita fluir naturalmente o processo grupal. A co-terapia, ainda levando em conta no caso a defasagem no nível de experiência dos coordenadores, propiciaria, então, um mais adequado veículo para a aprendizagem supervisionada, por respeitar a estrutura funcional do grupo.

A supervisão em grupoterapia analítica pressupõe – a par das distintas maneiras de conduzi-la – que se inicie já com a seleção e o agrupamento dos pacientes, uma vez que a constituição do grupo é momento crucial para sua futura viabilização como adequado continente psicoterápico. Há quem afiance que em nenhuma outra fase do processo grupal a supervisão tenha papel tão preponderante a desempenhar como nesses instantes prévios ao funcionamento propriamente dito do grupo, o que metaforicamente se expressa neste aforisma de Anthony: "Cada terapeuta tem o grupo que merece". É fundamental, então, selecionar e agrupar convenientemente seus membros, respeitando não só a compatibilidade dos indivíduos que devem compô-lo como as idiossincrasias contratransferenciais do terapeuta.

Para finalizar essas considerações sobre a supervisão em grupoterapia analítica, consigne-se que, em uma visão prospectiva, essa tarefa está cada vez mais impregnada dos modelos de supervisão empregados em outras formas de atendimento grupal. Isso, contudo, não compromete a utilização do referencial analítico para sustentar a compreensão e o manejo dos grupos, mas apenas instrumenta a transmissão de conhecimentos, via utilização de procedimentos cuja eficácia tenha sido comprovada, sobretudo pela desmitificação da figura do supervisor como agente emissor de conhecimentos e detentor do saber institucionalizado para trazê-lo à sua real dimensão de mero catalisador do processo de autoaprendizagem, a partir da experiência clínica a ser desenvolvida pelo supervisionado.

Psicodrama

O psicodrama, como instrumento psicoterápico, desenvolveu-se a partir do "teatro da espontaneidade" e do sociodrama moreniano. Alicerça-se na "teoria dos papéis", ou seja, no conjunto de posições imaginárias assumidas pelo indivíduo desde seus primórdios na relação com os demais.

Para Moreno, a psicoterapia grupal é um método para tratar conscientemente e na fronteira de uma ciência empírica as relações interpessoais e os problemas psíquicos dos indivíduos de um grupo.

O método psicodramático usa a representação dramática (a cena) como centro de sua abordagem dos conflitos humanos. Essa representação une a ação à palavra, privilegiando o contato e a movimentação do corpo ao lado da comunicação verbal. Daí decorre que o método de supervisão utilizado na formação e no treinamento dos que o empregam – *role-playing* – consiste em procedimentos em que o relato real da supervisão analítica é substituído pela experiência revivenciada do processo psicoterápico por meio do "jogo de papéis".

Em que consiste o *role-playing* na Supervisão Psicodramática?

O *role-playing* é um "como se" da sessão psicoterápica, no qual, por exemplo, supervisor e supervisionando, assumindo alternadamente os papéis de terapeuta e paciente, juntos compõe as várias alternativas do processo psicoterápico pelo revivenciar psicodramático de situações ocorridas na(s) sessão(ões) prévia(s) ou ensaiar os passos futuros de sessões vindouras. Assim, não só o *role-playing* serviria para preencher as lacunas compreensivas do material de sessões já ocorridas, como possibilitaria a antecipação imaginária dos eventos possíveis ou prováveis no devir grupal, ensejando ao supervisionando o domínio das ansiedades frente ao novo e desconhecido, que tantas vezes o paralisa em sua função psicoterápica.

Ao dramatizar uma sessão já ocorrida, o *role-playing* permite ao supervisionando revivenciá-la, experimentando distintos ângulos de (auto)-observação do papel que desempenhou, bem como ampliar o enfoque compreensivo do material aportado pelos componentes do grupo, por meio de sua observação especular pela rotatividade de papéis inerente à própria natureza dessa técnica de aprendizado.

Por outro lado, a representação, por meio do "como se" dramático de uma sessão futura oferece-lhe a oportunidade de testar previamente suas atitudes e reações frente a eventuais emergentes grupais, assim como lhe permite o confronto com as suas vicissitudes na tarefa, sem a sobrecarga ansiogênica da realidade factual.

O caráter experimental dessa modalidade de supervisão confere-lhe, analogamente, a função de retro aprendizagem que a pesquisa enseja a toda e qualquer ação terapêutica. É, portanto, um cadinho de nuances e possibilidades da prática da supervisão.

O *role-playing* mostra-se de extremo valor no treinamento prévio, ao início do trabalho psicoterápico com grupos. Em uma analogia diríamos que equivale à realização de condições simuladas de práticas cirúrgicas antes de efetivá-las em determinado paciente.

Grupos Operativos

Os grupos operativos foram introduzidos na práxis grupal pelo psicanalista argentino *Pichon-Rivière*, na sua famosa "experiência Rosário", em 1957. Trata-se sinteticamente da inclusão do vértice psicanalítico na leitura dos processos grupais feita anteriormente por Kurt Lewin, no que este denominou "dinâmica de grupos".

Como assinala *Tubert-Oklander*, grupo operativo não é um termo utilizável para se referir a uma técnica específica de coordenação de grupos, nem a um tipo determinado de grupo em função de seu objetivo, como poderia ser "grupo terapêutico", "grupo de aprendizagem" ou "grupo de discussão", mas refere-se a uma forma de pensar e operar em grupos que se pode aplicar à coordenação de diversos tipos de grupos.

Em nosso meio, institucionalizou-se uma prática equivocada de se contrapor o *grupo operativo* ao *analítico,* como sendo este todo grupo manejado com a técnica instrumental da interpretação dos conteúdos inconscientes, e aquele um grupo que, ainda que empreguemos o referencial analítico para compreender os fenômenos que nele ocorrem, não utiliza *interpretações analíticas* em seu manejo. Essa leitura equivocada dos conceitos de *grupo operativo* e *analítico* deriva-se, ou está a serviço, de uma compartimentalização do *poder terapêutico:* os grupos analíticos seriam, nessa concepção, território de ação exclusiva dos psicanalistas; todos os demais grupos coordenados por não psicanalistas, de acordo com essa visão distorcida, cairiam na vala comum dos grupos operativos. Destarte, só os psicanalistas deteriam o poder de realizar ações psicoterápicas em grupos com o referencial psicanalítico, circunscrevendo-se a ação dos demais à prática nos grupos operativos, entendidos assim como não analíticos.

No entanto, tal concepção é errônea, pois justamente os grupos operativos propõem-se a vincular as noções oriundas da dinâmica dos grupos ao referencial analítico. E, conforme sugere a observação de *Tubert-Oklander* transcrita anteriormente, um grupo analítico é um grupo operativo que se destina a tratar indivíduos em grupo com o referencial psicanalítico. Além dos grupos operativos terapêuticos, existiriam grupos operativos de aprendizagem, de reflexão sobre uma determinada tarefa grupal, de discussão de objetivos institucionais, e assim por diante.

Reenfatizando esse esclarecimento conceitual indispensável, face ao emprego inadequado do termo *grupo operativo,* vejamos qual sua contribuição para a práxis supervisora:

– Ainda *Tubert-Oklander*: "Nos grupos operativos, a tarefa interna exige que os membros realizem uma permanente indagação das operações que se realizam no seio do grupo, em função da relação com a tarefa externa, vista como organizadora do processo grupal".

– Grupos de reflexão: a atitude de "re-fletir(se)" sobre a experiência do próprio grupo, enquanto grupo, é o ponto de partida dos assim chamados grupos de reflexão. Trata-se da contribuição da teoria da técnica dos grupos operativos à aprendizagem supervisionada em grupos. Esses grupos, em que os supervisionandos utilizam a própria experiência de participar como membros de um grupo de ensino-aprendizagem como parte de seu treinamento, derivam-se dos chamados grupos T *(training groups),* introduzidos a partir de 1949 nos laboratórios sociais de dinâmica de grupo inspirados nas ideias de Lewin. Os grupos T, por sua vez, são uma modificação dos grupos BST *(basic skill training groups),* cujo objetivo primordial era desenvolver habilidades específicas nos coordenadores de grupo – passaram a centralizar o aprendizado na indagação do que ocorre aos próprios participantes enquanto membros de um grupo de aprendizagem, revertendo a perspectiva do treinamento, pois já não seria um saber institucionalizado externo ao próprio grupo a fonte de aprendizagem, mas, sim, os próprios fenômenos intragrupais focados a *partir da* e *em direção* à tarefa inerente a tal modalidade grupal: o treinamento em técnicas grupais. Na América Latina, a primeira experiência sistematizada com tal forma de aprendizagem grupal ocorreu em Buenos Aires, a partir dos anos 70, conforme descrito por um de seus mentores, *Alejo Dellarossa.*

Resumidamente, os *grupos de reflexão* oportunizam a aprendizagem das técnicas grupais por intermédio do próprio grupo de aprendizado involucrado na experiência de treinamento, de tal forma que a práxis supervisora inclua as vivências do supervisor com seus supervisionandos, e destes, entre si, como elemento nuclear do processo de aprendizagem.

É mister assinalar que, embora seja objetivo dos grupos de reflexão lidar com a patologia do processo de transmissão-aquisição de conhecimentos, mediante a elaboração das ansiedades inerentes ao processo de aprendizagem e às relações humanas nele involucradas, está interditada, por óbvias razões, qualquer utilização do material emergente nesses grupos para assinalamentos ou interpretações de cunho terapêutico aos supervisionandos.

Os *grupos de reflexão* têm por finalidade precípua desenvolver as habilidades dos participantes de "pensar" o próprio grupo a partir de uma experiência compartilhada de aprendizagem, mantendo-se, contudo, uma cuidadosa discriminação entre a proposta de utilizar os sentimentos emergentes do grupo para compreender os fenômenos grupais (e simultaneamente desenvolver as habilidades de seus componentes) e qualquer outra intenção de índole psicoterápica dirigida a seus membros. Essa intenção, sempre que estiver presente, seja na mente do(s) coordenador(es) como na dos demais participantes, será entendida como uma interferência indesejável, que compromete a eficiência do grupo de reflexão enquanto instrumento de aprendizagem.

Terapia do Grupo Familiar

A terapia do grupo familiar é também designada como: terapia familiar, terapia de família e grupoterapia familiar.

A terapia do grupo familiar experimentou, nas últimas décadas, um grande influxo, a partir de sua fundamentação na teoria sistêmica. Ainda que a família possa e tenha sido anteriormente abordada segundo o referencial de outras correntes teóricas, tais como a psicanalítica e a comportamentalista, em verdade foi a abordagem sistêmica a responsável por sua definitiva incorporação às modernas técnicas psicoterápicas de maior expressão.

Em que consiste essa abordagem sistêmica?

A ruptura epistemológica ocorrida a partir das pesquisas de Bateson e colaboradores, no chamado grupo de Palo Alto, nos Estados Unidos, na década de 50, causou uma mudança substancial no enfoque das doenças mentais, visualizadas a partir de então não mais como uma decorrência dos conflitos intrapsíquicos, mas da interação dos indivíduos no contexto do grupo familiar.

A cibernética, a teoria da comunicação humana e a teoria geral dos sistemas são os três grandes vértices teóricos a partir dos quais se passou a considerar o funcionamento do psiquismo humano em termos interacionais e não mais intrapsíquicos. A metáfora central desse enfoque é o registro da *caixa-preta* dos sistemas eletrônicos, em que o importante a considerar não é o que está no "cérebro" do sistema, mas, sim, seus *inputs* e *outputs,* ou seja, as informações aferentes e eferentes.

Ao considerar a família como um sistema, o doente mental ou paciente identificado passa a ser visualizado como um emergente ou porta-voz da "doença" sistêmica, o que muda o enfoque psicoterápico do *intrapsíquico* para o *interacional,* originando-se aquela que talvez tenha sido a maior revolução na abordagem dos conflitos humanos desde o advento da Psicanálise.

Ao retirar do foco diagnóstico e terapêutico o paciente individual e privilegiar o estudo de seu grupo de origem, a terapia familiar foi responsável, indiscutivelmente, pela revitalização do estudo, da compreensão e da metodologia das abordagens terapêuticas dos grupos em geral e, como não poderia deixar de ser, introduziu novas e revolucionárias técnicas de supervisão.

O uso do espelho unidirecional e do videoteipe, já empregados anteriormente de forma tímida e quase clandestina na supervisão das psicoterapias "clássicas", foi institucionalizado entre nós pela terapia familiar. A par do emprego dos recursos da moderna tecnologia, outras técnicas auxiliares foram sendo inseridas:

- o uso do interfone, permitindo a comunicação direta do supervisor com o supervisionando durante a própria sessão;
- a solicitação da presença do supervisor durante a sessão, como uma espécie de consultor ativo;
- a eventual substituição do terapeuta por seu supervisor na condução de determinada sessão (ficando o supervisionando na sala ou no outro lado do espelho, quando isso ocorrer);
- a ocorrência de uma inversão de papéis, funcionando ocasionalmente o terapeuta como "supervisor" de seu supervisor, e assim por diante.

Todas essas variantes do modelo de supervisão alicerçado na prática da sessão observada ao vivo e/ou gravada em vídeo trouxeram uma mudança fundamental na relação hierárquica supervisor-supervisionando, além de desmitificar a figura do terapeuta, outrora narcisicamente entrincheirado no segredo da prática de seu ofício, prática essa agora ostensivamente revelada pela observação simultânea, podendo os passos do terapeuta, suas inseguranças, titubeios, erros ou acertos, seu estilo, enfim, revelarem-se por inteiro ao supervisor, do outro lado do espelho ou na pantalha televisiva.

Com tais inovações, certas questões éticas foram suscitadas, como a decorrente da necessidade de se apresentar à família o supervisor e de notificá-la da presença dos demais eventuais membros da equipe psicoterápica presentes no outro lado do espelho. O sigilo profissional – que antes, quem sabe, servia mais aos propósitos de proteger o terapeuta de expor seus equívocos, do que aos próprios pacientes de revelar seus conflitos – precisou ser rediscutido nesse novo contexto.

Podemos questionar, aceitando ou não, tais modalidades de supervisão introduzidas pela terapia familiar, mas, indubitavelmente, não podemos mais deixar de reconhecer sua vigência e a contemporaneidade de suas propostas.

É possível imaginar que, ao longo do tempo, o uso do espelho unidirecional e o emprego do videoteipe se generalizarão nas supervisões de todas as formas de psicoterapias, individuais ou grupais, e – heresia das heresias! – na própria prática psicanalítica.

O propósito de aqui apenas apresentar uma visão global das técnicas de supervisão em grupoterapia não permite que se vá além da simples menção dessas modalidades de supervisão, das quais já são íntimos, no seu cotidiano profissional, os terapeutas de famílias e às quais poderão ter acesso os demais, pela consulta à bibliografia especializada.

Uma experiência pessoal na Supervisão de Grupoterapeutas

A formação de grupoterapeutas em nosso meio, inicialmente levada a cabo de forma não sistematizada e de cunho predominantemente autodidático, surgiu entre os psicanalistas locais que também se dedicavam à grupoterapia, seja em instituições, seja em seus consultórios particulares. A supervisão dos mais jovens pelos colegas mais experientes, segundo o modelo clássico do relato verbal das sessões, foi quiçá a pedra-de-toque desses primeiros tempos que remontam à década de 60. Desde então, com o já referido paulatino desinteresse pela prática grupanalítica, a prática supervisionada deslocou-se para outras vertentes teóricas, tais como o psicodrama, a análise existencial, a gestalterapia e, mais recentemente, a terapia familiar sistêmica.

Em um esforço para resgatar a matriz de origem da formação grupoterápica entre nós, e em função de crescentes solicitações de colegas mais jovens interessados na prática com grupos, foi concebido um modelo de treinamento de novos grupoterapeutas baseado no tripé conhecimento-habilidades-atitudes, cuja estrutura inspirou-se nos programas de educação continuada promovidos pela Associação Médica do Rio Grande do Sul, nos anos 70-80, nos quais cada módulo de ensino constava de uma parte teórica, outra prática e um grupo de reflexão sobre a tarefa em questão e sobre o qual nos referiremos mais detidamente no tópico seguinte.

Consideramos supervisão não apenas o trabalho dos alunos, com seus respectivos grupos sob orientação do supervisor, mas igualmente o aprendizado na parte prática, em que os temas teóricos são ilustrados a partir das vivências clínicas dos alunos, como também a experiência dos grupos de reflexão, em que, como vimos no item correspondente aos grupos operativos, o próprio grupo constituído por alunos e coordenadores é um instrumento de aprendizagem, por intermédio das vivências compartidas e do pensar cooperante em torno da tarefa de ensinoaprendizado comum a todos os membros do grupo.

Pretendemos gradativamente ir introduzindo neste programa as práticas supervisoras a que alude o presente capítulo, pondo a tônica na supervisão coletiva, pois é em grupo que se aprende a trabalhar com grupos.

Independentemente da modalidade de atendimento grupal que se queira ensinar, as técnicas de supervisão mencionadas (*role-playing*, grupo de reflexão, acompanhamento de sessões ao vivo no espelho unidirecional, discussão do registro em videoteipes) enriquecem sobremaneira o treinamento dos supervisionandos e, por isso as preconizamos como indispensáveis a qualquer programa contemporâneo de formação de grupoterapeutas.

Como já foi destacado, tal experiência com supervisão de grupoterapeutas em formação é relativamente recente e não permite ainda que dela se extraíam elementos conclusivos ou que se retroalimentem os pressupostos anunciados; se a ela é feita aqui referência, é pelo caráter de atualização deste livro. Em um futuro próximo, poder-se-á retornar a essa experiência pessoal para então focá-la não apenas do ângulo das expectativas ainda por cumprir, mas submetendo-a à análise crítica dos resultados obtidos.

Considerações finais

A supervisão, como a etimologia do termo sugere (super+visão), pressupõe a existência de um profissional mais experiente que lance um olhar sobre o trabalho de seu colega menos experiente e geralmente mais jovem – e que, da posição privilegiada de quem detém o saber desejado, o oriente paternalisticamente nos meandros da prática profissional em questão, no caso a grupoterapia.

A evolução da grupoterapia pelas modalidades técnicas resenhadas neste capítulo ensejou, conforme vimos, profundas mudanças na concepção e metodologia do trabalho supervisionado. A primeira e mais importante consequência dessas mudanças foi a desmitificação do supervisor como portador do saber grupal e seu realinhamento no processo de aprendizagem como modelo identificatório e catalisador do saber a ser buscado pelo supervisionando. Uma segunda e não menos significativa consequência foi a desmitificação da própria figura do terapeuta como habitante de uma "torre de marfim" profissional a que só dá acesso pelo relato verbal (consciente ou inconscientemente incompleto ou distorcido) de sua experiência pessoal ao supervisor: ele agora é despojado da malha protetora de seus relatos, pela exposição integral de seu trabalho na transparência da observação simultânea do mesmo. Um terceiro efeito, intimamente vinculado aos anteriores, é a mudança das próprias atitudes do grupoterapeuta diante de seus pacientes, a quem não mais se apresentaria como detentor da verdade e como líder inconteste do grupo, mas como um de seus participantes, cuja hierarquia é determinada na medida em que formula hipóteses compreensivas consensualmente validadas pelo grupo.

A super-visão transforma-se então em uma co-visão, ou inter-visão, na qual o olhar mais experiente necessariamente não é o que melhor percebe ou discrimina, mas tão somente o que aponta os trajetos já palmilhados ou participa conjuntamente com o supervisionando a descoberta dos caminhos a percorrer.

A função do supervisor – denominação que conservamos por consagrada pelo uso, ainda que divergindo da sua concepção original – é basicamente oferecer-se como modelo de identificação profissional e, para tanto, deve permitir que o supervisionando tenha acesso, na própria experiência grupal de ensino-aprendizado compartilhada, à observação direta do modo de sentir, pensar e agir do supervisor.

Concluindo, queremos enfatizar uma vez mais a contribuição das grupoterapias à própria técnica de supervisão do trabalho psicoterápico, com pacientes individuais ou em grupo.

Referências

ANTHONY, J. (1968). Refleti-os no twenty-five years of group psycoterapy. *lnternational Journal of Grouptherapy,* 3: 277.

DELLAROSA, A. (1979). *Grupos de reflexión.* Buenos Aires: Paidós.

FOULKES, S. H. e cols. (1972). *Psicoterapia de grupo* (2.ed.). São Paulo: !brasa, p. 196.

GROISMAN, M., & KUSNETZOFF, J. C. (1984). Supervisão e co-supervisão grupal ensino, terapia e aprendizagem em um setor institucional. ln *Adolescência e saúde mental.* Porto Alegre: Artes Médicas Sul, p. 112.

MARTINS, C. (1986). Prólogo. ln OSORIO, L. C. e cols. *Gmpoterapia hoje.* Porto Alegre: Ar tes Médicas Sul, p. 9.

MORENO, J. L., *apud* GARCIA, O. A. (1986). Psicodrama. ln OSORIO, L. C. e cols. *Grupo terapia hoje.* Porto Alegre: Artes Médicas Sul, p. 203.

TUBERT-OKLANDER, J. e cols. (1986). Grupos Operativos. ln OSORIO, L. C. e cols. *Grupoterapia hoje.* Porto Alegre: Artes Médicas Sul, p. 135.

CAPÍTULO 13

Aprendendo a Trabalhar com Grupos em Grupo: Um Modelo de Aprendizagem dos Processos Grupais

A verificação das possibilidades de utilização das teorias grupais à aprendizagem em geral andou *pari passu* com sua aplicabilidade ao campo psicoterápico. Aliás, mesmo no âmbito da Psicanálise, tão focada na criação de um método essencialmente terapêutico, tais preocupações não deixaram de existir. O grupo francês, representado por Anzieu, Béjarano, Kaes, Missenard e Pontalis, chegou mesmo a, como é tão do agrado dos gauleses, teorizar amplamente (para não dizer "obsessivamente") sobre a questão, ao abordar a perspectiva analítica aplicada aos grupos de formação nos seminários (na concepção lacaniana de um espaço em que se articulam a oferta do instituinte e a procura do participante). Esses autores, por outro lado, coincidem no pressuposto de que tanto como sucedeu com as artes, a religião ou a etnologia, o trabalho psicanalítico nos grupos é a aplicação da teoria psicanalítica aos fenômenos grupais, ainda que façam a ressalva de, no caso, o psicanalista não intervir a posteriori, mas imergir no fenômeno estudado. A discussão que estabelecem se é lícito o psicanalista colocar-se fora da situação original do método analítico (o que, no seu entender, justifica a designação de "psicanálise aplicada") ou se isto é "aplicação" ou "transformação", parece-nos bizantina e nada acrescenta à práxis grupal nos seus distintos contextos, além de que padece da hoje controvertida e contestada contraposição entre o sujeito que observa e o objeto observado.

Sem dúvida, a dinâmica de grupo e, posteriormente, a teoria dos grupos operativos (incluindo o referencial analítico sem sufocá-lo com o viés dogmatizante das regras e códigos restritivos) trouxeram contribuições bem mais significativas à prática grupal na esfera pedagógica. Por outro lado, a teoria dos papéis e a sua expressão técnica, o *role-playing*, foram inegavelmente a grande contribuição do psicodrama à dinâmica do aprendizado, assim como a introdução do pensamento sistêmico e seu corolário e a noção de *feedback* acarretaram uma mudança transcendental no enfoque dos processos de aprendizagem.

Como podem esses diferentes vértices teóricos se integrarem na práxis educacional? Na viabilização dessa proposta é que tenho estado trabalhando nos últimos anos, como transmissor de conhecimentos na área grupal.

Treinando Grupoterapeutas

Em meados da década de 80, David E. Zimerman (com quem mantinha estreitos laços de amizade e afinidades profissionais nas áreas em que atuávamos) constituiu um grupo de estudos com colegas que tinham interesse em trabalhar com grupos analiticamente orientados e convidou-me a participar com ele da coordenação de uma nova turma de interessados no estudo e atendimento de grupos terapêuticos. Mais tarde veio juntar-se a nós Geraldina Viçosa, e nós três[5] constituímos uma entidade denominada CEAG (Centro de Estudos e Atendimento a Grupos), com o propósito de funcionar como um centro formador de novos grupoterapeutas. Foi a primeira tentativa de organizar, no sul do país, um programa sistemático de treinamento de grupoterapeutas analiticamente orientados. Posteriormente, nas turmas que foram se sucedendo, encarreguei-me de coordenar seminários que visavam acrescentar conhecimentos sobre outros aportes teórico-técnicos, além do psicanalítico, que havia incorporado à minha práxis com grupos, conforme mencionado em capítulos anteriores.

Nesse ínterim, coordenei a edição de um livro intitulado *Grupoterapia hoje* que se propunha a dar uma visão contemporânea de como os

[5] Uma curiosidade, que me parece mais do que simples acaso, é que David, Geraldina e eu iniciamos nossa vida profissional trabalhando como pediatras, ou seja, no contexto do grupo primordial, que é a família.

autores, do que chamávamos a "segunda geração de grupoterapeutas da América Latina", estavam considerando seu trabalho com grupos. Dessa obra, que veio a lume em 1986, participaram como autores colegas não só do Brasil, mas de outros países latino-americanos.

Já nos anos 90, com a participação de muitos que haviam sido nossos alunos, o CEAG transformou-se no CEAPEG (Centro de Estudos, Atendimento e Pesquisa de Grupos), que depois seguiu sua atividade formadora de novos grupos, terapeutas já sem nossa coordenação ou influência direta. David e eu passamos a ser apenas sócios honorários da entidade que se originou de nossa atividade inicial com os grupos de estudos em grupoterapia, pois, por nossa índole não centralizadora nem desejosos de criar um modelo institucional que se cristalize na figura de líderes que mantêm a hegemonia e o poder às custas da autonomia e da criatividade dos mais jovens, tratamos de, quiçá um tanto prematuramente (conforme a opinião de alguns "discípulos"), delegar a condução da entidade que juntos fundamos àqueles a quem antecedemos apenas por circunstâncias etárias.

David, que fora um inestimável colaborador na organização do livro mencionado (*Grupoterapia hoje*), veio a publicar, em fins de 1992, a obra que viria a se tornar uma referência obrigatória no país aos estudiosos da grupoterapia de base psicanalítica, intitulada Fundamentos básicos das grupoterapias. Mais recentemente (1996), sob sua inspiração, e como parceiros, juntos organizamos outro livro, *Como trabalhamos com grupos*, contando, uma vez mais, com a colaboração de grupoterapeutas sul-americanos para a elaboração de diversos capítulos, além daqueles dos quais nos encarregamos.

Talvez seja importante aqui sublinhar um posicionamento teórico-técnico que nos distinguia, a David e a mim, dos grupoterapeutas que pertencem ao que denomino a "primeira geração" (e a tantos outros que no Brasil seguiram seus passos e forma de encarar a terapia grupal analítica): não consideramos o grupo como uma abstração ao qual podemos nos dirigir e com ele trabalhar extrapolando as referências da técnica analítica individual, ou seja, como se o grupo um paciente fosse e não um sistema constituído de indivíduos com distintas identidades pessoais e diferentes motivações e que, portanto, não podem deixar de ser considerados como tais na abordagem grupal. Uma consequência técnica dessa forma de encarar os indivíduos e o grupo é não dirigirmos sistematicamente as interpretações ao grupo como um todo, só o fazendo em circunstâncias nas quais a ressonância grupal crie condições para tal. Por outro lado, desde os primórdios de nosso trabalho com grupos terapêuticos, focamos nossas intervenções, sobretudo, sobre os fenômenos vinculares, considerando que o que muitos agora apresentam como sendo uma nova técnica ou forma de abordar terapeuticamente os grupos (a denominada "Psicanálise das configurações vinculares") pode ser entendida como decorrente do reconhecimento e da correção dos equívocos cometidos inicialmente por uma indevida e simplista extrapolação da Psicanálise individual para o campo grupal.

Até aqui foi o modo como encarei e conduzi minha atividade didática no âmbito da grupoterapia analítica. Daqui em diante, serão as transformações que introduzi no ensino do trabalho com grupos a partir dessa experiência inicial compartilhada com David e outros colegas do CEAPEG.

Um Modelo Teórico-técnico para o Ensino do Trabalho com Grupos, Terapêuticos ou não

Trabalhar com grupos não é apanágio ou prerrogativa da área "psi". Áreas afins (e outras nem tanto assim) nos campos da saúde, da educação e da administração necessitam ampliar seus conhecimentos para lidar com os fenômenos grupais presentes em todas as atividades humanas, mas, sobretudo, nas que se processam nas áreas mencionadas.

Partindo desse pressuposto, elaboramos um programa básico de introdução ao estudo e à abordagem dos grupos, utilizando-nos dos cinco marcos referenciais teórico-técnicos sobre os quais apoiamos atualmente nosso trabalho com grupos, terapêuticos ou não. Para oferecer ao leitor uma sucinta ideia de nossa abordagem, cremos que nada melhor do que apresentar um extrato desse programa, consubstanciado no curso que denominamos *"Teoria e Prática do Trabalho com Grupos"* que se destina a profissionais, em geral, que lidam·com grupos.

O curso propõe-se a abordar sumariamente as contribuições à prática grupal dos seguintes referenciais teórico-técnicos:

- Dinâmica de grupos.
- Psicanálise aplicada a grupos.

- Teoria dos grupos operativos.
- Psicodrama.
- Pensamento sistêmico-relacional.

O curso é dividido em cinco blocos correspondentes ao cinco marcos referenciais teórico-técnicos, sendo esses blocos subdivididos em módulos semanais ou quinzenais de duração variável, conforme as circunstâncias de quem solicita o curso.

Os módulos são compostos de três distintos momentos:

1. Discussão teórica do tema proposto.
2. Ilustração prática, que, conforme o referencial teórico em estudo pode ser representada por exercícios de dinâmica de grupo, vídeos comentados, *role-playings* ou apresentação de material clínico.
3. Grupo de reflexão sobre a tarefa que executamos (quando o próprio grupo de participantes do curso serve de fonte de aprendizagem para entender a instituição grupal, seus dinamismos e mecanismos de funcionamento).

Os grupos de reflexão, que são grupos operativos cujo propósito explícito é a reflexão conjunta sobre o modo como o grupo está realizando sua tarefa de aprendizagem, merecem mais do que simples citação, pois os consideramos um importante acréscimo ao processo dessa aprendizagem.

O grupo de reflexão, no contexto do treinamento de futuros grupoterapeutas ou coordenadores de grupo, tem a função primordial de possibilitar aos alunos a vivência de participação como membro de um grupo, cuja essência é possibilitar um espaço para a livre discussão do que aflora dessa experiência compartilhada de aprendizagem, tanto no que diz respeito aos sentimentos despertados pelos próprios conteúdos que estão sendo estudados quanto das emoções emergentes na rede interacional criada pelos alunos entre si e com os professores do curso. Como assinala Dellarossa, o material emergente nessa atividade jamais poderá ser utilizado pelo coordenador para fazer considerações que invadam a intimidade ou a vida privada de qualquer participante, pontuando a necessidade de se fazer uma clara distinção entre os propósitos do grupo de reflexão e os de um grupo terapêutico, fronteiras que, muitas vezes, ficam borradas, particularmente quando o grupo é constituído por participantes que estiveram ou estão em atendimento psicoterápico ou quando o coordenador não discrimina perfeitamente sua função no grupo de reflexão e sua atividade como grupoterapeuta. Por essas dificuldades em estabelecer e manter tal discriminação é que não seria exagero afirmar ser mais difícil coordenar adequadamente um grupo de reflexão do que conduzir um processo grupoterápico, sendo imperioso que seu condutor seja alguém experiente no trabalho com grupos.

Esse curso é o "carro-chefe" de nossas atividades didáticas no momento, que, no entanto, abrange um espectro bem mais amplo de programas direcionados à capacitação de profissionais no trabalho com grupos em geral, terapêuticos ou não, programas que criamos com o objetivo precípuo de preparar profissionais para entender, atender e coordenar grupos, cônscios de que esta será uma demanda crescente neste mundo "grupalizado" em que nos tocará viver daqui em diante.

Referências

ANZIEU, D. e cols. (1978). *O trabalho psicanalítico com grupos*. Lisboa: Moraes Editores.

DELLAROSSA, A. (1979). *Grupos de reflexión*. Buenos Aires: Paidós.

OSORIO, L. C., & VALLE, M. E. P. (1998). Ensinando a trabalhar com grupos (dos anos 60 até hoje... e mais além). *Latinoamerica: procesos y transfonnaciones en los* vínculos. Montevideo: Fau Editores, 1998, p. 143-9, t. 3.

▪ PARTE IV ▪

Práticas Grupais: Com Objetivos Institucionais

▪ CAPÍTULO 14 ▪

Abordagem Institucional: Enfoque Interdisciplinar

As instituições enquanto grupos têm sua dinâmica própria e leis inerentes ao seu funcionamento. Não podemos compreendê-las tão somente a partir da dinâmica psíquica de seus membros.

A compreensão das motivações inconscientes do comportamento humano, não obstante seu valor intrínseco em qualquer aproximação ao estudo dos grupos, é insuficiente para instrumentar o trabalho com agrupamentos institucionais. Por isso, fomos buscar recursos em outros aportes teórico-técnicos, tais como a dinâmica de grupo, a teoria dos vínculos e dos grupos operativos e o psicodrama para entender e atender instituições.

Igualmente, incorporamos à nossa práxis como consultores de instituições a importante mudança paradigmática ocorrida no campo das ciências em geral com o advento do pensamento circular, sustentáculo epistemológico da teoria sistêmica, e que ampliou o pensamento linear (modelo causa-efeito) com a introdução da noção de retroalimentação (*feedback*). A teoria sistêmica e sua parceira, a teoria da comunicação humana, bem como as noções advindas da cibernética são hoje ferramentas que consideramos imprescindíveis para nossa abordagem institucional.

O fenômeno que centraliza a atividade de qualquer grupo institucional é a interação entre seus componentes. Nas vicissitudes dessa interação é que vamos encontrar a fonte das principais dificuldades na gestão dos negócios de uma empresa ou na realização dos desideratos de uma entidade prestadora de serviços.

Os seres humanos parecem ingressar nas instituições que criam com seus piores defeitos, deixando suas melhores qualidades à porta. Para os filósofos pragmáticos, isso ocorreria apenas porque ainda não apreendemos a aplicar no terreno das interações humanas todo o potencial intelectual que alavancou o progresso do homem no campo científico; para os psicanalistas, porque somente agora estamos desvendando os mistérios que habitam a parte submersa do iceberg em que se constitui a mente humana; para os sistêmicos, porque nos faltava a visão reveladora dos meandros dos mecanismos de *feedback* nos sistemas grupais. Cada um com a sua leitura e todos, por vícios de seus próprios espaços institucionais, ainda engatinhando no aprendizado do trabalho interdisciplinar, via régia para o encaminhamento das soluções para os problemas institucionais.

As instituições são depositárias dos aspectos mais negativos da condição humana, isso é bem verdade, mas também são elas que propiciam a possibilidade de que os esforços individuais possam ser multiplicados na busca do homem pela transcendência de seu périplo existencial. Embora sejam as instituições um caldo de cultura sumamente propício para a emergência da arrogância narcísica, da inveja destrutiva, do culto à hipocrisia, da ânsia pela obtenção do poder, sem outro propósito que ostentá-lo, e da glorificação da mediocridade reacionária ao progresso civilizatório, não podemos deixar de enfatizar seu papel veiculador das conquistas humanas, seja no campo tecnológico, seja no âmbito social. As instituições, portanto, não são nem boas nem más, nem nefastas nem benéficas, porque, como os indivíduos que as compõem, adoecem e sofrem dos males da imaturidade ou da perversão de seus propósitos. E para tratá-las, é mister não contrapor os recursos disponíveis, mas saber utilizá-los sinérgica e adequadamente.

A metáfora que costumamos empregar para ilustrar a contribuição de cada marco referencial teórico-técnico à compreensão holística dos conflitos humanos no seio de seus grupos institucionais é a do vale circundado de colinas, representando o topo de cada colina o ponto de vista observador de cada enfoque. Assim, se da colina A (representando a Psicanálise, por hipótese) visualizamos aquela porção do vale onde se espraia um rio, debruçando-se sobre ele um vilarejo debruado por lavouras recém-semeadas, é esta a descrição do vale a ser oferecida; já se o ângulo de observação for o da colina B (representando, digamos, a teoria sistêmica), poderá o vale ser referido como uma escarpa rochosa em cujo sopé árvores frondosas sugerem a presença de uma mata virgem. Qual o vale real? Não serão ambas as descrições corretas, considerando serem suas diferenças em função do ângulo de observação adotado? Trata-se, pois, não de uma ou outra, mas de uma e outra realidade retratada.

E essa é a pedra de toque de nossa abordagem dos problemas institucionais: o enfoque interdisciplinar que não abdica do conhecimento já adquirido nem exclui as contribuições epistemológicas provindas dos vários ângulos de observação e prospecção dos fenômenos grupais.

Utilizando-nos de outra metáfora, essa agora de natureza clínica, podemos tomar a instituição como se fosse um paciente. E no rastro semiótico das manifestações que identificam o sofrimento institucional, tentar reconhecer motivos e mecanismos que bloqueiam o crescimento e obstruem o fluxo transformacional inerente ao ciclo vital das instituições.

Todo e qualquer sistema institucional é uma caixa de ressonância que amplifica as emoções humanas e as reverbera na trama interpessoal que lhe serve de sustentação. Monitorando tais reverberações, podemos encontrar o fio condutor que nos leva à diagnose e à estratégia terapêutica para abordar a "doença" institucional.

Vamos nos valer a seguir de uma situação fictícia que nos permita, pela via da ilustração, preencher as lacunas da digressão teórica.

Imaginemos que estamos reunidos em um grupo informal para estudar os fenômenos institucionais. A motivação que nos aproximou é a curiosidade compartida sobre estes fenômenos e o desejo de compreendê-los em maior profundidade. Também compartilhamos a convicção de que é em um grupo multidisciplinar que maior proveito advirá de nosso intercâmbio de ideias.

Eis quando alguém repentinamente propõe: "— E se fundássemos uma sociedade para estudar os fenômenos institucionais e pudéssemos, por intermédio dela, veicular nossa contribuição a tão relevante questão nos dias que correm? Ponho me desde já à disposição do grupo para tomar as primeiras providências cabíveis". (O proponente trai assim seu irrefreável anseio de liderar tal sociedade.). Ato contínuo, outro membro do grupo, salientando sua prévia experiência como comunicador, sugere uma sigla para a nascente instituição: " — Chamemo-la SPEFI.". Entrementes, outro aspirante à liderança do grupo sugere que se cogitem nomes para compor a diretoria, e vai logo indicando dois ou três para cargos de secretário, tesoureiro e relações públicas, deixando estrategicamente vacante o de presidente, logo preenchido com seu próprio nome por proposta do secretário recém-indicado, antigo companheiro de lutas políticas em outros arraiais. O tesoureiro, confirmando o acerto da proposição de seu nome para o cargo, vai logo calculando e sugerindo o valor de uma contribuição inicial para os sócios e... pronto! Lá se foi águas abaixo o objetivo original do grupo, carregado pelo desejo coletivo de abrir espaço para o exercício dos jogos de poder, a serviço dos núcleos narcísicos de cada um dos componentes. E não há como a promessa de um cargo diretivo para acionar as vaidades circulantes e preencher as valências narcísicas em disponibilidade.

O grupo institucional passa a ser, então, o continente propício a essa busca irrefreável de poder, em detrimento dos objetivos originais. Abstraindo-se o caráter caricatural do exemplo proposto, pode-se imaginar melhor caldo de cultura do que a institucionalização de um grupo, conforme foi descrito, para o florescimento da inveja, da arrogância, do mimetismo servilista, da hipocrisia acomodatícia, da desqualificação do valor alheio e outros tantos elementos perniciosos à integridade e ao progresso de um sistema social? São esses alguns dos mecanismos obstrutivos que solapam o crescimento de um grupo e erosam as "boas intenções" iniciais, trazendo como consequência a inércia e a estagnação, quando não o desaparecimento (morte) da instituição.

Se quisermos correlacionar tais eventos com a teoria psicanalítica dos grupos, conforme enunciada por Bion (1961), poderíamos acrescentar, a esta altura, que os processos obstrutivos instalam-se na vigência dos supostos básicos de dependência, luta/fuga e acasalamento messiânico; ou seja, um grupo deixa de cumprir seus objetivos e apresenta um movimento de detenção evolutiva ou regressão sempre que abandona a condição de grupo de trabalho para tornar-se um grupo de supostos básicos, segundo a terminologia bioniana.

Se, por outro lado, quisermos nos valer da teoria sistêmica para compreender o que se passa nesse grupo, podemos considerá-lo como evidenciando uma retroalimentação negativa que impede a emergência do fator mutativo, que gera o novo conhecimento ameaçador à homeostasia epistemológica do grupo, cristalizada nos conhecimentos já adquiridos e assimilados.

Talvez nem um nem outro ponto de vista nos forneça, contudo, a melhor maneira de abordar as questões institucionais ou, para voltar uma vez mais à metáfora do vale e das colinas, o melhor modo de descer à lavoura para irrigá-la e protegê-la das pragas. Quem sabe a dinâmica de grupo nos aponte as trilhas para a descida, a teoria dos grupos operativos como a estratégia para realizar os cuidados com a lavoura (tarefa proposta) e o psicodrama como os artifícios para remover os inços e desobstruir os sulcos por onde corre a água que irriga. É onde e por meio de cujos expedientes a interdisciplinaridade aponta para a transdisciplinaridade, que vai mais além da abordagem compartilhada, permitindo-nos vislumbrar o futuro da utilização dos instrumentos grupais para o encaminhamento das solução dos problemas humanos.

▪ CAPÍTULO 15 ▪

Um Modelo de Consultoria Institucional

Conforme já referimos anteriormente, desde suas mais remotas origens, o homem agrupou-se não só para se defender dos perigos naturais como para instrumentalizar seu domínio e poder sobre grupos rivais. Outrossim, na medida em que os primitivos agrupamentos humanos se consolidaram, ou seja, institucionalizaram-se, adquiriram autonomia ou identidade própria, tornaram-se eles mesmos instrumentos de dominação e poder sobre seus componentes. Isso ocorreu com a família, unidade grupal nuclear da sociedade, e com os demais grupos surgidos ao longo do processo evolutivo social.

Assim, os grupos de depositários dos desígnios humanos como eram em suas origens, tomaram-se, gradativamente, agentes modeladores dos desejos, pensamentos e conduta de seus membros.

Essa breve digressão – que tangencia tema bem mais amplo e abrangente que o deste capítulo, qual seja, o das relações de poder nos grupos humanos – outra intenção não leva que a de destacar certos elementos identificatórios da natureza intrínseca de qualquer agrupamento humano, que são, a nosso ver:

1. O caráter universal da tendência à institucionalização dos grupos humanos.
2. O progressivo afastamento dos objetivos originais do grupo à medida que ocorre seu processo institucionalizante.

3. A conquista ou a manutenção de "estados de poder" como objetivo imanente a qualquer agrupamento humano (ou seja, os grupos são sempre instrumentos da busca de poder, busca essa inerente à condição humana).

Essa colocação inicial terá fundamental importância para o estabelecimento de nossa estratégia na abordagem da instituição como uma totalidade.

O propósito aqui é refletir sobre vivências que denominaríamos "clínicas", por razões que logo serão explicitadas, na abordagem de instituições visualizadas como "pacientes" de um "processo terapêutico". Embora consideremos bastante discutíveis as extrapolações que simplistamente são feitas do modelo médico para o psicológico e do referencial individual para o grupal, pensamos que, por ora, não há como evitar em certa medida tais extrapolações, a fim de não comprometer a autenticidade deste relato, uma vez que nossa abordagem inegavelmente é oriunda do modelo que pautou nossa identidade profissional inicial. Entendemos que qualquer tentativa de negar a presença em nosso trabalho dessa identidade médica anterior não só soaria falsa como acarretaria maiores distorções pela adoção extemporânea de um referencial ainda não incorporado à nossa práxis cotidiana. Assim, embora preferíssemos não usar expressões contaminadas pelo uso clínico corrente, como são "paciente", "doença", "diagnóstico" ou "terapia", não as evitaremos por ora, pelas razões expostas anteriormente. Tenha-se em conta, contudo, que consideramos nosso "paciente" o "agente" do seu processo de mudança, do qual somos meros catalisadores. Se, como entendemos, a "doença" institucional é função basicamente da estereotipagem das relações interpessoais e da concentração de poder, nosso primeiro cuidado ao abordá-la "terapeuticamente" é não nos constituirmos em novo elemento centralizador de poder (no caso, o poder da suposta cura) e não permitirmos que em nossa relação com a instituição se estereotipe ou institucionalize o modelo "terapeuta-paciente".

Esta seria uma maneira de "infantilizar" a relação e permitir o movimento regressivo anticrescimento-e-mudança, gerador de impasses.

Considerando, como postulamos inicialmente, que há em todo o grupo uma tendência, que lhe é inerente, a se institucionalizar, visualizamos qualquer agrupamento humano, seja ele uma família, uma empresa industrial, um clube de futebol ou uma casa de saúde, como regido por determinados princípios comuns de natureza psicodinâmica. Em nosso entender, portanto, a compreensão e a abordagem de uma instituição como paciente não diferem essencialmente daquelas dos grupos que atendemos em nossos consultórios. Evidentemente, a estratégia e a tática adotadas diferirão em função da complexidade da rede interacional em um grupo institucional.

Vamos, a seguir, trazer-lhes algumas reflexões pessoais oriundas de vivências, seja como membro de alguma instituição, seja como profissional chamado a intervir no processo de mudança buscado por instituições de caráter público ou privado. Nessa última circunstância, nossa experiência é ainda relativamente escassa e discuti-la aqui seria, certamente, uma ousadia. Não obstante, a crescente preocupação contemporânea com os males institucionais e com a progressiva utilização de técnicas grupais na sua identificação e atendimento nos trouxeram o estímulo necessário para arrostar os riscos de expor tão prematuramente nossas reflexões a respeito.

Em sequência, e com propósitos meramente expositivos, vamos referir separadamente algumas características dos eventuais pacientes de uma clínica institucional, a estratégia, táticas ou técnicas empregadas na sua abordagem e as vicissitudes desse atendimento, finalizando com uma sucinta descrição do perfil desejável de quem se disponha a tratar instituições.

A Instituição como Paciente

Esquematicamente, para os propósitos em pauta, uma instituição pode ser dividida em dois subgrupos:

1. Aquele formado pelos *membros estruturais* da instituição. Exemplificando: em uma fábrica, esses seriam os dirigentes, técnicos e operários; em uma escola, o corpo docente e os funcionários administrativos, e assim por diante.
2. A *clientela-alvo* dessa instituição, ou seja, respectivamente, os que comerciam ou utilizam o(s) produto(s) industrial(ais) da fábrica, o corpo discente da escola, etc.

Embora na prática nosso atendimento habitualmente não inclua o segundo subgrupo, não podemos deixar de levá-lo em conta para o estabelecimento de nossa estratégia operacional. Essa é uma proposição logística definida que deve ser claramente postulada no contrato com o "cliente" para que possamos eventualmente incluir no processo diagnóstico e/ou terapêutico a clientela-alvo (ou quem a represente) quando julgarmos oportuno ou mesmo indispensável.

Parece-nos útil também, para fins operacionais, considerar três tipos de instituição quanto ao seu tamanho e correspondente complexidade:

a) Instituições "pequenas": até dez membros estruturais.
b) Instituições "médias": de dez a cem membros estruturais.
c) Instituições "grandes": acima de cem membros estruturais.

Entendemos ainda ser de grande valia determinar, ao longo do processo diagnóstico, o *caráter institucional,* ou seja, que traços caracterológicos predominam no comportamento global da instituição. Há uma certa correspondência entre a natureza de determinadas instituições e o caráter prevalente nelas encontradas. Assim, por exemplo, um hospital ou uma escola apresentam, habitualmente, um perfil caracterológico do tipo obsessivo-compulsivo; uma agremiação política aproxima-se da estrutura paranoide; uma empresa multinacional corresponde, em linhas gerais, a um caráter oral, como um museu, a um caráter anal, e assim por diante.

Analogamente ao que ocorre com os indivíduos, pensamos que uma instituição não será alterada em sua "patologia básica", a menos que proceda à análise de seus elementos estruturais (caracterológicos) e possa ela, como um todo, conscientizar-se (adquirir *insight)* das motivações operacionais (mecanismos defensivos) subjacentes aos seus objetivos manifestos.

Uma equipe interdisciplinar pode procurar ajuda com um terapeuta institucional trazendo a "queixa sintomática" do mal-estar reinante pelas disputas e rivalidades entre seus membros. Em uma investigação mais superficial, identificaremos, quem sabe, as invejas mobilizadas no confronto das ambições pessoais dos componentes do grupo e trabalharemos, então, sobre o emergente da voracidade grupal, sem nos darmos conta, contudo, de que o núcleo do conflito grupal assenta-se na situação confusional subjacente e que decorre da falta de uma melhor definição de objetivos do grupo pela vigência de uma crise de identidade em uma equipe multidisciplinar, buscando uns nos outros a resolução de frustrações nas suas opções vocacionais originais e, assim, sob uma aparente capa competitiva, escondem-se os núcleos esquizoides da indefinição profissional.

O caráter do grupo institucional não é a simples superposição dos traços caracterológicos de seus membros, mas a resultante dos vetores individuais que compõem e que, muitas vezes, apontam para distintas direções. Há de se considerar, ainda, a matriz operacional em que se inserem tais vetores e que diz respeito à natureza intrínseca e definitória de cada instituição. A instituição (ou grupo que se institucionalizou) molda o funcionamento do indivíduo dentro dela, tanto quanto a resultante dos vetores pessoais de seus membros confere à instituição uma identidade própria que a distingue de todas as congêneres.

Essas aparentes obviedades tornam-se cruciais pontos de referência quando nos propomos a definir uma estratégia de aproximação às instituições, o que nos ocupará no próximo tópico.

Abordagens Técnicas

Teórica e didaticamente, podemos considerar os aspectos logísticos, estratégicos, táticos e técnicos de uma abordagem institucional. Na prática, contudo, há uma interpenetração e condensação desses distintos aspectos, razão pela qual não vamos considerá-los isoladamente aqui.

Nossa abordagem apoia-se basicamente no modelo teórico psicanalítico, mas, se a Psicanálise é capaz, por si só, de sustentar uma teoria compreensiva da psicodinâmica institucional, não nos parece que o método psicanalítico seja suficiente para alicerçar os procedimentos diagnósticos e terapêuticos no atendimento a instituições. Aí nos defrontamos com as limitações e deformações da extrapolação do individual para o grupal e/ou social.

Em nossa experiência, até o presente, temos trabalhado com a teoria psicanalítica como marco de referência básico para a compreensão dos fenômenos institucionais enquanto circunscritos à área das inter-relações humanas. Na elaboração dos procedimentos de abordagem institucional, colhemos subsídios na teoria dos sistemas e da comunicação humana, bem como nos valemos da contribuição das técnicas psicodramáticas.

No estabelecimento do contrato de trabalho com o cliente, entendemos como fundamental, que fique claro que o consideramos uma unidade a ser investigada em sua totalidade, sem que nessa tarefa possamos ser cerceados pela delimitação de "áreas-tabus" que supostamente fiquem à margem dos procedimentos de investigação (e posterior "tratamento", quando for o caso). Assim, em um clube de futebol, por exemplo, não podemos nos limitar a trabalhar com o time e o corpo técnico que o prepara; é indispensável incluir as áreas administrativas e a diretoria do clube ao qual pertence o time para que nossa tarefa possa ser levada a cabo. Cremos ser um erro tático fundamental circunscrever o processo diagnóstico-terapêutico a setores isolados da instituição.

Para tornar mais clara nossa exposição, vamos nos valer do organograma de uma hipotética instituição, no caso uma escola, a fim de ilustrar a abordagem que fazemos conforme o modelo descrito.

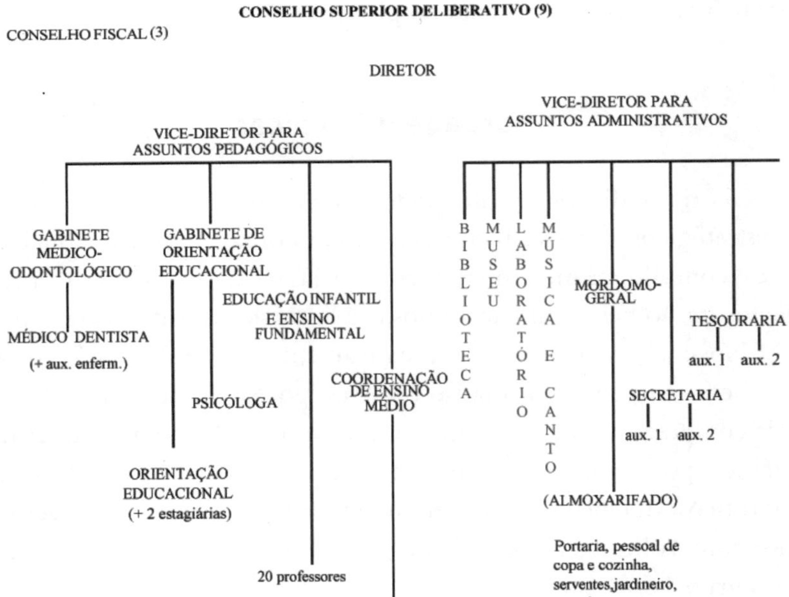

A avaliação diagnóstica é feita por meio de reuniões com e entre os vários setores institucionais. Assim, teremos inicialmente dois tipos de reuniões: um com os membros de um mesmo escalão técnico ou administrativo e outro com membros de diferentes áreas institucionais. No caso proposto, teríamos, por hipótese, os seguintes encontros:

a) Dentro do mesmo segmento institucional:

a.1) Reunião com o Conselho Superior Deliberativo e o Conselho Fiscal.

a.2) Reunião entre o diretor e seus dois vice-diretores.

a.3) Reunião com o médico, dentista, auxiliares de enfermagem, orientador educacional e estagiários, psicólogo.

a.4) Reunião com os dois coordenadores pedagógicos.

a.5) Reunião com os representantes dos corpos docentes.

a.6) Reunião com os alunos e/ou seus responsáveis.

a.7) Reunião com os responsáveis pela biblioteca, museu, laboratório, artes e ofícios, música e canto.

a.8) Reunião com o mordomo-geral, pessoal de secretaria e tesouraria.

a.9) Reunião com os porteiros, pessoal de copa e cozinha, serventes, jardineiros, encarregado de reparos, etc.

b) Entre os diferentes segmentos institucionais:

b.1) Reunião com o Conselho Superior Deliberativo, o Conselho Fiscal, o diretor e os vice-diretores.

b.2) Reunião com o vice-diretor para assuntos pedagógicos, médico, dentista, orientadores educacionais, psicólogo.

b.3) Reunião com os coordenadores pedagógicos e os professores.

b.4) Reunião com o diretor, seus vices, com os membros do gabinete médico-odontológico e de orientação vocacional, com os representantes dos professores e dos alunos e/ou familiares.

b.5) Reunião do vice-diretor para assuntos administrativos com o mordomo-geral, os secretários e os tesoureiros.

b.6) Reunião do vice-diretor para assuntos administrativos com os responsáveis pela biblioteca, museu, laboratório, artes e ofícios, música e canto.

b.7) Reunião do vice-diretor para assuntos administrativos, do mordomo-geral, do porteiro, pessoal de copa e cozinha, jardineiro, encarregado de reparos, etc.

E tantas outras reuniões quantas forem necessárias. Por exemplo, poder-se-ia propor uma reunião com representantes dos professores e representantes dos alunos, dos coordenadores pedagógicos com os responsáveis pela biblioteca, pelo museu, etc., ou mesmo uma grande reunião geral na qual estivessem representados todos os segmentos técnico-administrativos da instituição. Aliás, essa reunião geral, habitualmente realizada ao final do processo diagnóstico, é de suma valia para a integração das várias etapas desse processo.

Quando se trata de uma instituição de grande porte (cem membros estruturais ou mais), via de regra é impossível avaliar as inter-relações entre todos os seus membros; então precisamos tomar, aleatória ou intencionalmente, representantes de cada setor ou área funcional da instituição e agrupá-los para o que denominamos "estudo das ordenadas institucionais". Essa tarefa é complementada pelo "estudo das abscissas institucionais", ou seja, a avaliação do inter-relacionamento dentro de um determinado setor ou área institucional.

Na abordagem de instituições médias ou grandes, pela extensão da tarefa proposta e sua correspondente complexidade, faz-se mister ainda o trabalho em equipe, seguindo o modelo coterápico. Eventualmente, os co-terapeutas não participarão juntos de todas as etapas investigatórias ou terapêuticas, mas como nas técnicas de abordagem múltipla de pacientes de alto risco (*Kalina* e cols., comunicação pessoal), é indispensável o encontro dos co-terapeutas ao final de cada etapa programada para avaliação e levantamento dos dados ou resultados colhidos e planejamento conjunto dos procedimentos seguintes. A interação da equipe de atendimento é naturalmente *conditio sine qua non* para o bom êxito da proposta de atendimento institucional e para tal é importante também que essa equipe se disponha durante seu trabalho a periódicos exercícios de autoavaliação e, eventualmente, à supervisão de outra equipe ou profissional não comprometido no processo em curso.

Ainda no tocante à equipe de atendimento, cremos ser de utilidade recorrer a assessorias técnicas especializadas, quando se tratar de "pacientes" cuja semiótica operacional não nos seja familiar; assim, podemos buscar o assessoramento de um administrador hospitalar quando o paciente for uma casa de saúde, um engenheiro civil quando for uma firma de construções ou um técnico em educação quando for uma escola.

Last but not least, é condição indispensável para o bom êxito da tarefa a que nos propomos junto a determinada instituição, que nenhum membro da equipe técnica que irá participar de seu atendimento tenha vínculo empregatício, vigente ou anterior, com a referida instituição, o que o coloca na situação de membro estrutural da entidade paciente (se o vínculo existe no presente) ou tira-lhe as condições exigidas de neutralidade (caso o vínculo tenha existido no passado).

Vicissitudes Clínicas

Considerem-se as naturais dificuldades de quem se aventura a trilhar território inóspito e quase inexplorado, sem contar com o mapeamento prévio da região e com equipamento não testado nas condições vigentes da expedição, e ter-se-á o perfil de nossas vicissitudes clínicas na abordagem institucional.

Para um psicanalista mais afeito a circular no espaço intimista da relação bipessoal que pauta seu labor cotidiano (ao qual provavelmente foi atraído por sua natureza predominantemente introspectiva), torna-se, por vezes, árdua tarefa pensar em termos coletivos e mover-se no território multifacetado dos fenômenos grupais institucionais.

Não obstante, o hábito de contínua reflexão e atenção aos mínimos detalhes que caracteriza o fazer analítico pode vir a se constituir em fator altamente propiciatório ao entendimento do processo meta-comunicacional que acompanha o trabalho com instituições.

As primeiras vicissitudes clínicas a referir estão justamente no despreparo técnico para a tarefa. Mesmo uma razoável experiência anterior em ambientoterapia e com psicoterapia analítica de grupo, aliada à prática com pacientes individuais em Psicanálise, como a que eu possuía ao atender a primeira instituição como paciente, parecia um *background* ainda insuficiente para quem se dispunha a tratar instituições. Conhecimentos sobre a teoria dos sistemas e da comunicação humana, treinamento em técnicas psicodramáticas e, finalmente, uma especialização em terapia de casais e famílias na linha sistêmica foram aportes importantes para cristalizar uma emergente identidade de terapeuta institucional. No entanto, cremos que só uma continuada experiência em uma equipe de atendimento com uma ideologia comum e a intervisão cruzada com colegas que participam de experiências similares situarão melhor quais são os requisitos prévios para a adequada realização da tarefa proposta.

Na Introdução, fizemos alusão a certos elementos inerentes a qualquer agrupamento humano cuja consideração determinaria a estratégia básica de nossa abordagem, bem como constituiriam os principais obstáculos à tarefa proposta de buscar a ruptura dos estereótipos institucionais e a criação de um estado de predisposição à mudança, sem o qual nossos esforços são abortados *ab initio*. Dissemos, então, que um grupo, qualquer que seja ele, vai se afastando dos objetivos que determinaram sua formação à medida que evolui e inevitavelmente se institucionaliza. Assim, por exemplo, a família, o mais elementar e primitivo de todos os agrupamentos humanos, que se originou da necessidade básica de prover o necessário suporte material e afetivo para a sobrevivência dos descendentes (a exemplo do que ocorre nas demais espécies animais), acabou por se tornar, ao longo dos tempos, um campo de provas para o exercício do poder, onde, via de regra, os filhos tornam-se meros instrumentos das expectativas dos pais, cujo voraz apego à fantasia de imortalidade, por meio da descendência, leva-os a "programar" os filhos à imagem e semelhança de seus desígnios.

Analogamente, um hospital, cujo objetivo precípuo seria proporcionar ao paciente as melhores condições para a recuperação de sua saúde, acaba por se estruturar, segundo as conveniências dos médicos e funcionários administrativos que, frequentemente, estão em oposição às necessidades dos pacientes. Que outra explicação para a desumana disciplina de certas práticas da rotina hospitalar, tais como horários de refeições defasados com os hábitos dos pacientes ou o intempestivo despertar do paciente por ocasião da troca de plantões dos funcionários ou ainda a não concessão de altas em domingos ou feriados? Assim, também, os berçários e as salas de recuperação cirúrgica foram criados em nome dos benefícios aos pacientes, benefícios esses duvidosos como a experiência tem comprovado. A adoção do *room-in* já é prática consagrada nas maternidades modernas, assim como podemos vaticinar que, em breve, o serão nos serviços de cirurgia.

Idêntico comentário poderia ser feito sobre a transformação de uma indústria de inofensivos utensílios domésticos em parque de material bélico para atender aos imperativos colonialistas de uma ditadura militar.

Apenas para não nos desviarmos demasiado dos propósitos desta exposição, deixaremos em suspenso esse apaixonante tema das distorções dos objetivos iniciais de um grupo institucional para retomarmos o fio de nossas considerações sobre as vicissitudes clínicas no atendimento a instituições.

Entre os inúmeros mecanismos de interação grupal detectados em nossa experiência institucional, há um que, por sua transcendência para a avaliação de nossas limitações e possibilidades terapêuticas, merece destaque. Trata-se do que batizamos de circularidade da patologia institucional ou "fenômeno da batata quente". Resumidamente, é o seguinte: em todas as instituições há sempre um núcleo conflitivo ou área de atritos (a "batata quente") que circula em seus vários estratos organizacionais ou níveis funcionais. Quanto mais tempo essa "batata quente" permanece estacionária em um determinado setor institucional, pior o prognóstico quanto ao estado de "saúde" institucional; e, em contrapartida, quanto mais a "batata quente" circular, melhores as perspectivas quanto ao nível geral de saúde institucional. Mas, por mais que circule, essa "batata" nunca esfria, pois, pela entropia institucional, ela é constantemente reaquecida. A eficiência da nossa ação terapêutica, portanto, não será identificada pela resolução do fenômeno (por ser ele inerente à condição institucional), mas pela aceleração do processo circulatório da "batata quente", de tal sorte que, ao reduzir o tempo de permanência do núcleo conflitivo em cada setor institucional, as consequências nocivas de sua presença sejam mitigadas, ou seja, conforme nossa imagem, se não podemos esfriar a "batata" por ela ter a propriedade de reaquecer-se, tornamos menores as chances de "queimaduras" ao seu contato, pela aceleração de sua passagem de mão em mão.

Vamos exemplificar com uma ilustração clínica:

Na comunidade terapêutica a que nos referimos no capítulo correspondente percebemos que, na medida em que as ansiedades circulantes entre os pacientes foram sendo reduzidas pelo manejo mais adequado de suas atuações na comunidade por parte dos membros da equipe técnica, houve simultaneamente um incremento de mal-estar e conflitos entre os elementos da área administrativa, que, de certa forma, foram atingidos em sua rotina de trabalho pelas medidas tomadas pelos terapeutas, a fim de atender a certas reivindicações feitas pelos pacientes que lhes pareceram justas. Paralelamente à resolução das tensões existentes no âmbito administrativo, surgiram atritos e desentendimentos na cúpula diretiva da instituição, que uma vez discutidos e compreendidos trouxeram novamente a concórdia e harmonia entre seus membros. No exato momento em que isso aconteceu, eclodiu um novo surto de agitações psicomotoras entre os pacientes de um dos setores clínicos da comunidade terapêutica. E assim por diante, em uma repetição cíclica de conflitos emergentes ora em um, ora em outro setor comunitário. A princípio nos frustrávamos com nossa impotência para resolver tais situações "de uma vez para sempre" como desejaríamos, e atribuíamos à nossa inexperiência e incompetência tal impossibilidade de controlar definitivamente esses "surtos conflitivos". Houve momentos em que detectávamos a tendência do conflito a estacionar em determinada área e então, em uma inércia aparentemente inexplicável, o mantínhamos ali enquistado como que para não contaminar ou espalhar-se a outras áreas consideradas mais vitais para a sobrevivência da instituição. No entanto, posteriormente observamos que esse mecanismo defensivo, longe de poupar a instituição de novas vicissitudes conflitivas, acarretava uma baixa generalizada de nosso entusiasmo no trabalho e do rendimento global na tarefa assistencial, de ensino e pesquisa a que nos propúnhamos. A análise dessas circunstâncias levou-nos à conclusão de que é inevitável na vida institucional a ocorrência dessas situações de conflitos intra-sistêmicos, cuja resolução ou desaparecimento equivaleriam forçosamente à extinção da própria instituição. Vida é conflito e temos de aceitar essa realidade também nas instituições. É própria à sua natureza dinâmica a presença do conflito e nossa função terapêutica não é tentar ingenuamente eliminá-lo, mas, sim, identificar sua ação e tentar impedir que se estruture a determinado nível institucional, o que gradativamente leva ao bloqueio e à paralisia de todo o sistema.

O mesmo raciocínio feito com relação ao chamado "fenômeno da batata quente" poderá servir para a análise das relações de poder dentro de uma instituição. Se, como postulamos inicialmente, toda instituição serve aos propósitos de instrumentar a busca de poder inerente à condição humana, em que as alianças por ela (instituição) propiciadas visam reforçar ou multiplicar o insuficiente poder dos indivíduos que a constituem, ter como objetivo terapêutico esvaziar o poder dentro da instituição é propor-se a aniquilar a própria essência institucional. Nosso propósito deve ser, igualmente, o de mobilizar ou agilizar a alternância de poderes dentro da instituição, de tal sorte que se crie um equilíbrio dinâmico que não predisponha à cristalização dos modelos autocráticos ou concentradores de poder, que desvitalizam qualquer instituição e a ameaçam de extinção. A rotatividade do poder é, portanto, sinônimo de saúde institucional.

Quando se propõe a troca de "ditadura da aristocracia" pela "ditadura da burguesia" ou dessa pela "ditadura do proletariado", penso que se está fundamentalmente propondo a concentração de poder em outras mãos e não sua rotatividade, razão pela qual o modelo proposto acaba por adoecer dos mesmos males do modelo que quer substituir.

Perfil do "Terapeuta" Institucional

O que aqui denominamos "terapeuta" institucional corresponde ao que se entende por consultor dos fatores humanos de uma instituição e que se distingue do consultor nos processos de gestão institucional. Feita essa consideração de caráter discriminatório e preventivo de mal-entendidos, à guisa de mero exercício prospectivo, tratemos agora de esboçar a formação e as características que nos parecem desejáveis em um terapeuta de instituições.

Parece-nos menos relevante a área profissional em que o terapeuta institucional fez sua formação básica (Medicina, Psicologia, Sociologia, Serviço Social, Administração de Empresas, etc.) do que certas exigências de qualificação para a tarefa que, a rigor, até agora nenhuma área específica proporciona. As recomendações que nos atrevemos a fazer a seguir não levam outra intenção que a de abrir a discussão sobre quais as condições preconizadas para tal qualificação. Desde logo, advertimos que elas refletem menos os objetivos a serem idealmente buscados do que as circunstância pessoais de uma trajetória apenas iniciada, procurando superar limitações e deficiências que nos são próprias.

Assim, quer nos parecer que, embora não seja indispensável (e talvez nem conveniente por certos vícios de origem) ser o terapeuta institucional um psicanalista, tal condição outorga-lhe certas vantagens iniciais quanto à postura reflexiva de sua tarefa e quanto às possibilidades de compreensão e manejo das motivações inconscientes subjacentes à conduta humana. Para os indivíduos dotados de peculiar capacidade de *insight* sobre os fenômenos intra e interpessoais, basta, quem sabe, o que tenham vivenciado em um processo de autoconhecimento de tipo psicoterápico.

Certamente, se exige um conhecimento sólido de dinâmico grupal e dos distintos aportes referenciais trazidos por certos autores que se dedicaram em algum momento ao estudo dos grupos institucionais. Entre os pertencentes à escola psicanalítica, e que são obviamente os que melhor conhecemos, destacaríamos E. Jacques e W. R. Bion, na Inglaterra, Pichon-Rivière e J. Bleger, na Argentina, para ficarmos apenas com aqueles cujas obras têm sido melhor divulgadas entre nós.

Pela riqueza e abrangência conceituais no tocante aos fenômenos grupais, as teorias dos sistemas e da comunicação humana (conforme o trabalho pioneiro do denominado grupo de Palo Alto, na Califórnia, e de outros tantos que paralela ou consequentemente desenvolveram-se em diferentes latitudes) nos oferecem importantes subsídios tanto para o diagnóstico quanto para a elaboração das estratégias de abordagem institucional.

Ao lado da matriz operacional dos exercícios de dinâmica de grupo, as diferentes variações e artifícios técnicos desenvolvidos pelo psicodrama têm-se evidenciado de grande valia na elaboração de um modelo de atendimento institucional. Finalmente, cremos que muitos profissionais que labutam na esfera administrativa, como consultores na organização, planejamento e estudo da viabilidade econômica de empresas, poderiam trazer importantes subsídios ao emergente campo da terapia institucional.

Obviamente, a Psicologia organizacional, pela experiência acumulada no trato com instituições, embora com outro escopo, tem também sua contribuição a trazer para a formação dos terapeutas institucionais.

Referências

BLEGER, J. (1972). *Psicohigiene y psicología institucional* (2.ed.). Buenos Aires: Paidós.

JAQUES, E. (1952). Social systems as a defense against persecutory and depressive anxiety. ln KLEIN, M. e cols. *New directions in psycho-analysis*. New York: Basic Books, p. 478-98.

PICHON-RIVIÈRE, E. (1981). *El proceso grupal de psicoanálisis a la psicologia social* (16.ed.). Buenos Aires: Nueva Visión.

CAPÍTULO 16

Quando a Instituição é uma Empresa Familiar

Sobre Empresas Familiares

Em nosso país, 95% das empresas, aproximadamente, são familiares. Este percentual tende a aumentar, pois a formação de microempresas familiares tem se mostrado a melhor alternativa para fazer frente ao desemprego crescente.

As tendências mostram que o emprego é uma entidade em extinção, quer no âmbito público quer no privado. É na raiz desta realidade que está o ressurgimento, com força total, das empresas familiares no mercado de trabalho. Elas que, aliás, sempre foram maioria significativa das empresas em geral e são, em última análise, a fonte de todas as formas de organização das relações de trabalho desde tempos imemoriais.

Por outro lado, enquanto as grandes empresas familiares tendem a se profissionalizar ou a desaparecer engolfadas pelos processos de megafusões que a globalização tem ensejado, as pequenas e médias empresas familiares investem em procedimentos visando melhorar seu desempenho na gestão de negócios, mas carecem de condições para lidar com os conflitos interpessoais que repercutem negativamente nos resultados buscados pela empresa, além de afetarem a qualidade de vida dos que nela trabalham.

Quer nas micro, quer nas macro empresas familiares, as relações interpessoais entre os membros da família são onipresentes, tanto no que se refere ao seu potencial gerador de conflitos como ao de realizações solidárias. Tais fatores humanos, que estão ao lado ou se superpõem às questões gestoras dos negócios, estão tão intimamente ligados à busca de uma melhor qualidade de vida, fazendo-se necessário privilegiar esse enfoque centrado na prevenção dos distúrbios que afetam as relações familiares e de trabalho, quando elas se simbiotizam na realidade cotidiana das empresas familiares. Afinal, se é no seio da família e no ambiente de trabalho que passamos a maior parte de nossa existência, não há como deixar de considerar as aflições e discriminações perturbadoras de quem não tem tais espaços bem delimitados na sua rotina de vida.

Há que focalizar a questão empresarial sob o ângulo da *saúde,* aqui tomada em seu conceito mais abrangente, conforme enunciado pela OMS, ou seja, segundo os vértices físico, mental e social. E para fazê-lo, é mister que nos aproximemos do exame e da compreensão dos fatores interpessoais, esses, sim, indispensáveis para alcançar a procurada *qualidade total* a que se refere o enfoque gestor, que tem minimizado a questão humana em favor da eficiência, no contexto da ideologia consumista de nossa época.

Estamos em tempos de inovações, transformações e questionamentos do saber e do viver acumulados, mas, para haver renovação, é preciso haver resgate. Para haver uma renovação da atividade laboral, é preciso haver o resgate de suas origens na família, na qual o trabalho era fonte de vida, de saúde, de prazer, assim como era um instrumento para a sobrevivência coletiva e proporcionava bem-estar social aos que o compartilhavam.

Na espiral ascendente da evolução humana, a empresa retoma sua feição familiar para ressignificar o trabalho, para reelaborar sua função solidária no fazer do pão nosso de cada dia, que nutre não só o corpo, mas igualmente o espírito, pela cumplicidade em sua feitura.

Quem sabe será no trabalho realizado em conjunto no seio da família, do qual *Alvin Toffler* já nos oferecia uma visão prospectiva em sua imagem da cabana eletrônica da terceira onda, que o homem irá resgatar a essência de sua condição humana e estabelecer um novo ciclo em seu projeto transcendente de ascender a uma melhor qualidade existencial e que é comum a todas as culturas.

A empresa familiar é o *locus* por excelência dessa busca do sentido original do trabalho como fonte de criação coletiva, da realização solidária permeada do prazer lúdico das tarefas compartilhadas e do reencontro com a natureza gregária do ser humano, na sua herança animal de prover o sustento e facultar a procriação da espécie no regaço do grupo primordial – a família.

Há, pois, algo que transcende o ressurgimento do trabalho em família e que o coloca além da simples situação conjuntural de fazer frente à crise econômica ou repensar o gigantismo massificador e desumanizante das empresas convencionais de nossa época, padrão "linha de montagem", no qual os operários passam a ser engrenagens em um sistema que privilegia o produto e não quem o faz ou irá utilizar. E esse algo vincula-se ao reaparecimento de antigas formas de aprendizado e execução compartida de atividades laborais, cimentadas pelo prazer da convivência que podem proporcionar.

Consultoria a Empresas Familiares

Até muito recentemente as consultorias a empresas, familiares ou não, tinham seu foco principal na gestão do negócio e restringiam sua ação ao exame e à busca de soluções na área administrativo-financeira, com eventual suporte das assessorias jurídicas, quando se fizesse necessário. Nossa experiência trabalhando com empresas familiares ou com famílias de empresários, tem-nos evidenciado que os conflitos interpessoais são de mais difícil manejo do que os aspectos gerenciais, além de, como frisamos, repercutirem negativamente nos resultados buscados pela empresa. Também observamos que tais dificuldades ocorrem não somente pelos conflitos porventura existentes entre os membros da família empresarial como, e principalmente, por seu desconhecimento de como lidar com as situações intragrupais inerentes à vida institucional. Assim, não basta somente aprender a administrar os negócios para que uma empresa seja bem-sucedida; é preciso, também, saber administrar as relações humanas no seio da família e da empresa.

Isso nos levou a estabelecer um modelo de consultoria a empresas familiares que privilegia o enfoque dos *fatores humanos,* a par do que já se vem fazendo no campo da *gestão empresarial.* Tais abordagens não são excludentes, mas complementares. Tratamos apenas de aportar a contribuição de nossa experiência anterior em Psicanálise, grupoterapia e terapia de famílias à abordagem das vicissitudes das empresas familiares, além do conhecimento daí advindo dos processos intrapsíquicos e interacionais presentes no campo das relações humanas, sobretudo no âmbito familiar, preenchendo, assim, uma importante lacuna na metodologia de consultorias empresariais.

Que marcos referenciais teórico-técnicos utilizamos em nosso trabalho com empresas familiares?

Da *dinâmica de grupos* retiramos as noções básicas de campo grupal e suas contribuições ao estudo do papel do líder e do exercício da autoridade.

Da *Psicanálise,* a compreensão das motivações inconscientes das ações humanas.

Da *teoria dos grupos operativos,* a forma de clarificar os objetivos (tarefa) da instituição e o modo de abordá-los operativamente, a partir dos vínculos relacionais.

Do *psicodrama,* a visualização dos papéis designados no cenário da família empresária e a utilização do *role-playing* como ferramenta operacional da consultoria.

Da *teoria sistémica,* a possibilidade de perceber as interações dos subsistemas família/empresa familiar e catalisar as mudanças possíveis, trabalhando com os elementos fornecidos pela *teoria da comunicação humana* no sentido de esclarecer os "mal-entendidos" e desfazer os "nós" comunicacionais.

Da cibernética a noção de *feedback,* importante ferramenta a ser inserida no cotidiano da abordagem interacional das relações entre os diversos extratos dentro da instituição.

A seguir, apresentamos uma ideia de nosso enfoque compreensivo das vicissitudes das empresas familiares no tocante a duas áreas em que se concentram seus problemas, quais sejam: *as fronteiras família/empresa* e a *questão da sucessão,* bem como ilustrá-las com a apresentação de um *case.*

Fronteiras Família/Empresa

Curiosamente, a origem etimológica da palavra família remete-nos ao vocábulo latino *famulus,* que significa "servo" ou "escravo", sugerindo que primitivamente considerava-se a família como sendo o conjunto de escravos ou criados de uma mesma pessoa. Entendo, no entanto, que essa raiz etimológica alude à natureza possessiva das relações familiares entre os povos primitivos, em que a mulher deveria obedecer ao seu marido como se fosse seu amo e senhor, e os filhos pertenciam aos seus pais, a quem deviam suas vidas e, consequentemente, esses se julgavam com direito absoluto sobre eles. A noção de posse e a questão do poder estão, portanto, intrinsecamente vinculadas à origem e à evolução do grupo familiar, bem como das empresas, como veremos mais adiante.

Lembre-se ainda de que a noção de empresa traz em suas vertentes etimológicas o sentido de "aprisionamento" *(im + prendere:* prender dentro), como a sinalizar as dificuldades da instituição empresarial de separar-se de suas origens familiares e adquirir vida própria e autônoma.

Todas as ideias emergentes sempre foram apresentadas com o auxílio de metáforas para melhor elucidá-las. A metáfora nada mais é, como sugere sua própria etimologia, do que a transposição de um sentido próprio já conhecido a outro figurado, que, pelo mecanismo analógico, torne o desconhecido (ou ainda só parcialmente conhecido) mais bem aprendido.

Assim, Freud valeu-se de metáforas extraídas da Física para tornar compreensível sua abordagem do funcionamento mental, a cibernética recorreu à Biologia para explicar o funcionamento das máquinas, e assim por diante.

Vamos nos utilizar aqui da metáfora da evolução dos seres humanos para acessar a questão das fronteiras entre a família e a empresa nas empresas familiares.

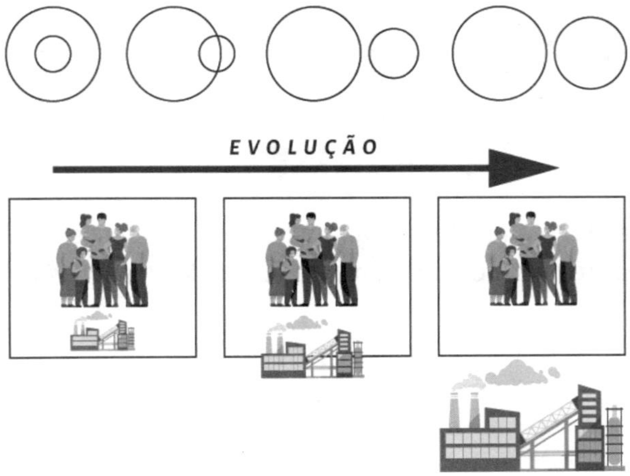

Figura 16.1

Como a figura sugere, a empresa familiar nasce da família e, em um processo similar ao da separação/individuação dos seres humanos, adquire sua identidade própria como instituição, embora, a exemplo do que também ocorre com os seres humanos, mantenha sempre características que lembram a matriz de onde se originou. Os vínculos institucionais da empresa com a família que lhe deu origem assemelham-se aos do indivíduo com seus respectivos pais, podendo ser tão próximos que adquirem um caráter simbiótico (sem uma bem definida separação/individuação) ou já tão distantes e descontinuados que pouco remetem à sua ascendência.

Vejamos agora como podem se comportar as fronteiras entre as famílias e as respectivas empresas e as vicissitudes decorrentes, seja da indefinição dessas fronteiras, seja da inadequada forma como interagem família e empresa. Como as imagens nos parecem suficientemente eloquentes para expressar o que aqui queremos transmitir, vamos apenas legendá-las com os aspectos que queremos destacar:

Figura 16.2 – Uma empresa familiar poderá crescer às custas do empobrecimento ou do enfraquecimento dos laços familiares.

Figura 16.3 – Uma empresa familiar poderá não crescer porque a família privilegia as hierarquias dentro do sistema familiar e não está disposta a fazer concessões que abalem privilégios e supostas competências pré-designadas em nome do progresso da empresa.

Figura 16.4 – Família e empresa familiar poderão se dissociar e até mesmo antagonizar, em face de rivalidades em seus subsistemas, de tal sorte que ambas apequenam-se e perdem vitalidade.

Figura 16.5 – Família e empresa familiar poderão crescer juntas, somando esforços e competências, em um clima solidário, no qual o prazer da convivência soma-se ao do trabalho ludicamente compartilhado.

Figura 16.6 – É importante manter fronteiras bem definidas para a funcionalidade de ambos os sistemas: familiar e empresarial.

Figura 16.7 – E onde, ao lado de áreas necessariamente compartilhadas, existam espaços em que se preservem as identidades institucionais de ambos os sistemas: família e empresa familiar.

Entendemos que as fronteiras podem ser funcionais quando permitem o livre acesso aos potenciais e às riquezas de ambos os lados e apenas servem para marcar territórios com identidades próprias e culturas distintas, tal qual nas aduanas de países vizinhos e cooperativos; serão disfuncionais quando existirem conflitos que desencadeiem invasões recíprocas ou o bloqueio das intercomunicações com o isolamento pela quebra dos canais diplomáticos.

Famílias e suas empresas devem "suplementar-se" (o que é distinto de "complementar-se") se quiserem ser bem-sucedidas, ou seja, é preciso que de sua interação ambas saiam "acrescentadas" e não "esvaziadas" de conteúdos inerentes à identidade grupal ou institucional que as define no contexto cultural em que se inserem. O sucesso ou o fracasso de uma consultoria a empresas familiares passa inevitavelmente pela identificação dos problemas de fronteiras e seu adequado manejo *ab initio*. E aqui queremos mencionar a importância da abordagem interdisciplinar como modelo referencial para levar a família e as empresas que formam a ter suas fronteiras como espaços demarcadores de identidades e competências e não de rígidas alfândegas que impedem o trânsito fluido das mercadorias a intercambiar e que são, de um lado, as qualidades humanas dos membros da família e sua criatividade laboral e, de outro, por parte da empresa, o espaço para a realização de projetos de vida compartilhados, de multiplicação de esforços dispendidos, de ampliação do patrimônio coletivo e de transcendência dos objetivos imanentes à condição humana na eterna busca do estado de bem-estar social.

O que queremos dizer com "abordagem interdisciplinar como modelo de referência para famílias e empresas"?

Contrapor gestão e fatores humanos em consultoria é como colocar família e empresa familiar como alternativas que se excluem. Elas podem conviver, sim, e com vantagens. Como também será sumamente vantajosa para a empresa uma consultoria que não antagonize os aspectos gerenciais do negócio e os fatores de ordem afetiva e emocional que subjazem a toda e qualquer atividade humana. Não é, portanto, família ou empresa e sim família e empresa, como não é gestão ou fatores humanos e sim gestão e fatores humanos. Fronteiras definidas, competências respeitadas. Ou, se preferirem, separação de ofícios e convergência de esforços.

A Questão da Sucessão

"Os problemas relacionados com a sucessão e a herança se produzem, precisamente, nas interações entre o sistema da família e o sistema da empresa"
(Rosemblatt, Mike, Johnson, & Andersen (1985). *Family in Business*)

A questão da sucessão necessita ser examinada, portanto, a partir das fronteiras entre a família e a empresa e, para seu enfoque, é de extrema valia a contribuição do paradigma sistêmico e de sua abordagem das interações humanas, por desfocarem a questão da dicotomia geracional, evitando colocar o problema na formulação simplista do "com quem estão os direitos" ou "quem deve ceder para quem" ou "a quem dar razão".

Por outro lado, não levar em conta os fatores emocionais presentes na interface entre a família e a empresa talvez explique por que menos de 1/3 das empresas familiares sobrevive à passagem da primeira para a segunda geração.

Como a empresa começa por seu ou seus fundadores, a primeira questão a formular, ao tentarmos compreender as vicissitudes do processo sucessório, é por que mais de 2/3 dos fundadores de mais de 50 anos ainda não encaminharam o processo sucessório.

Muito se fala do perfil autocrático e centralizador dos fundadores de empresas, de sua habitual dificuldade em delegar funções de liderança e abrir mão do poder que detêm, dos conflitos geracionais que eclodem no parto sucessório e outras tantas questões circunjacentes, mas queríamos aqui enfatizar o que nos parece ser o ponto nevrálgico da questão sucessória do ponto de vista de quem vai ser sucedido e que está contida nos dilemas vinculados à questão da finitude humana e no enfrentamento com a morte.

A propósito, quero narrar um breve episódio da minha vida familiar que me ajudou a compreender o quão sofrida é a situação de quem vai se afastar *para sempre* de uma condição profissional que polarizou sua vida até então.

Quando meu pai, que desde sua adolescência, quando cavalgava nos pampas gaúchos montado no "Ford de bigode" de um parente, era um apaixonado por automóveis, foi informado por seu médico que, devido à sua idade e às condições físicas, não mais deveria dirigir ele, entre surpreso e deprimido, indagou: *"Mas é para nunca mais?"*

Imagino o fundador de uma empresa familiar, cuja maior parte de sua vida foi exercendo a direção da mesma, enfrentando a situação de sair *em definitivo* de seu comando (*"para nunca mais"*), tendo que se abster daquela que provavelmente foi a grande motivação de sua vida profissional para enfrentar uma aposentadoria sem retorno. Pode-se deixar de considerar o seu intenso luto e, quem sabe, a decorrente impossibilidade de abrir mão do poder de que se acha detentor para passá-lo a seu(s) herdeiro(s)?

Por isso, julgamos que a sucessão bem encaminhada tem que contemplar a necessidade do sucedido de continuar com direito a continuar participando de um projeto de vida e não simplesmente palmilhando a estrada em direção ao fim.

A sucessão não pode se constituir na troca de um projeto de vida por um projeto de morte, o que acarretará o fim prematuro do sucedido e a instalação de um sentimento de culpa persecutório, de danosas consequências, para o sucessor.

Já vimos que a família é uma instância promotora dos desígnios de poder dos seres humanos. A família monogâmica prevalente no mundo ocidental deve suas origens à afirmação do poder masculino para assegurar filhos de paternidade inconteste, garantindo, assim, a continuidade hereditária da propriedade privada e dos bens materiais em geral. E se mencionamos o poder masculino não foi aleatório, pois a questão da sucessão nas empresas familiares não gira apenas em torno do vértice dos confronto das gerações, mas igualmente – e cada vez mais – no âmbito do enfrentamento entre os sexos.

Conforme nos observa *Toffler*, "ao deixarmos de uma vez por todas uma economia baseada no poder do músculo e passando para outra que se radica no poder da mente, isso elimina desvantagens fundamentais no caso das mulheres". Efetivamente, a igualdade de direitos, deveres e opções entre os sexos é a pedra de toque das transformações porque passa a família contemporânea e se projeta no futuro sob a forma de um novo padrão relacional entre homem e mulher, cuja força física deixa de ser fator de desequilíbrio.

Ainda há homens que, a meio caminho entre um sentimento de incompetência e comodismo, dizem a suas companheiras: "Você que é mulher vê se compreende o que está se passando com seu filho e faz com que ele pare de chorar". Assim como há mulheres que, a meio caminho entre a inveja e o deboche, dizem a seus companheiros, muitas vezes com uma alusão explícita ao órgão genital masculino: "Você que é homem vá lá e imponha respeito ao seu filho".

Talvez, ainda decorram duas a três gerações para que tais ideias preconceituosas e estereótipos em relação a papéis e competências masculinas e femininas se dissipem. Até lá parece que as posições relativas dos sexos na questão sucessória não se afastarão muito da que alegoricamente podemos representar pelo ocorrido na visão mítica primordial de uma empresa familiar, quando Deus, o fundador, entregou o paraíso para seus filhos Adão e Eva administrarem e esses transgrediram as regras impostas pelo Criador para que usufruíssem das benesses da herança celestial: à mulher coube o papel de inspiradora e ao homem o de executor da transgressão original na tentativa de dar novos rumos à empresa que receberam para gerenciar. E a cobra, indagará alguém? A quem ela representava nessa figuração alegórica? Não seria a cobra o desavisado consultor que apresenta como solução aos eventuais sucessores o que apenas redundará em perigosa provocação ao fundador?

Não se pode entender a família de hoje nem as empresas familiares sem analisá-las à luz dessa busca de um novo equilíbrio no jogo de poder entre seus membros: entre marido e mulher, em função da nova ordem sexual e da redistribuição de papéis tanto no contexto familiar quanto no mercado de trabalho; entre pais e filhos, pela ascensão do poder jovem e a consequente revisão da autoridade parental; e entre irmãos, pela necessidade de substituir posturas de rivalidade por um padrão de cumplicidade e solidariedade para fazer frente ao mundo competitivo de nossos dias.

Uma pergunta crucial que sempre ocorre quando se discutem os impasses a que muitas vezes levam os problemas sucessórios é: "Se tudo é assim tão difícil com a sucessão, por que não a profissionalização?"

E aí caímos no território dos "modismos" e "achismos", antes mais regidos por posições ideológicas do que por conclusões referendadas pelos fatos. Profissionalizar por meio de importação de dirigentes alheios aos quadros familiares ou profissionalizar os herdeiros, remetendo-os para período de aprendizagem fora da empresa, capacitando, assim, a geração sucessora?

Na raiz desse dilema, outro questionamento se oferece: quais os talentos específicos dos dirigentes para cada momento da história da empresa familiar? "O fundador é sempre uma pessoa de espírito empreendedor, enquanto o sucessor deve ser um aglutinador, alguém que respeita o que existe e procura transformar sem destruir. "Criar algo a partir do nada é diferente de dar continuidade a um negócio já existente", diz-nos R. Bernhoeft.

Esquematicamente, há quem diga que à primeira geração compete *criar,* à segunda, *consolidar* e à terceira *renovar,* o que, no entanto, conduz-nos a um modelo excludente, como se a primeira não devesse ocupar-se da consolidação, e a segunda não pudesse também renovar.

E o Papel do Consultor?

Geralmente, o consultor entra em cena quando já se considera a opção de a sucessão ser uma *opção* ou um *mandato*, e o impasse cristaliza-se em torno da cruel dúvida entre *suceder, substituir* ou *destituir,* ou seja, tarde demais. Aí a expectativa é de que ele traga a solução mágica capaz de salvar o que está prestes a soçobrar e, então, o consultor, investido dessa expectativa mágica, sucumbe ante a natural inclinação humana à onipotência e, em lugar de catalisar o processo sucessório (como seria sua atribuição) trata de conduzi-lo.

Um consultor não pode, e nem deve, aproximar-se de uma empresa familiar que o chamou para auxiliar no processo sucessório com o desejo de que a empresa adote o que ele entenda ser melhor. O único desejo compatível com a função de consultor é o de promover a saúde institucional, a qualidade de vida dos que a dirigem ou nela laboram. E isso obviamente não inclui o monitoramento de destinos alheios.

O consultor não é um interventor e sua função se restringe a acionar, com sua ação catalisadora, um processo sucessório que se interrompeu ou está bloqueado pelo rompimento dos canais de comunicação. Seu maior compromisso ético é com a isenção em relação às decisões que venham a ser tomadas, mantendo-se estritamente em um papel que em tudo e por tudo corresponde ao que etimologicamente está expresso na função de educador (*e* + *ducare*), ou seja, aquele que conduz para fora um saber que está em estado embrionário na mente de quem o busca.

A solução para a sucessão de cada empresa em particular está na empresa, nas entrelinhas de sua história, no contexto sociocultural em que se inseriu. O consultor é, antes de tudo, um tradutor: a ele cabe traduzir a sucessores e sucedidos o que em seus idiomas privados, carregados de conotações afetivas, eles não conseguem comunicar uns aos outros.

É o consultor um agente facilitador das interações família/empresa por meio de sua condição de profissional experiente em decifrar os códigos de comunicação da linguagem afetiva, suas potencialidades, seus ruídos, suas lacunas. Diria que ele é, sobretudo, um rastreador de mal-entendidos. E não há terreno mais propício para a geração de mal-entendidos do que as conversações em torno de um processo sucessório.

O consultor não pode ser uma edição contemporânea de Procusto, querendo adaptar a empresa ao divã de suas teorias preestabelecidas. Para avivar-nos a memória, Procusto era um famoso salteador que agia entre Megara e Atenas. Ele atacava os viajantes, despojava seus bens e submetia-os a cruel suplício, forçando-os a se deitar em um leito que nunca se ajustava ao seu tamanho. Ele cortava as pernas dos que excediam a medida e, por meio de cordas, esticava os que não a atingiam. Teseu o matou, infringindo-lhe igual martírio.

Finalmente, lembrando que o futuro e não o passado é o organizador da experiência humana, queremos encerrar esta parte expositiva sobre nossa visão das empresas familiares e suas peculiaridades enquanto instituição com uma paródia da célebre afirmação de Lavoisier, que resume nossa abordagem compreensiva das mesmas enquanto consultores:

"Nas empresas familiares, como nas famílias, nada se perde, nada se cria, tudo se transforma."

Um *case*

Vamos sumariamente apresentar-lhes o que, em linguagem consultorial, denominamos "*case*" ou situação empresarial, na qual se podem identificar os elementos antes referidos no tocante às fronteiras família/empresa e à questão da sucessão. Para tanto, vamos nos valer da apresentação gráfica de genetogramas e organogramas que permitam traçar um paralelo entre a evolução da família e da empresa, bem como do que denominamos um laborgrama, como indicador das competências profissionais dos membros da família.

Trata-se de um grupo de três irmãos que há 35 anos, quando constituíram a empresa em questão, contavam respectivamente com 26, 24 e 22 anos de idade. Paulo, o mais velho, era um hábil marceneiro, ofício aprendido com o pai. Ele não avançou em seus estudos além do ensino fundamental, mas, por ocasião da constituição da empresa, especializou-se na construção de móveis em geral. Paulo, na condição de moveleiro, assumiu a responsabilidade pelo produto oferecido pela fábrica de móveis que então instituíram.

Pedro, o irmão do meio, possuía o ensino médio incompleto e algum conhecimento de contabilidade, o que o levou, naturalmente, a encarregar-se da administração e da gestão financeira da empresa.

José, o caçula, interrompeu os estudos sem completar o ensino fundamental. Por sua natureza extrovertida e comunicativa assumiu a função de uma espécie de relações públicas e promotor de vendas da empresa recém-formada.

Cinco anos após a constituição da empresa, Paulo havia se casado com Maria, que se dedicava apenas aos seus afazeres domésticos, Pedro continuava solteiro e José falecera após complicações decorrentes de um acidente que sofreu.

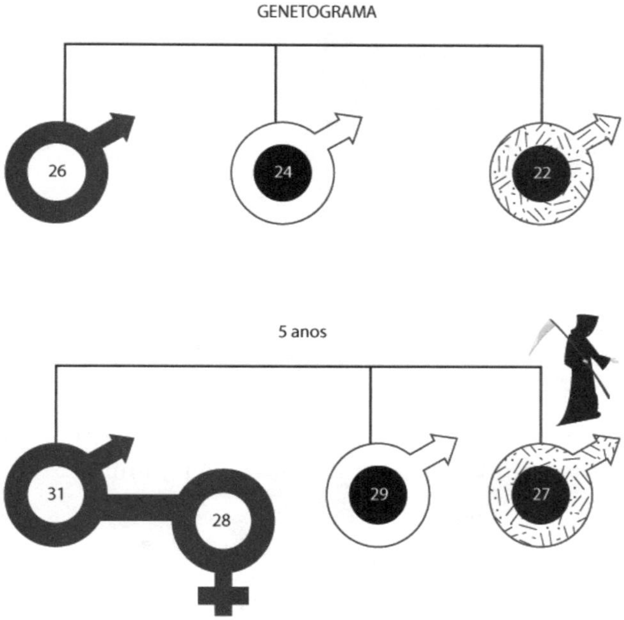

Figura 16.8

Dez anos mais tarde, a situação familiar era a seguinte: Paulo teve quatro filhos com Maria: um garoto, então, com 9 anos (Guilherme), duas meninas (Ana e Suzana), com 7 e 6 anos, respectivamente, e outro menino (Roberto), com 3 anos. Pedro estava amasiado com Helena, três anos mais velha do que ele, a quem conheceu no escritório de outro empresário da cidade, de quem ela era secretária.

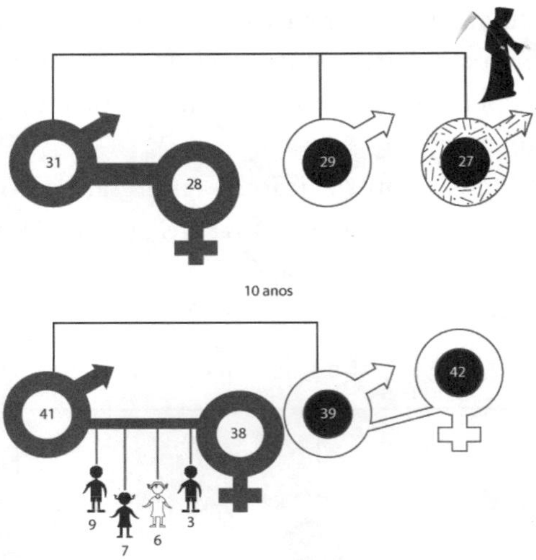

Figura 16.9

Vinte anos depois, por ocasião da demanda da consultoria, decorridos 35 anos da fundação da empresa, eis o quadro familiar: a segunda filha de Paulo e Maria (Suzana) casou-se com um representante comercial com quem tinha agora uma filha de 2 anos de idade, enquanto os demais permaneciam solteiros. Pedro seguia vivendo em uma situação de concubinato com Helena e ambos não tiveram filhos.

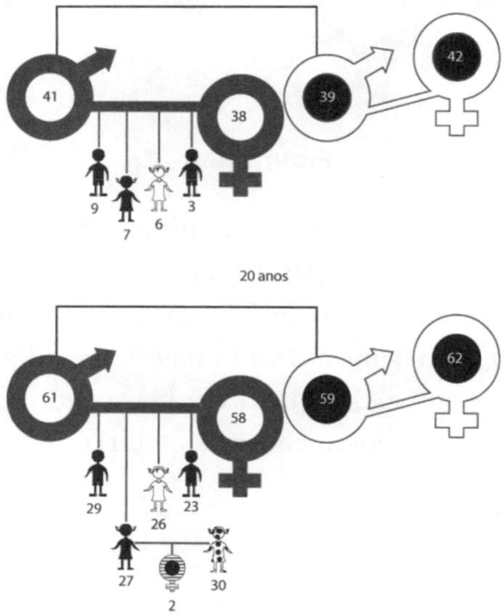

Figura 16.10

Quanto às competências profissionais dos membros da família, elas estão resenhadas no laborgrama a seguir:

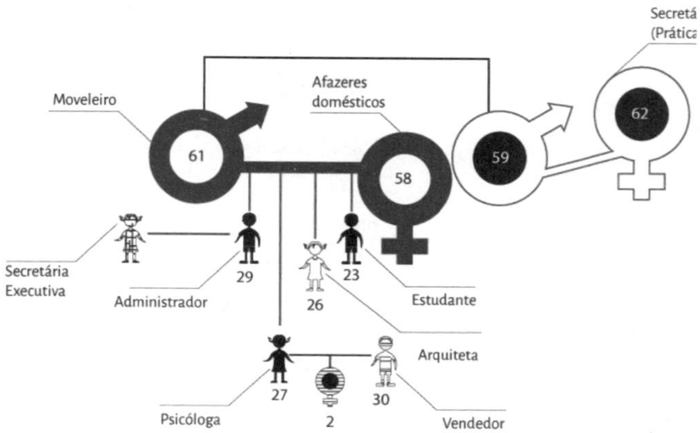

Figura 16. 11

Vejamos, agora, como se comportou o organograma da empresa na sua evolução ao longo de seus 35 anos de existência:

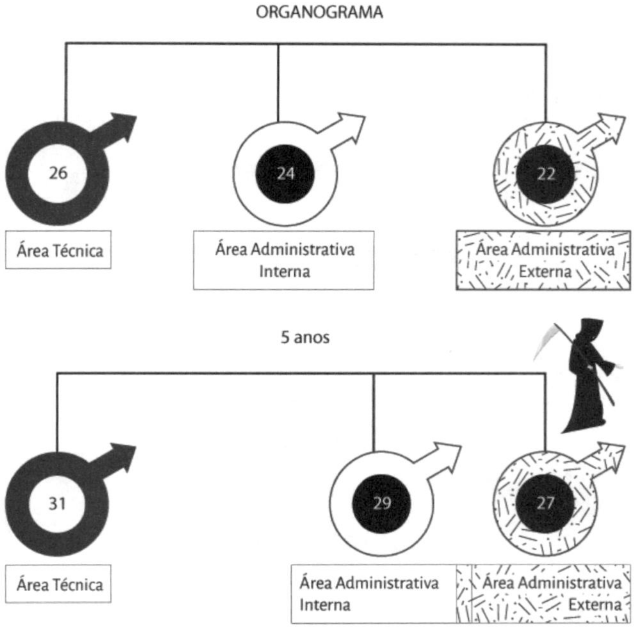

Figura 16.12

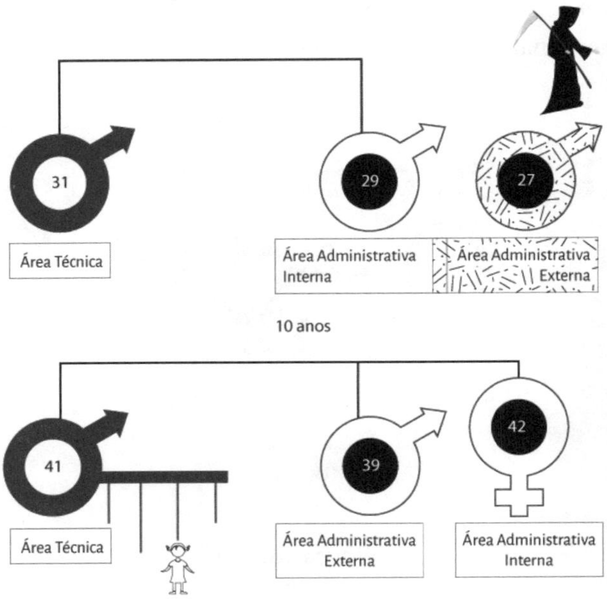

Figura 16.13

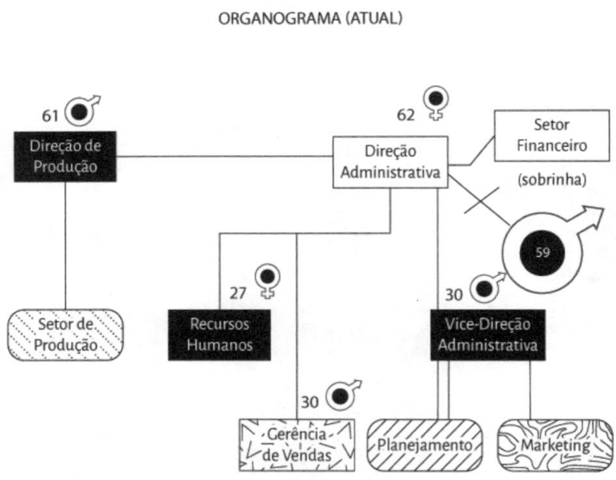

Figura 16.14

Comentários

A demanda da consultoria originou-se explicitamente por causa da frustração de Paulo que desejava se aposentar, contando com o ingresso de sua filha arquiteta, Suzana, que já trabalhava como sua assessora antes de ingressar na faculdade, nas funções de diretora-técnica da empresa. Suzana recusou-se em fazê-lo parte por querer dar sequência à carreira na qual ingressara e parte por apresentar problemas de relacionamento com a cunhada de Paulo (Helena), cujo poder na empresa crescera às custas do retraimento de Pedro, o qual praticamente se afastou da firma por meio de uma aposentadoria virtual, e por causa da hipertrofia do setor administrativo em função da necessidade de adaptação da firma às exigências do mercado.

Para auxiliá-la no setor de finanças, Helena trouxe para a firma uma filha de sua irmã. Outro que se agregou à firma na função de gerente de vendas foi o marido de Ana, que, por sua vez, sendo psicóloga, passou a ocupar a direção do setor de recursos humanos. O filho mais velho de Paulo, Guilherme, ocupava a vice-presidência administrativa e, como sua irmã Suzana, ressentia-se do poder (auto) conferido à Helena, julgando-se mais bem preparado, por seu nível universitário, a ocupar o cargo dela. Por sua iniciativa, ele contratou dois profissionais alheios à família para assessorá-lo nas funções de planejamento e marketing. Em síntese, os dois focos de "sofrimento" da empresa familiar, detectados por ocasião da solicitação da consultoria e que, em uma projeção futura, ameaçavam sua continuidade, eram o desejo não cumprido de aposentar-se de Paulo, que se via constrangido a continuar na chefia do setor de produção da empresa, por não contar com quem pudesse substituí-lo a contento dentro do referencial familiar que a empresa desejava continuar mantendo, e o crescente confronto entre Helena (com o reforço da sobrinha) de um lado e de Guilherme, com a aliança da irmã (agora enfraquecida pela decisão de Suzana de transferir-se para outra cidade para desenvolver sua carreira de arquiteta), de outro. Como pontos de equilíbrio, e possível utilização na função de mediação interna na empresa, estão Ana e seu marido, sendo que este não conta com a confiança nem de Paulo nem de Helena, que o julgam um tanto irresponsável e "aventureiro".

Não será difícil ao leitor inferir que o futuro dessa empresa repousa no encaminhamento de soluções no plano dos relacionamentos intrafamiliares, aos quais está afeta a gestão dos negócios da firma. Embora ela goze, no momento, de credibilidade na praça, pela qualidade dos produtos que oferece, e esteja em razoável equilíbrio econômico-financeiro, ou seja, sem que a gradativa queda nas vendas nos últimos meses comprometa ainda o patrimônio acumulado, tudo leva a crer que o mal-estar na cultura empresarial decorrente dos dois focos mencionados tenderá a crescer e, inevitavelmente, afetará o seu desempenho se não puderem ser "desativados" tais detonadores afetivos de conflitos intrassistêmicos pela sua adequada resolução, com ou sem ajuda externa.

Referências

BERNHOEFF, R. (1989). *Empresa familiar.* São Paulo: Nobel.

ROSENBLATI, P. e cols. (1995). *Lafamília en la empresa*. Buenos Aires: E! Ateneo.

TOFFLER, A. (1983). *Previsões e premissas.* Rio de Janeiro: Record.

▪ PARTE V ▪

Perspectivas no Trabalho com Grupos

CAPÍTULO 17

Grupoterapia Analítica: Avaliação dos Resultados em 25 Anos de Experiência (1970-1995)

Neste capítulo, apresenta-se uma avaliação dos resultados obtidos em 25 anos de experiência com grupoterapia analítica. Desde logo, deve ficar explícito que tal avaliação é de cunho eminentemente subjetivo. Para elaborá-la, partimos de informações dos próprios pacientes, de sentimentos contratransferenciais do terapeuta e daquilo que se poderia chamar o "consenso grupal" quanto às condições de determinado paciente por ocasião de sua saída do grupo. Portanto, esta avaliação não se sustenta predominantemente em elementos psicopatológicos, conquanto sempre os houvéssemos tomado em conta ao categorizar os resultados.

Dados Gerais sobre os Pacientes e a Estrutura e Funcionamento dos Grupos: Critérios de Seleção e Agrupamento de Pacientes

De um universo de 202 pacientes atendidos na modalidade grupoterápica, selecionamos, aqui, 180. Os 22 restantes não foram incluídos por falta de registro de suas condições de saída dos respectivos grupos.

Esses pacientes foram atendidos em clínica privada. A distribuição por sexos é a seguinte:

- Homens – 70.
- Mulheres – 110.

A faixa etária estende-se dos 15 aos 45 anos, em que situam-se a maior parte dos pacientes, por ocasião do atendimento, na terceira década da vida (20 a 30 anos).

Os pacientes foram atendidos em grupos mistos quanto ao sexo, de seis a oito participantes, com sessões de 60 a 75 minutos de duração, na frequência de duas sessões semanais.

Os grupos eram abertos, ou seja, as vagas por interrupção ou alta eram preenchidas por novos pacientes.

A seleção e o agrupamento obedeciam predominantemente ao chamado "critério contratransferencial", glosado no conhecido aforisma de Anthony – "cada terapeuta tem o grupo que merece" –, procurando tanto quanto possível diversificar os participantes com relação às suas estruturas caracterológicas, de tal sorte que houvesse certa heterogeneidade no que diz respeito ao perfil psicológico dos mesmos.

Já no que diz respeito à faixa etária dos componentes de um mesmo grupo, essa não variava além dos doze anos de diferença entre o mais velho e o mais jovem, o que hoje nos parece um critério no mínimo questionável de agrupamento, pois não privilegia, como pensamos que se deveria fazer, a realidade vivencial dos pacientes fora dos consultórios, onde convivem com pessoas de distintas idades, o que é um fator de enriquecimento pessoal e aprendizado interacional.

Se optamos por trabalhar com pacientes de uma mesma faixa etária em cada grupo foi pela experiência inicial com pacientes púberes que, por óbvias razões, sentem muitas dificuldades em se agrupar com indivíduos da geração precedente. Pensamos, contudo, que adolescentes tardios são vantajosamente agrupáveis com pacientes de outras faixas etárias, inclusive com pessoas de meia idade.

Feita esta breve digressão de cunho técnico, voltemos a considerar outros aspectos involucrados em nossa experiência e que certamente influíram nos resultados obtidos. Referimo-nos aqui ao diagnóstico dos pacientes que percorrem um largo espectro, indo de crises de identidade adolescente a transtornos de conduta característicos das personalidades sociopáticas, incluindo desde reações transitórias de desajuste emocional a quadros limítrofes de situações psicóticas.

Embora reconhecendo que certos quadros psicopatológicos são contraindicados para a abordagem grupoterápica (entre eles pacientes com marcados traços paranoides, conduta antissocial manifesta ou psicóticos em surto ou com significativa perda de contato com a realidade), continuamos com a impressão prevalente de que o critério contratransferencial e a avaliação da "grupalidade" (termo usado aqui analogicamente à "analisabilidade") do paciente são os elementos mais relevantes para uma adequada indicação de grupoterapia analítica e, consequentemente, para melhores resultados psicoterápicos.

Ressalve-se, contudo, que, para determinadas situações clínicas com acentuadas repercussões no convívio ou aceitação social (tais como pacientes com transtornos psicossomáticos, portadores de deficiências físicas ou egressos de cirurgias mutiladoras), conquanto a abordagem grupoterápica seja altamente recomendável, sempre o será na modalidade de grupos homogêneos.

Vejamos agora o que entendemos por "critério contratransferencial" e "grupalidade".

O critério contratransferencial fundamenta-se no que denominaria "balanceamento empático", no qual o terapeuta funciona como o fiel de uma hipotética balança em cujos pratos colocam-se respectivamente o paciente e o grupo. Caso a percepção intuitiva do terapeuta registre uma correspondência entre as motivações do paciente, de um lado, e as potencialidades do grupo para satisfazê-las, de outro, então pode-se dizer que há condições para o estabelecimento entre as partes incluídas no processo de um satisfatório vínculo para o trabalho grupoterápico.

E por grupalidade, o que se entende?

A grupalidade, em nosso entender, consiste em:

1. Motivação para o trabalho em grupo.
2. Menor resistência à abordagem grupal do que à individual dos conflitos subjacentes à busca de terapia.
3. Disposição para estabelecer vínculos e processos de identificação cruzada com eventuais parceiros na vida social e/ou profissional.
4. Percepção adequada dos limites entre o eu e o outro.
5. Maior espontaneidade e menor constrangimento em situações grupais do que em relações duais.

Tendo presentes estes elementos sobre os critérios de seleção e agrupamento dos pacientes, bem como os dados genéricos sobre a estrutura e o funcionamento dos grupos em que os atendemos, passemos à avaliação dos resultados obtidos.

Resultados

Tabulamos o término do processo grupal dos pacientes em três diferentes categorias e subgrupos:

Alta por Interrupção

- Justificada – Transferência de cidade, incompatibilidade de horários, oposição de familiares dos quais dependem, óbito, dificuldades financeiras para manter o atendimento e outros impedimentos de natureza similar.
- Abandono.

Alta por transferência para outras modalidades psicoterápicas

- Para Psicoterapia Analítica Individual.
- Para Psicanálise Individual.
- Para Psicanálise Formativa (didática).

Alta consensual

Por desejo do paciente, anuência do terapeuta e consenso grupal.

Condições de Alta

As condições por ocasião da alta foram, por sua vez, categorizadas como segue:

a) sem melhoras significativas (o);
b) com escassas melhoras (+);
c) com melhoras sintomáticas e com os objetivos do paciente ao ingressar no grupo parcialmente alcançados (++);

d) assintomático e com os objetivos do paciente ao ingressar no grupo plenamente alcançados, bem como com significativos progressos no relacionamento com os outros e consigo mesmo (+++).

Esses resultados estão expressos no quadro sinótico adiante:

Quadro Sinótico

Alta → / Condições de Saída ↓	Interrupções Justificadas	Interrupções Abandonos	Transferência para Psicoterapia Individual	Transferência para Análise Individual	Transferência para Análise Didática	Altas Consensuais	Totais
0	8	37	5	0	0	0	50
+	16	38	8	2	1	6	71
++	2*	0	9	6	3	27	47
+++	0	0	0	0	0	12	12
Totais	26	75**	22	8	4	42	180

*1 por óbito durante o atendimento (morte por acidente não-provocado pelo paciente).
**Dos 75 abandonos ocorridos, 56 foram na faixa adolescente e mais de 90% ocorreram nos primeiros 10 anos de minha experiência como grupoterapeuta.

Comentários finais

Nos últimos quinze anos, o número de abandonos reduziu-se consideravelmente, em parte devido a uma maior experiência na condução dos grupos, em parte por uma melhor seleção e agrupamento dos pacientes.

Observe-se, ainda, que, mesmo entre os abandonos, cerca de 50% dos pacientes saiu com alguma melhora, em um prazo médio de três a seis meses de permanência no grupo.

Não obstante as ressalvas feitas, a análise do quadro apresentado evidencia resultados apenas discretos com essa modalidade psicoterápica, o que, em nosso entender, deve-se, sobretudo, a razões já apontadas e reiteradamente enfatizadas: as limitações da transposição do método analítico originalmente concebido para a situação dual terapeuta-paciente para a situação grupal. Na medida em que fomos introduzindo modificações em nossa abordagem grupanalítica para adequá-la à dinâmica do contexto grupal em suas singularidades e passamos a visualizar o processo grupal não mais tão somente sob a visão do referencial etiológico da psicanálise, mas também pela perspectiva sistêmica, valorizando a vertente retroalimentadora das interações grupais, pareceu-nos que se ampliaram os potenciais terapêuticos da abordagem grupal. Algo a ser conferido na experiência futura, não só do autor como de outros grupoterapeutas que, porventura, compartilharem dessa visão plurirreferencial.

CAPÍTULO 18

Laboratórios de Relações Humanas

Os *Laboratórios* são modalidades de grupos intensivos que surgiram no período posterior à Segunda Guerra Mundial.

Os laboratórios tiveram seu precursor nos *T-Groups* criados por *K. Lewin*, grupos de sensibilização para relações humanas que, como vimos no capítulo correspondente, tornaram-se o instrumento fundamental para o treinamento em. dinâmica de grupos. Posteriormente, vieram a se expandir e a sofrer significativas transformações, conforme o marco referencial teórico em que se situam seus mentores. Assim, quando empregados por terapeutas que trabalham com técnicas corporais, podem incluir em sua estrutura práticas como ioga, exercícios respiratórios, de relaxamento, desinibição sexual e outras; quando referenciados pela Psicanálise e pelas teorias da organização grupal, como os grupos modelo *Tavistock* de que nos ocuparemos mais adiante a tônica recai na atividade mental, no exercício da autoridade e de funções de liderança.

A formatação dos laboratórios varia muito segundo as diferentes correntes que os empregam. Assim, vão desde micro laboratórios, com encontros de duas a quatro horas de duração, até as chamadas "maratonas", que podem durar quarenta horas seguidas, ou programas residenciais de duas a três semanas de duração com o mesmo grupo em determinado local. A composição dos grupos e o número de participantes diferem significativamente conforme a linha teórica de sustentação, podendo ser constituídos por grupos homogêneos quanto à origem (como os grupos de formação em dinâmica de grupo) ou deliberadamente heterogêneos, como aqueles que costumam frequentar as "maratonas". Quanto ao número, embora variável, apresenta a tendência de não ultrapassar o sugerido pelos *face-to-face groups,* ou seja, grupos cujos membros existem psicologicamente uns para os outros e se encontram em situação de interdependência operativa e interação potencial, o que corresponde a não mais que doze a quinze pessoas por grupo. Quando os laboratórios destinam-se a uma população-alvo maior, geralmente os participantes são divididos em subgrupos para boa parte das atividades, mas cuidando para que o número total não exceda aquele que permita, ao deixarem o laboratório, que todos tenham se relacionado com todos em algum momento do mesmo.

Os grupos intensivos ou laboratórios tiveram seu *boom* a partir dos anos 60, quando, então, passaram a ser mais bem discriminados em função de seus objetivos primordiais. Três correntes principais são mencionadas pelos autores: os *terapêuticos,* os *de trabalho* e os *vivenciais.*

Os laboratórios ou grupos intensivos terapêuticos teriam o objetivo de, por meio de uma experiência extensiva e intensiva de encontro grupal, mobilizar emoções e trazer à tona afetos reprimidos subjacentes à situação psicopatológica determinante da busca de ajuda psicoterápica.

Os laboratórios ou grupos intensivos de trabalho, ainda que fundamentados na mesma hipótese de obter por meio de uma experiência extensa e intensa de interações grupais a desmobilização dos afetos, centram seu foco de interesse na aprendizagem e não na terapia.

Os laboratórios ou grupos intensivos vivenciais têm objetivos menos focados, embora coincidam no propósito genérico de ampliar a percepção de seus participantes, seja na relação consigo mesmo e com o seu corpo, seja na relação com os outros.

Esses últimos, pela ampla faixa de marcos teóricos em que se apoiam e pela gama de participantes a que se dirigem, foram os que mais rapidamente se popularizaram e, paralelamente, aqueles que mais contribuíram ao descrédito a médio prazo desta modalidade grupal intensiva, pela carência de referências éticas e pela possibilidade de serem conduzidos por líderes carismáticos, muitas vezes, indivíduos inescrupulosos, de ideologia ambígua e intenções desviantes dos objetivos precípuos dessa atividade grupal.

A seguir, vamos traçar algumas considerações sobre modalidades de laboratório praticadas em nosso meio e com as quais temos experiências ou reflexões teóricas a compartilhar com os leitores.

O laboratório modelo *Tavistock* foi introduzido em nosso meio por Schneider e Oliveira, em 1995, tendo posteriormente sido desenvolvido por Schneider, Oliveira, Osorio e Valle. Em suas origens anglo-saxônicas, tais grupos intensivos foram denominados "congressos", denominação que nos parece inadequada pela conotação que a expressão "congresso" já portava anteriormente, donde termos preferido designá-los "laboratórios" para privilegiar seu caráter experiencial.

Como surgiu o Método Tavistock de Abordagem dos Grupos?

Ao final da década de 50, o Centro de Investigação Social Aplicada do Instituto Tavistock de Relações Humanas de Londres, na Inglaterra, juntamente com a Universidade de Leiscester, organizou o primeiro de uma série de "congressos" que se sucederiam anualmente, com o objetivo de estudar os processos interpessoais que operam entre e dentro dos grupos. Para tanto, utilizaram como referenciais teóricos a vertente psicanalítica aportada por *Bion*, com sua concepção dos pressupostos básicos do funcionamento grupal, e as teorias da organização grupal de *Miller* e *Rice*. Posteriormente, em 1965, a Escola de Psiquiatria de Washington e o Departamento de Psiquiatria da Universidade de Yale introduziram o método (já então denominado "Tavistock" em função de suas origens) nos Estados Unidos.

Este método passou, então, a se disseminar e a ser praticado em outras instituições que se dedicam ao estudo e à pesquisa em grupos humanos, tanto do mundo anglo-saxônico como, em anos mais recentes, também fora dele. Ainda que inicialmente não fossem tais "congressos" focados nos problemas relacionados com o exercício da autoridade e das funções de liderança, paulatinamente passaram a trabalhar centrados nas vicissitudes de tal exercício, que de resto são o *leitmotiv* de qualquer processo grupal.

A aplicação dos laboratórios modelo Tavistock é, sobretudo, organizacional, ou seja, pauta-se na relação dos indivíduos com as organizações grupais em que estão inseridos, sendo o próprio laboratório estruturado como uma organização temporária, com suas normas e rituais ou maneiras de trabalhar.

O laboratório visa oportunizar aprendizagem, mas recordemos que, como preconiza o enfoque ideológico dos grupos operativos, os processos de aprendizagem têm efeitos terapêuticos e vice-versa, pois ambos estão centrados no propósito comum de promover mudanças e romper com estereótipos paralisadores de seus respectivos cursos.

A versão contemporânea dos laboratórios modelo Tavistock focaliza como observamos as questões relativas ao exercício institucional da autoridade e liderança. É, pois, pertinente abrirmos aqui breve parêntesis para elucidar o que consideramos sejam esses dois conceitos.

A *autoridade*[6] é um *atributo pessoal,* intransferível, que poderá ou não ser exercida pelo indivíduo na busca do espaço grupal que lhe corresponde. Ela é conferida pelas habilidades, pelos talentos, conhecimentos e pelo perfil caracterológico do indivíduo. Por exemplo, se tenho determinado conhecimento técnico, ele me confere a autoridade de exercê-lo na área profissional onde atuo. Se não o faço, é por impedimentos que me coloco ou por deficiências na minha forma de lidar e superar as restrições ou oposições que surgem em meu espaço institucional.

Os limites do uso de minha autoridade pessoal são dados pela correspondente autoridade daqueles com quem compartilho determinado espaço grupal, ou seja, parafraseando a conhecida máxima, "meu direito de exercê-la vai até onde começa o direito do outro de exercer a sua". Entender e estabelecer tais limites são um dos objetivos pedagógicos do laboratório em questão.

A *liderança* é a expressão de um *papel grupal.* Minha autoridade existe mesmo sem a presença do outro; é um atributo do meu *self.* Já a liderança pressupõe a existência de outros, ou de um grupo, no qual ela possa ser exercida. A liderança é, pois, uma condição decorrente do funcionamento grupal. O líder não se "autodesigna" para o grupo; tal condição é outorgada pelos demais membros do grupo.

Liderança implícita é a exercida por aquele que, pela autoridade que porta, é reconhecido como líder pelo grupo, mesmo quando não assume formal ou explicitamente a liderança que o grupo lhe confere.

Liderança espúria é a que um membro do grupo tenta obter sem a natural e espontânea aquiescência do resto do grupo e, por isso, costuma ser

[6] Auto: prefixo que significa "eu mesmo" ou "que emana de mim", como em autonomia, autoimagem.

perturbadora ao processo grupal e, ao longo deste, contestada e abortada. O líder que ilegitimamente procura se impor ao grupo corre o risco de se transformar no "bode expiatório" do mesmo.

Vejamos agora, em rápidas pinceladas, a estrutura formal de um laboratório modelo Tavistock, já com algumas modificações que nele introduzimos para adequá-lo às características socioculturais de nosso meio:

O laboratório é programado para um total de 32 a 36 pessoas no máximo, provindas de distintas instituições nas quais exercem atividades de liderança. É dirigido por quatro profissionais, cujo principal requisito é a larga experiência na coordenação de grupos.

O laboratório transcorre no espaço de dois dias e meio (abarcando de 24 a 26 horas de atividades), geralmente um fim de semana, de preferência em um local fora da cidade onde os membros exercem suas atividades profissionais, para que, durante a realização do mesmo, possam estar integralmente ocupados com ele.

O laboratório compõe-se de dois subsistemas, com atribuições bem definidas ao seu início: em um deles estão os quatro coordenadores (que doravante, pelo espírito inerente a suas funções, vamos chamar "promotores de interações") e um administrador do evento; no outro subsistema estão os membros participantes.

As atividades constam esquematicamente de:

- **Plenárias**: reuniões com a presença de todos os componentes dos dois subsistemas, com finalidades de apresentação do laboratório, de orientação sobre cada nova atividade introduzida ou de integração após certos momentos do laboratório.
- **Intragrupos**: os participantes se encontram subdivididos em quatro grupos previamente determinados pelos dirigentes do laboratório, privilegiando a maior heterogeneidade possível (evitando, tanto quanto possível, que em determinado grupo estejam membros provenientes da mesma instituição), sendo cada um desses grupos coordenado por um promotor de interações. O foco desses intragrupos é a oportunidade de experienciarem relações interpessoais no contexto de um *face-to-face group* (conduzido segundo o referencial dos "T-groups") e estudar o comportamento do grupo enquanto ele ocorre.
- **Intergrupos**: os membros formam grupos espontâneos, conforme suas tendências e inclinações pessoais, a partir de critérios por

eles mesmos estabelecidos em discussão prévia nos seus intragrupos de origem. Os intergrupos oferecem oportunidade para que sejam estudadas as relações entre grupos enquanto elas ocorrem. Os promotores de interações ficam à disposição dos membros e só participam de seus encontros se para tal forem convocados.

- **Grupos de Interconsultoria**: os participantes são subdivididos em grupos de no máximo quatro participantes cada para desenvolverem habilidades de trabalhar cooperativamente, funcionando uns como consultores dos outros em situações específicas de trabalho, as quais devem ter selecionado previamente ao laboratório para nele apresentar. Enquanto dois membros participantes de cada grupo de interconsultoria estão envolvidos com as funções de consultor e consultado, os outros funcionam como observadores das interações entre eles e do processo de consultoria em geral.
- **Grupos de Revisão e Aplicação**: o objetivo é revisar a experiência dos membros participantes nos diversos papéis que assumiram ao longo do laboratório e como visualizam a aplicação da experiência do laboratório nas funções que exercem nos seus respectivos locais de trabalho.

Como variantes dos laboratórios sobre autoridade e liderança, modelo Tavistock, criamos outros eventos similares nos quais, em função da população alvo a que se destinam e dos objetivos a alcançar, introduzimos certas modificações estruturais inspiradas, sobretudo, na concepção teórico-prática dos grupos operativos, no interjogo de papéis proporcionado pela técnica psicodramática e nos aportes das teoria sistêmica, da comunicação humana e da cibernética. Entre tais alterações destacamos a *apresentação interativa inicial* dos membros participantes, onde em lugar de cada um fazer sua apresentação pessoal apresentam-se uns aos outros (obviamente quando se conhecem previamente, como no caso de laboratórios realizados no seio de uma instituição), a introdução de *janelas expositivas* de cunho esclarecedor sobre a proposta inerente ao laboratório em questão, *roleplayings* para introduzir o elemento lúdico-criativo e o *grupo de reflexão* final.

Ao final do laboratório, é oferecido um grupo de reflexão aos participantes com o intuito de que eles possam refletir sobre:

- como os papéis foram se delineando ao longo da tarefa grupal compartilhada;
- o vivenciado nas interações dentro de cada atividade grupal;
- as repercussões desta experiência no cotidiano existencial dos membros do laboratório.
- o impacto do não conhecido sobre a participação de cada um.

Trata-se primordialmente de um espaço prospectivo que objetiva o exame de como podem os participantes, a partir das situações vivenciadas no decorrer do laboratório, tornarem-se agentes de mudança em suas respectivas atividades profissionais ou equipes de trabalho.

Entre tais novas modalidades de laboratório que elaboramos estão:

- Laboratório sobre relações de poder nas instituições;
- Laboratório sobre motivação;
- Laboratório sobre sucessão e fronteiras famílias/empresas nas empresas familiares;
- Laboratório sobre relações humanas nas escolas (pais – mestres – alunos);
- Laboratório sobre escolha profissional (para adolescentes e suas famílias);
- Laboratório sobre relações familiares.

O Laboratório sobre Relações Familiares, cuja sistemática, por sua natureza implícita, é bastante diversa da dos demais mencionados na relação mencionada, mereceu capítulo à parte no livro *Família hoje,* de nossa autoria, ao qual remetemos os leitores interessados.

Quanto aos laboratórios terapêuticos, realizados com uma proposta e estruturação originais em nosso meio por Baptista Neto, também estão delineados no capítulo correspondente mencionado na bibliografia que segue e, por esta razão, deixamos de referi-los mais extensamente aqui.

Referências

BAPTISTA NETO, F. (1997). Laboratório terapêutico. ln ZIMERMAN, D., & OSORIO, L. C. *Como trabalhamos com grupos.* Porto Alegre: Artes Médicas Sul.

BION, W. R. (1974). *Experiencias en grupos* (2.ed.). Buenos Aires: Paidós.

MILLER, E., & RICE, A. K. (1967). *Systems of organization*. Londres: Tavistock Publications.

O'CONNOR, G. (1974). El metodo Tavistock de Estudio de Grupos. ln MASSERMANN, J. *Técnicas terapêuticas*. Buenos Aires: Paidós.

OSORIO, L. C. (1996). *Família hoje*. Porto Alegre: Artes Médicas Sul.

SCHNEIDER, N., OSORIO, L. C., OLIVEIRA, M., & ESTROUGO, M. (1997). Laboratório: exercício da autoridade, Modelo Tavistock. ln ZIMERMAN, D. E., & OSORIO, L. C. *Como trabalhamos com grupos*. Porto Alegre Sul: Artes Médicas.

SEASHORE, C. (1974). Crecimiento personal mediante experiências de grupo intensivo. ln MASSERMANN, J. *Técnicas terapêuticas*. Buenos Aires: Paidós.

VALLE, M. E. P. (1998) (não publicado). *Laboratórios sobre o exercício da autoridade e funções de liderança*. Trabalho apresentado na Jornada de Inauguração da Gruppos.

CAPÍTULO 19

Uma Visão Prospectiva do Trabalho com Grupos

Não seria possível falar no futuro das abordagens grupais sem referenciá-lo às suas origens e às vicissitudes de sua evolução até o presente, bem como não seria viável fazê-lo sem apoiar o arcabouço atual das abordagens grupais em seu tripé básico de sustentação, que, a nosso ver, são: a *Psicanálise,* o *Psicodrama* e a *Teoria Sistêmica* (com seus estreitos liames com a teoria da comunicação humana e a cibernética e, mais recentemente, com a teoria da complexidade). Há que se mencionar, em um *locus* à parte, os conhecimentos oriundos da *dinâmica de grupo,* que encaramos como um vértice dialético com o qual se articulam os outros três acima mencionados referenciais teórico-clínicos. Em uma imagem comparativa, a dinâmica de grupo seria a argamassa e as demais teorias, os tijolos da construção das abordagens grupais.

A rigor, a grupoterapia foi um subproduto das três linhas teóricas citadas. A *Psicanálise,* como método clínico, pressupõe, como dissemos, uma relação dual, enquanto a grupoterapia psicanalítica foi, em seus primórdios, uma extrapolação das circunstâncias dessa relação dual para a grupal, o que, além de ter se revelado incongruente do ponto de vista teórico, acabou se mostrando disfuncional do ponto de vista clínico; por outro lado, tal situação acabou determinando resistências e objeções dentro do movimento psicanalítico por parte de uma significativa parcela de psicanalistas que não consideravam exequível o estabelecimento de um processo analítico no contexto grupal. Assim, a grupoterapia de orientação ou base analítica acabou sendo considerada uma "filha bastarda" da Psicanálise, por ela tida como um procedimento que, se herdou inegavelmente as características estruturais, não mereceria, contudo, herdar-lhe a designação.

O *Psicodrama,* enquanto técnica psicoterápica é, por sua vez, um derivado, até certo ponto tardio, da sociometria moreniana. Como ferramenta terapêutica surgiu em uma fase bastante avançada das teorias de *Moreno* e como desdobramento de seus estudos sobre a espontaneidade, a interação dos papéis dentro dos grupos e a catarse grupal.

A *Teoria Sistêmica* desenvolveu-se a partir da noção do duplo vínculo na relação mãe-filho na gênese dos processos esquizofrênicos. Portanto, também se originou no estudo de uma relação dual e, embora possa considerar-se a díade mãe-filho como a matriz do grupo familiar, é com a entrada em cena do terceiro (no caso, o pai) que se estabelece a situação grupal prototípica.

Como vemos em suas origens, a grupoterapia é, para usar uma expressão cabocla, o "bagaço da cana", e, por isso, sofre até hoje uma crise de identidade como instrumento psicoterápico, o que se evidencia pelas oscilações ciclotímicas de sua evolução e pela falta de um espaço definido para ela na formação dos psicoterapeutas. Obviamente, tudo isso tende a comprometer qualquer tentativa de delinear seus desenvolvimentos futuros. Não obstante – a partir do reconhecimento da crescente importância dos grupos no contexto da vida contemporânea –, vamos procurar situar as abordagens grupais em uma visão prospectiva que nos permita avaliar seu papel e significado no universo das ciências humanas neste novo milênio.

Mencionou-se acima a importância dos grupos nos dias de hoje. Achamos que não seria exagero afirmar que o *mito grupal* é um dos mitos de nossos tempos. O grupo foi sendo mitificado na medida em que o indivíduo perdia expressão como agente concentrador de poder. O poder, essa abstração que foi se tornando entidade polarizadora dos desígnios humanos, efetivamente tem se fragmentado ao longo dos séculos. Das monarquias, com o poder centralizado nas mãos de um indivíduo deificado, o mundo evoluiu para regimes governamentais que gradativamente aproximam-se do ideal democrático. Com isso, o poder fragmentou-se, diluiu-se, exigindo que os indivíduos se agrupassem conforme seus interesses compartilhados para não perderem o acesso a essa outra entidade mítica, a autoridade instituída, que governa nossos destinos. Surgiram assim os *lobbies* ou grupos de pressão política. Os grandes grupos empresariais constituíram-se em grupos de atividades polimorfas para garantir sua sobrevivência, independentemente das guinadas das economias nacionais. As multinacionais aí estão para testemunhar a ascensão dos conglomerados internacionais e sua hegemonia sobre as "individualidades" nacionais. E, finalmente, os países se agrupam para defender interesses político-econômicos comuns, tal como ocorre na Comunidade Europeia de Nações ou no Mercosul. Em toda parte, e pelas mais distintas razões, os indivíduos formam grupos para multiplicar ou resgatar a cota de poder individual a que se acham com direito ou da qual se julgam despojados. E com isso, mitificou-se o *Grupo*.

Outra circunstância – esta já no âmbito da própria técnica psicoterápica – concorre para que se vaticine a hegemonia das terapias grupais no futuro. É perceptível a inflexão das psicoterapias em geral (não excluindo a própria Psicanálise) no sentido de priorizar o exame do *destino* e não mais da *origem* dos conflitos psíquicos. Da postura inicial (focada nos "porquês", que marcaram os primeiros passos das psicoterapias ao saírem de sua pré-história empírica) à tendência atual já referida, fomos gradativa e, quiçá, imperceptivelmente evoluindo em direção a um interesse e atenção mais dirigido ao processo em si, ao "como" da relação transferencial ao sentido presentificado dos conflitos e suas projeções futuras no projeto existencial dos pacientes, do que ao determinismo psíquico dos traumas passados e, consequentemente, à preocupação em superá-los para resgatar a possibilidade de realizar o referido projeto de vida. É possível que, para isso, tenham contribuído também os escassos resultados terapêuticos obtidos em certos quadros psicopatológicos de importância epidemiológica com técnicas que privilegiam a reconstrução do passado.

Alguns autores contemporâneos, como Milton Erikson, enfatizam que a principal razão por que as pessoas buscam auxílio psicoterápico em nossos dias não é o desejo de verem esclarecido o passado imutável, e sim, sua insatisfação com o presente e o desejo de nele introduzir mudanças que permitam redimensionar suas potencialidades humanas no futuro.

Se, de certa forma, o "hoje" substituiu o "ontem", o "como", os "porquês" na indagação prevalente entre os psicoterapeutas atuais, é possível cogitar que seus questionamentos se dirijam doravante aos "para quê" das atitudes e condutas dos indivíduos. E o lugar da dúvida prospectiva é, por excelência, o *grupo,* pois nele encontramos os elementos continentes adequados para questionar o sentido da vida e, sobretudo, para enfrentarmos a realidade de nossa finitude.

Contatar com o futuro significa ineludivelmente enfrentarmos com a inevitabilidade da morte, e isso reedita a angústia da separação presente na origem do ciclo vital, quando o bebê está iniciando seu processo de separação/individuação. Uma das funções primordiais dos grupos humanos é justamente dar sustentação à fragilidade do ser humano no seu périplo evolutivo, permitindo que a cada momento encontremos no *grupo* – seja ele o grupo familiar de origem, os chamados "grupos de iguais" na adolescência, os demais grupos sociais a que nos vinculamos na idade adulta e, muito particularmente, os grupos terapêuticos – o continente para nossas angústias existenciais.

Last but not least, não podemos considerar o futuro das abordagens grupais sem avaliar o impacto a elas trazido pelo paradigma sistêmico-relacional, com seus vários axiomas e pautas interacionais. A substituição do *pensamento linear,* de corte etiológico, pelo *pensamento circular,* ancorado na noção de retroalimentação *(feedback),* sem dúvida afetou significativamente o campo psicoterápico, ensejando a mudança do paradigma *intrapsíquico* para o *interacional.*

À guisa de conclusão, alinharemos a seguir, em um breve exercício de "futurologia", alguns desenvolvimentos que julgamos irão acontecer no modo como utilizaremos as abordagens grupais nas próximas décadas:

1. Haverá um incremento do estudo das técnicas grupais, tanto dentro como fora do âmbito médico-psicológico que, à semelhança do ocorrido nas décadas de 40-50-60, dará um novo e definitivo impulso ao estudo e à compreensão dos fenômenos grupais.
2. A grupoterapia constituir-se-á em um cada vez mais valioso recurso auxiliar na prática médica em geral, contribuindo não só para a melhoria das condições psíquicas dos portadores de padecimentos orgânicos como para uma melhor qualidade na relação médico-paciente e nas relações entre os membros da equipe médica.
3. Continuará sua expansão a psicoterapia familiar, a partir do encontro da vertente teórica analítica com a sistêmica, enriquecidas com as técnicas psicodramáticas. Essa expansão, já em

pleno processamento em alguns países, permite-nos vaticinar que a psicoterapia familiar e suas variantes serão as modalidades psicoterápicas prevalentes nas próximas décadas.

4. As abordagens grupais serão o elo epistemológico aproximando a Psicologia da Sociologia, ativando o intercâmbio e criando áreas de pesquisa conjunta entre esses dois ramos das ciências humanas.
5. As abordagens grupais, corolário da prevalência do grupal sobre o individual no mundo contemporâneo, ensejarão uma maior penetração e influência dos conhecimentos oriundos do estudo da dinâmica grupal na gestão dos negócios humanos e na administração pública, bem como, em suas várias configurações técnicas, poderão melhorar o padrão motivacional e o desempenho de todas as áreas profissionais, em que a relação interpessoal é o elemento nuclear, aumentando o bem-estar social e as gratificações humanas no exercício de tais atividades.

À Guisa de Conclusão

Ao longo dos textos, houve uma deliberada repetição de conceitos e apresentação dos marcos referenciais teórico-técnicos que balizam nosso trabalho com grupos. Assim, no capítulo sobre supervisão, ao introduzir seu modo de operar em cada modalidade grupoterápica, fizemos um *briefing* de cada um desses referenciais e, se assim procedemos, foi para deixarmos bem evidenciado ao leitor quais são os fundamentos que alicerçam nossa atividade, não só como grupoterapeuta, mas igualmente como coordenador de grupos em geral, consultor institucional e catalisador do processo de aprendizagem de quem pretenda trabalhar com grupos, sendo eles terapêuticos ou não.

Usamos também, deliberadamente, a expressão "catalisador" em lugar de "formador" de especialistas no trabalho com grupos porque, ideologicamente, não penso que se deva "formar" (no sentido de colocá-los em uma "fôrma") especialistas, seja em que área for. No processo de aprendizagem de quem recorre a nós para buscar conhecimentos na área, nossa função didática, conforme vejo, deve ser a de procurar familiarizá-lo com os conhecimentos preexistentes e estimulá-lo a encontrar aqueles referenciais que melhor se adéquem à sua identidade profissional prévia e aos objetivos operacionais que procura desenvolver em suas atividades. Por isso, pensamos que melhor seria designar esse processo de aprendizagem como de "referenciação" e não como de "formação", expressão que sugere – e não está muito distante do que ocorre em muitas circunstâncias – ao que, metaforicamente, está representado na lenda de Procusto, já referida, ao tratarmos das consultorias às empresas familiares.

Outra observação que desejaríamos fazer aos leitores nestas palavras finais é que, por motivos éticos ou de sigilo profissional, apresentamos menos ilustrações clínicas do que desejaríamos fazê-lo, em se tratando de um compêndio que se propõe a abordar a "prática" e não só temas teóricos. Esperamos que nos relevem essa lacuna em função das razões apresentadas.

Também deixamos de considerar, por achar que a experiência reunida não é suficiente para se constituir em matéria de um livro sobre teorias e práticas grupais correntes, os chamados "grupos virtuais", que têm ocupado os espaços cibernéticos e oferecido modalidades inéditas de inter-relações pessoais e que certamente serão objeto de estudos cada vez mais aprofundados daqui em diante. Fica, contudo, aqui, o registro de que faço coro com aqueles que identificam nas práticas grupais viabilizadas pela Internet um campo vastíssimo e de imprevisíveis ressignificações para a "vocação" gregária dos seres humanos.[7]

Toda obra da natureza da que ora se está entregando ao público estará sempre inconclusa e a pedir revisões e acréscimos para atualizá-la ou corrigir impropriedades que a leitura atenta e crítica dos leitores denunciem ao autor. Dar sequência a tais edições revistas e ampliadas deste livro é o mínimo compromisso que assumimos face à responsabilidade de sua autoria.

Por último, uma observação sobre a intenção imanente deste livro: servir de provedor de acesso à era da grupalidade que se avizinha. Aqui esperamos que os leitores não só tenham encontrado uma tentativa de sistematização das principais correntes teóricas que sustentam o estudo, pesquisa e atendimento grupal, mas que possam, estimulados pelas práticas resenhadas pelo autor, descobrir seus próprios campos motivacionais onde desenvolver atividades em grupo, reunindo condições para enfrentar aquele que será provavelmente o maior desafio do milênio para a humanidade: aprender a con+viver!

[7] Lembrando que este parágrafo já estava assim escrito na primeira edição deste livro, em 2000, como uma visão profética do "boom" das atividades grupais *on-line* que se verificam nos dias atuais.

Construindo ideias
e conectando mentes

Este livro foi composto com tipografia Bembo Std
e impresso em papel Pólen Soft LD 80g/m²
na Gráfica Formato em julho de 2021.